IBPS RRB प्रारंभिक परीक्षा

कार्यालय सहायक (क्लर्क) और ऑफिसर स्केल-I हेतु

नवीनतम संस्करण
अभ्यास किट

13 टेस्ट्स
10 मॉक टेस्ट्स
03 गतवर्षीय प्रश्न पत्र

वास्तविक परीक्षा प्रारूप पर आधारित टेस्ट

✓ पूर्णतः संशोधित और अद्यतन
✓ उत्तर कुंजी के साथ नमूना पत्र

शीर्षक	: IBPS RRB प्रारंभिक परीक्षा कार्यालय सहायक (क्लर्क) और ऑफिसर स्केल- I हेतु
लेखक का नाम	: Mr. Rohit Manglik
प्रकाशक	: EduGorilla Community Pvt. Ltd.
प्रकाशक का पता	: 12/651 प्रथम तल, अरविन्दो पार्क के सामने, निकट जामा मस्जिद, इंदिरा नगर लखनऊ, उत्तर प्रदेश, 226016, भारत।

कॉपीराइट EduGorilla

अस्वीकरण EduGorilla

Compiled and created by EduGorilla Community Pvt. Ltd

EduGorilla Community Pvt. Ltd. द्वारा मुद्रित

रोहित मांगलिक
सीईओ, EduGorilla

प्रिय छात्रों,

एक बहुत ही प्रचलित कहावत है कि "सफलता उन्हीं को मिलती है जो उसके लिए कड़ी मेहनत करते हैं।" लेकिन मैंने लोगों को उनकी परीक्षाओं के लिए दिन-रात एक करके मेहनत करते हुए देखा है, पर फिर भी वे सफल नहीं हो पाते। तो वहीं दूसरी ओर, कुछ लोग बस आधी मेहनत करके परीक्षा में सफलता प्राप्त करते हैं। तो, क्या वे किस्मत वाले हैं? नहीं मेरा मानना है, कि ऐसा इसलिए है क्योंकि वे सिर्फ कड़ी नहीं बल्कि कुशल तरीके से अपनी तैयारी करते हैं। इसी तरह आपको भी अपनी परीक्षाओं की तैयारी के लिए अपनी योजना बनानी चाहिए, ताकि आपकी भी सफलता की संभावना बढ़ सके। तो तैयार हो जाइये EduGorilla के साथ अपनी परीक्षा में चयन होने की संभावना को 16 गुना बढ़ाने के लिए।

EduGorilla आपको न केवल कड़ी मेहनत करने में मदद करता है, बल्कि एक स्मार्ट और योजनाबद्ध तरीके से तैयारी करने में भी सहायता प्रदान करता है। EduGorilla की तैयारी पैकेज के साथ आप अपने परीक्षा में चयन होने के रास्ते को सहज और मनोरंजक बना सकते हैं। अपनी तैयारी के लिए सही रास्ता खोजना मुश्किल हो सकता है, यदि आप ये नहीं जानते कि आपको किस दिशा में जाना है। चिंता न करें हम आपके साथ खड़े हैं! EduGorilla आपकी सफलता में आपका मार्गदर्शक बनेगा। हमारे तैयारी पैकेज के साथ आप रणनीतिक रूप से तैयारी कर, अपनी परीक्षा में सिर्फ एक ही प्रयास में सफल हो सकते हैं।

EduGorilla के तैयारी पैकेज में शामिल हैं-

- टेस्ट सीरीज़
- किताबें

हमारे तैयारी पैकेज को सभी तरह के नये बदलवों, विशेषज्ञों की राय एवं छात्रों के प्रतिक्रिया के अनुसार तैयार किया गया है। जो आपको परीक्षा के प्रत्येक चरण की चयन प्रक्रिया को पार करने के योग्य बनाता है।

हमारी किताबें शिक्षकों और विशेषज्ञों द्वारा आपकी परीक्षा के लिए तैयार की गई हैं, 150+ वर्षों के अनुभव के साथ; ताकि आपको आसान, कुशल और प्रभावी शिक्षण प्रदान किया जा सके। हमारी स्मार्ट किताबें न सिर्फ आपको प्रश्नों के उत्तर देने की समझ देती हैं, अपितु आपके अभ्यास के लिए समान रूप के प्रश्न भी प्रदान करती हैं।

EduGorilla की सक्षम टेस्ट सीरीज आपको वास्तविक अनुभव और आत्मविश्वास प्रदान करती हैं, जिसके माध्यम से आप केवल एक प्रयास में अपनी ऑफलाइन अथवा ऑनलाइन परीक्षा पास कर सकते हैं। वर्तमान में हम 83,000+ मॉक टेस्ट्स और 1,440+ प्रतियोगी एवं शैक्षणिक परीक्षाओं की तैयारी कराते हैं।

अर्थात, EduGorilla आपकी तैयारी में आपकी सहायता करने का कोई भी मौका नहीं छोड़ता है और परीक्षा के सभी चरणों को कवर करता है, ताकि परीक्षा की तैयारी के लिए आपको कहीं और भटकना ना पड़े।

हम आपको डिफेन्स, बैंकिंग, टीचिंग और अन्य राष्ट्रीय एवं राज्य स्तरीय परीक्षाओं के लिए सम्पूर्ण तैयारी पैकेज प्रदान करते हैं। अत: इससे कोई फर्क नहीं पड़ता कि आप किस परीक्षा के लिए तैयारी कर रहे हैं, क्योंकि आप सफलता हासिल करेंगे।

आपको परीक्षा की शुभकामनाएं!

रोहित मांगलिक,
संस्थापक और मुख्य कार्यकारी अधिकारी, EduGorilla

प्रस्तावना

EduGorilla छात्रों को उनकी परीक्षा में सफल होने के लिए मार्गदर्शन प्रदान करता है। जिसको ध्यान में रखते हुए हमारे कुल 150+ वर्षों का अनुभव रखने वाले प्रतिष्ठित विशेषज्ञों ने कड़े प्रयासों के द्वारा "IBPS RRB प्रारंभिक परीक्षा : कार्यालय सहायक (क्लर्क) और ऑफिसर स्केल- । हेतु" को तैयार किया है। इस किताब के प्रश्नों को हाल ही में परीक्षा के पाठ्यक्रम और पैटर्न में हुए सभी बदलावों को ध्यान में रखकर बनाया गया है। वो प्रश्न जिनकी IBPS RRB परीक्षा में आने कि संभावना काफी प्रबल है, उनको इस किताब मे रखा गया है। आप EduGorilla की "IBPS RRB प्रारंभिक परीक्षा : कार्यालय सहायक (क्लर्क) और ऑफिसर स्केल- । हेतु" के माध्यम से अपनी सफलता की संभावना को 16 गुना बढ़ा सकते हैं।

EduGorilla ये अपनी संपूर्ण तैयारी पैकेज के माध्यम से साकार करता है। इस किट में आपको प्रश्न अच्छी तरह अवधारित एवं संरचित रूप मे मिलेंगे जिन्हे आपकी जरूरतों के अनुसार बनाया गया है। इसके माध्यम से आपको स्मार्ट तरीके से परीक्षा के लिए अभ्यास करने में मदद मिलेगी। साथ ही आपको स्मार्ट उत्तर पत्रिका भी प्रदान की जायेंगी। जिससे आप अपना मूल्यांकन स्वयं कर सकते हैं। आप स्वयं की समीक्षा कर, उन सभी बिन्दुओं पर खुद को बेहतर तरीके से तैयार कर सकते हैं।

EduGorilla आपको अपनी परीक्षा में सफ़लता दिलाने और आपके लक्ष्य को हासिल करने में आपकी सहायता करने का वादा करता हैं। हम अपने प्रतिभागियों पर पूरा भरोसा करते हैं और उन्हें मेरिट सूची के शीर्ष पर देखते हैं। शीर्ष स्थान की ओर आपका पहला कदम है हमारे साथ तैयारी शुरू करना। EduGorilla की "IBPS RRB प्रारंभिक परीक्षा : कार्यालय सहायक (क्लर्क) और ऑफिसर स्केल- । हेतु" की विशेषताएं कुछ इस प्रकार हैं।

➤ अच्छी तरह से शोध किया हुआ पाठ्यक्रम

➤ उच्च गुणवत्ता

➤ स्मार्ट उत्तर पत्रिका

➤ परीक्षा सुसंगत प्रश्न

इस प्रकार EduGorilla आपकी तैयारी को मजबूत और आपको परीक्षा में सफल होने के योग्य बनाता है।

IBPS RRB
परीक्षा की योग्यता, परीक्षा पैटर्न, विषय को जानने के लिए QR कोड को स्कैन करें।

Book ID: 0802

विषय-सूची

Reasoning

Q.1 संख्यात्मक श्रृंखला के अनुसार, "67289574" संख्या में ऐसे कितने युग्म हैं, जिनमें से प्रत्येक के आगे और पीछे दोनों ओर उतने ही अंक हैं जितने संख्यात्मक श्रृंखला में होते हैं?

A. कोई नहीं **B.** एक
C. दो **D.** तीन
E. तीन से अधिक

Q.2 अर्थपूर्ण शब्द "EMPLOYMENT" में वर्णों के ऐसे कितने युग्म हैं जिनके मध्य उतने ही वर्ण हैं जितने अंग्रेजी वर्णमाला श्रृंखला में उनके मध्य हैं?

A. एक भी नहीं **B.** दो
C. तीन **D.** एक
E. तीन से अधिक

Q.3 निर्देश: निम्न प्रश्न में कुछ कथन और उसके बाद I और II से अंकित दो निष्कर्ष दिये गये हैं। आपको दिए गये कथनों को सत्य मानना है, भले ही वे ज्ञात तथ्यों से अलग प्रतीत होते हों। सभी निष्कर्षों को पढ़िए और फिर निर्णय कीजिए कि दिये गये निष्कर्षों में से कौन सा/कौन से निष्कर्ष ज्ञात तथ्यों को नजरअंदाज करने पर कथनों का तार्किक रूप से अनुसरण करता है/करते हैं।

कथन:
सभी आइसक्रीम चॉकलेट हैं।
कुछ मैंगो वेनिला हैं।
कुछ आइसक्रीम वेनिला है।

निष्कर्ष:
I. कुछ आइसक्रीम का वेनिला होना संभावना है।
II. कुछ मैंगो चॉकलेट है।

A. केवल निष्कर्ष I अनुसरण करता है
B. केवल निष्कर्ष II अनुसरण करता है
C. या तो निष्कर्ष I या II अनुसरण करता है
D. न तो निष्कर्ष I न II अनुसरण करता है
E. निष्कर्ष I और II दोनों अनुसरण करते हैं

Q.4 निर्देश: निम्न प्रश्न में एक कथन और उसके बाद I, II और III से अंकित तीन निष्कर्ष दिए गये हैं। आपको दिए गये कथनों को सत्य मानना है, भले ही वे ज्ञात तथ्यों से अलग प्रतीत होते हों। सभी निष्कर्षों को पढ़िए और फिर निर्णय कीजिए कि दिये गये निष्कर्षों में से कौन-सा/से निष्कर्ष ज्ञात तथ्यों को नजरअंदाज करने पर कथनों का तार्किक रूप से अनुसरण करता/करते है/हैं।

कथन:
सभी घड़ी डिजिटल हैं
कुछ हाथ घड़ी कैलकुलेटर हैं
कोई घड़ी हाथ घड़ी नहीं है

निष्कर्ष:
I. सभी हाथ घड़ी के डिजिटल होने की संभावना है
II. कोई कैलकुलेटर घड़ी नहीं है
III. कुछ डिजिटल घड़ी हैं

A. केवल II पालन करता है
B. केवल III पालन करता है
C. दोनों I और III पलना करते हैं
D. या I या III पालन करता है
E. कोई पालन नहीं करता है

Q.5 निर्देश: नीचे प्रश्न में कुछ कथन और उसके बाद I और II से अंकित दो निष्कर्ष दिए गये हैं। आपको दिए गये कथनों को सत्य मानना है, भले ही वे ज्ञात तथ्यों से अलग प्रतीत होते हों। सभी निष्कर्षों को पढ़िए और निर्णय कीजिए कि दिये गये निष्कर्षों में से कौन सा/कौन से निष्कर्ष ज्ञात तथ्यों को नजरंदाज करने पर कथनों का तार्किक रूप से अनुसरण करता है/करते हैं।

कथन:
सभी कुर्सियां ताले हैं।
सभी ताले चाबी हैं।
कुछ चाबी बक्से हैं।

निष्कर्ष:
I. कुछ कुर्सियां चाबी हैं।
II. कुछ बक्से कुर्सियां हैं।

A. केवल निष्कर्ष I अनुसरण करता है।
B. केवल निष्कर्ष II अनुसरण करता है।
C. गा तो निष्कर्ष I या II अनुसरण करता है।
D. ना तो निष्कर्ष I ना ही II अनुसरण करता है।
E. I और II दोनों अनुसरण करते हैं।

Q.6 निर्देश: नीचे दिए गए प्रत्येक प्रश्न में कुछ निष्कर्ष दिए गए हैं। आपको दिए गए कथनों को सत्य मानना है, भले ही वे सामान्यतः ज्ञात तथ्यों से भिन्न प्रतीत होते हों। सभी निष्कर्षों को पढ़ें और फिर निर्णय लीजिये कि सामान्यतः ज्ञात तथ्यों को नजरअंदाज करते हुए दिए गए कथनों में से कौन सा निष्कर्ष दिए गए कथनों का तार्किक रूप से अनुसरण करता है।

कथन:
अक्सर चांदी काली होती है।
कोई काले सफ़ेद नहीं है।
कभी-कभी सोना, चांदी होता है।
ज्यादातर सफ़ेद पीले है।

निष्कर्ष:
I) कुछ पीले काले नहीं है।
II) कुछ चांदी काली है।
III) सभी सफ़ेद कभी चांदी नहीं हो सकते।

A. केवल III और II अनुसरण करते हैं।
B. केवल I अनुसरण करता है।
C. केवल I और II अनुसरण करते हैं।
D. सभी अनुसरण करते हैं।
E. केवल II अनुसरण करता है।

Q.7 निर्देश: नीचे दिए गए प्रश्न में कुछ कथनों के बाद कुछ निष्कर्ष दिए गए हैं। आपको दिए गए कथनों को सत्य मानना है, भले ही वे सर्वज्ञात तथ्यों से भिन्न प्रतीत हों। सभी निष्कर्षों को पढ़िए और फिर निर्णय कीजिए कि दिये गये निष्कर्षों में से कौन सा निष्कर्ष कथनों का तार्किक रूप से अनुसरण करते हैं।

कथन:
कुछ चित्रकार कलाकार हैं।
केवल कुछ ब्रश पेंट हैं।
सभी कलाकार पेंट हैं।
कोई फ्रेम पेंट नहीं है।

निष्कर्ष:

I. कुछ पेंट चित्रकार हैं।

II. कुछ ब्रश पेंट नहीं हैं।

III. कुछ ब्रश कलाकार हैं।

A. केवल I और II अनुसरण करते हैं

B. केवल I और या तो II या III अनुसरण करते हैं

C. या तो II या III

D. केवल III अनुसरण करता है

E. केवल I अनुसरण करता है

Ques (8-12):निर्देश: निम्नलिखित जानकारी का ध्यानपूर्वक अध्ययन करें और नीचे दिए गए प्रश्नों के उत्तर दें।

छह मित्र P, Q, R, S, T और U एक रेस्तरां में एक षट्कोणीय मेज़ के चारों ओर बैठे हैं। मेज के प्रत्येक ओर केवल एक व्यक्ति बैठा है और वे सभी केंद्र की ओर सम्मुख हैं। वे सभी मोमोज, बर्गर, नूडल्स, बिरयानी, पिज्जा और आइसक्रीम में से अलग-अलग भोजन का ऑर्डर देते हैं लेकिन आवश्यक रूप से इसी क्रम में नहीं।

S उस व्यक्ति के बाएँ ओर तीसरे स्थान पर बैठा है, जिसने पिज्जा ऑर्डर किया।

T ने बिरयानी ऑर्डर की और वह उस व्यक्ति का निकटतम पड़ोसी है जिसने पिज्जा ऑर्डर किया है।

एक व्यक्ति T और उस व्यक्ति के बीच बैठा है जिसने मोमोज ऑर्डर किए हैं।

जिस व्यक्ति ने मोमोज ऑर्डर किए हैं, वह पिज्जा ऑर्डर करने वाले व्यक्ति के निकटतम नहीं है।

आइसक्रीम ऑर्डर करने वाला व्यक्ति R और U के ठीक बीच में बैठा है।

Q ने आइसक्रीम ऑर्डर की है और P ने बर्गर ऑर्डर किया है।

P, S के निकटतम दाईं ओर बैठा है।

Q.8 पिज्जा कौन ऑर्डर करता है?

A. P

B. Q

C. R

D. इनमें से कोई नहीं

E. निर्धारित नहीं किया जा सकता है

Q.9 P से घड़ी की दिशा में Q और P के बीच कितने लोग बैठे हैं?

A. 1

B. 2

C. 3

D. इनमें से कोई नहीं

E. निर्धारित नहीं किया जा सकता है

Q.10 R कौन सा खाना ऑर्डर करता है?

A. पिज़्ज़ा   B. नूडल्स

C. मोमोज   D. इनमें से कोई नहीं

E. या तो (A) या (B)

Q.11 कौन व्यक्ति उस व्यक्ति के विपरीत बैठा है, जिसने आइसक्रीम ऑर्डर की है?

A. Q   B. P

C. R   D. S

E. इनमें से कोई नहीं

Q.12 मोमोज का ऑर्डर कौन देता है?

A. P   B. Q

C. R   D. S

E. इनमें से कोई नहीं

Q.13 प्रत्येक शब्द में प्रत्येक अक्षर का केवल एक बार प्रयोग करके AEROMANCY शब्द के दूसरे, तीसरे, छठें और सातवें अक्षर से, कितने अर्थपूर्ण अंग्रेजी शब्दों को बनाया जा सकता है? (बायीं ओर से गिनते हुए)

A. कोई नहीं   B. एक   C. दो   D. तीन

E. चार

Q.14 यदि एक निश्चित कोड भाषा में, GOVERN को NREVOG के रूप में लिखा जाता है। उस कोड भाषा में 'DEMAND' को किस प्रकार लिखा जाएगा?

A. DNAMED   B. NAMEDD

C. DNEMAD   D. DNAEDM

E. इनमे से कोई भी नहीं

Ques (15-17):निर्देश: दी गई जानकारी का अध्ययन कीजिए और दिए गए प्रश्नों के उत्तर दीजिए।

सात गांव A, B, C, D, E, F व G निम्न प्रकार स्थित हैं:

E, B के पश्चिम में 2 किमी पर है। F, A के उत्तर में 2 किमी पर है। D, G के दक्षिण में 2 किमी पर है। C, A के पश्चिम में 1 किमी पर है। G, C के पूर्व में 2 किमी पर है। D, B व E के ठीक मध्य में है।

Q.15 कौवा उड़ने की दिशा में E, F से कितनी दूर है?

A. 5 किमी   B. 6 किमी

C. 4 किमी   D. 4.5 किमी

E. इनमें से कोई नहीं

Q.16 कौन से दो गाँव एक दूसरे से सबसे दूर हैं?

A. D और C

B. F और E

C. F और B

D. G और E

E. निर्धारित नहीं किया जा सकता है।

Q.17 A किन के बीच में है?

A. C और F   B. B और D

C. C और G   D. C और B

E. इनमें से कोई नहीं

Ques (18-19):निर्देश: एक परिवार में 6 सदस्य P, Q, R, X, Y और Z हैं। R, Z की बहन है। X, P का पिता और Z का दादा है। Q, Y के पति का भाई है। यहां तीन भाई, एक माँ और दो पिता हैं।

Q.18 Z का पिता कौन है?

A. P   B. R

C. Y   D. Q

E. इनमें से कोई नहीं

Q.19 परिवार में कितनी महिलाएं है?

A. एक

B. दो

C. तीन

D. चार

E. निश्चित रूप से निर्धारित नहीं किया जा सकता

Q.20 एक श्रृंखला दी गई है, जिसका एक पद लुप्त है। दिए गए विकल्पों में से, सही विकल्प का चयन कीजिए जो श्रृंखला को पूरा करेगा।

ROD, XUJ, DAP, JGV, ?

A. PMB	**B.** QNC
C. QMB	**D.** PNB
E. इनमें से कोई नहीं	

Ques (21-25):निर्देश: जानकारी को ध्यान से पढ़ें और निम्नलिखित प्रश्न का उत्तर दें।

दो समानांतर पंक्तियों में बारह व्यक्ति बैठे हैं। छह व्यक्ति P, Q, R, S, T और U उत्तर की ओर उन्मुख हैं और अन्य छह A, B, C, D, E और F दक्षिण की ओर उन्मुख हैं। एक पंक्ति के प्रत्येक व्यक्ति का मुख दूसरी पंक्ति के ठीक एक व्यक्ति की ओर है लेकिन आवश्यक नहीं इसी क्रम में हो।

E किसी भी अंतिम छोर पर नहीं बैठा है। S और T एक दूसरे के निकटतम पडोसी नहीं है. A और R एक दूसरे के तिरछे विपरीत बैठे हैं। R और Q के बीच दो व्यक्ति बैठे हैं। Q के निकटतम पड़ोसियों में से एक का मुख C की ओर है, जो A के पास नहीं बैठता है। B और D के बीच दो व्यक्ति बैठे हैं। T, U के बाएं से दूसरे स्थान पर बैठा है। A एक पर बैठा है। चरम छोर से। P का मुख B की ओर है और P, Q का निकटतम पडोसी नहीं है।

Q.21 C के बाईं ओर से तीसरे स्थान पर कौन बैठा है?

A. D	**B.** F	**C.** B	**D.** A
E. E			

Q.22 P और U के बीच में कितने व्यक्ति हैं?

A. 3
B. 4
C. 2
D. 1
E. निर्धारित नहीं किया जा सकता है

Q.23 Q के सम्मुख कौन है?

[RBI Assistant, 2020]

A. E	**B.** C	**C.** B	**D.** A
E. F			

Q.24 U के बाएं कुल कितने व्यक्ति बैठते हैं?

A. 2	**B.** 3	**C.** 1	**D.** 4
E. 5			

Q.25 U के बाएं से दूसरे स्थान पर बैठने वाले व्यक्ति के सम्मुख कौन है?

A. B	**B.** E	**C.** C	**D.** D
E. F			

Ques (26-30):निर्देश: निम्नलिखित जानकारी का ध्यानपूर्वक अध्ययन करें और नीचे दिए गए प्रश्नों के उत्तर दें।

Q.26 समीकरण J ≥ F > N < H ≥ G से हम यह कह सकते हैं कि J > N सत्य है। तो निम्नलिखित समीकरणों में से किसके अनुसार J > N निश्चित रूप से सत्य होगा?

A. J ≥ F = N < H ≤ G	**B.** J ≤ F = N < H ≥ G
C. J > F = N > H ≥ G	**D.** J ≥ F ≤ N < H ≤ G
E. J = F ≥ N = H ≤ G	

Q.27 निम्नलिखित में से कौन सा चिन्ह दिए गए व्यंजक को पूर्ण करने के लिए रिक्त स्थानों में क्रमानुसार (बाएं से दाएं समान क्रम में) इस तरह से भरा जाना चाहिए जो व्यंजक 'F > N' और 'U > D' को निश्चित रूप से सत्य बनाता हो?

F_O_U_N_D

A. <, <, >, =	**B.** <, =, =, >
C. >, =, =, >	**D.** ≥, =, =, ≤
E. >, >, =, <	

Q.28 निम्नलिखित में से कौन सा चिन्ह दिए गए व्यंजक को पूर्ण करने के लिए रिक्त स्थानों में क्रमानुसार (बाएं से दाएं समान क्रम में) इस तरह से भरा जाना चाहिए, जो व्यंजक 'A < P' को निश्चित रूप से असत्य बनाता हो?

__ < __ < __ > __

A. L, N, P, A	**B.** L, A, P, N
C. A, L, P, N	**D.** N, A, P, L
E. P, N, A, L	

Q.29 कथन:

R = S, L ≥ K, K ≥ R

निष्कर्ष:

I) L > R

II) S = L

A. केवल निष्कर्ष I अनुसरण करता है
B. केवल निष्कर्ष II अनुसरण करता है
C. या तो निष्कर्ष I या II अनुसरण करता है
D. ना तो निष्कर्ष I ना ही II अनुसरण करता है
E. निष्कर्ष I और II दोनों अनुसरण करते हैं

Q.30 कथन:

R = S, K < R, L < K

निष्कर्ष:

I) S > L

II) K < S

A. केवल निष्कर्ष I अनुसरण करता है
B. केवल निष्कर्ष II अनुसरण करता है
C. या तो निष्कर्ष I या II अनुसरण करता है
D. ना तो निष्कर्ष I ना ही II अनुसरण करता है
E. निष्कर्ष I और II दोनों अनुसरण करते हैं

Ques (31-35):निर्देश: ये प्रश्न निम्नलिखित जानकारी पर आधारित हैं।

8 लोग: A, B, C, D, E, F, G और H ने एक प्रतियोगिता में भाग लिया और 1 से 8 तक रैंक हासिल की। वे विभिन्न कंपनियों में काम करते हैं: टीसीएस, रिलायंस, ओएनजीसी, विप्रो, माइक्रोसॉफ्ट, एचपी, इंफोसिस और आईटीसी।

D रिलायंस या एचपी में काम नहीं करता है और बी रिलायंस में काम नहीं करता है। रैंक 7 वाला व्यक्ति विप्रो में और ओएनजीसी में रैंक 6 वाला व्यक्ति काम करता है। G और H के रैंक का योग 11 है और H का रैंक G से अधिक है। C की रैंक 3 है और वह इन्फोसिस में काम करता है। G माइक्रोसॉफ्ट में काम करता है। B का रैंक C और E के रैंक का योग है। D का रैंक B और C के रैंक का योग है। A, टीसीएस में काम करता है। E की रैंक 2 है।

Q.31 एचपी में कौन काम करता है?

A. A	**B.** B	**C.** C	**D.** D
E. E			

Q.32 विप्रो में काम करने वाले व्यक्ति की रैंक क्या है?

A. 5	**B.** 6
C. 7	**D.** 8
E. इनमें से कोई भी नहीं	

Q.33 ओएनजीसी में कौन काम करता है?

A. A	**B.** C	**C.** D	**D.** E
E. F			

Q.34 A और E की रैंकों का योग क्या है?

A. 4	**B.** 6
C. 8	**D.** 3

E. इनमें से कोई भी नहीं

Q.35 E कहाँ काम करता है?

A. एचपी
B. ओएनजीसी
C. रिलायंस
D. विप्रो
E. आईटीसी

Ques (36-40):निर्देश: निम्नलिखित जानकारी का ध्यानपूर्वक अध्ययन कीजिये और उस पर आधारित प्रश्नों के उत्तर दीजिये।

छह बॉक्स M, N, O, P, Q और R एक के ऊपर एक रखे गए है जो जरूरी नहीं कि उसी क्रम में हों, जहां 6 सबसे ऊपर है और 1 सबसे नीचे है। इन बॉक्सों में विभिन्न इलेक्ट्रॉनिक आइटम अर्थात लैपटॉप, कैमरा, फोन, वेब कैमरा, राउटर और चार्जर शामिल हैं। O और P, जिसमें कैमरा है, के बीच केवल दो बॉक्स रखे गए हैं। बॉक्स O को बॉक्स P के ऊपर रखा गया है। जो बॉक्स शीर्ष में है उसमें लैपटॉप है। बॉक्स O को सम संख्या स्थान पर पर रखा गया है और इसे शीर्ष पर नहीं रखा गया है। केवल एक बॉक्स को O और जिसमें राउटर है, के बीच रखा जाता है। बॉक्स Q में वेबकैम है। बॉक्स N बॉक्स को बॉक्स R के ठीक नीचे रखा गया है, जिसमें चार्जर है।

Q.36 बॉक्स जिसमें फोन हैं और बॉक्स N के बीच कितने बॉक्स रखे गए हैं?

A. चार
B. तीन
C. दो
D. एक
E. उपरोक्त में से कोई नहीं

Q.37 बॉक्स Q की स्थिति क्या है?

A. नीचे से तीसरा
B. ऊपर से दूसरा
C. शीर्ष स्थान
D. ऊपर से तीसरा
E. नीचे से दूसरा

Q.38 M और N के बीच कितने बॉक्स हैं?

[IBPS Clerk, 2021]

A. तीन
B. दो
C. एक
D. चार
E. उपरोक्त में से कोई नहीं

Q.39 किस बॉक्स में फोन है?

A. M
B. O
C. Q
D. P
E. N

Q.40 बॉक्स M में कौन सा इलेक्ट्रॉनिक आइटम है?

A. वेब कैमरा
B. लैपटॉप
C. राउटर
D. कैमरा
E. उपरोक्त में से कोई नहीं

Quantitative Aptitude

Ques (41-45):निर्देश: निम्नलिखित श्रृंखला में प्रश्न चिन्ह '?' के स्थान पर आने वाली संख्या का चयन करें।

Q.41 22, 23, 48, 147, 592, ?
A. 2875
B. 2665
C. 2965
D. 2605
E. 2915

Q.42 20, 24, 33, 58, 107, ?
A. 116
B. 168
C. 228
D. 208
E. 176

Q.43 52, 67, 84, 103, ?, 147
A. 108
B. 134
C. 139
D. 124
E. 122

Q.44 0.5, 2, 7, 29, 146, ?
A. 911
B. 765
C. 623
D. 793
E. 877

Q.45 72, 73, 69, 78, 62, ?
A. 78
B. 87
C. 83
D. 89
E. 76

Q.46 एक संख्या P का मान 12, 4, 10 और संख्या Q के औसत के 80% मान के बराबर है। यदि संख्या P और Q का औसत 26 है तो, संख्या Q का मान ज्ञात कीजिए।

A. 13
B. 26
C. 39
D. 40
E. इनमें से कोई नहीं

Q.47 A, B से 5 वर्ष बड़ा है, जो C से तीन गुना बड़ा है। यदि A, B और C की कुल आयु 47 वर्ष है, तो B की आयु क्या है?

A. 10
B. 19
C. 12
D. 15
E. 18

Q.48 एक राशि में 2 वर्ष के साधारण ब्याज से 50% तक की वृद्धि होती है। उसी दर पर 20000 रु. पर 2 वर्षों के लिए चक्रवृद्धि ब्याज क्या होगा?

A. 10000 रु.
B. 20000 रु.
C. 15,620 रु.
D. 11,250 रु.
E. 5000 रु.

Q.49 एक रेलगाड़ी एक स्टेशन के प्लेटफार्म को 18 सेकंड में पार करती है तथा प्लेटफार्म पर खड़े एक आदमी को 10 सेकंड में पार करती है। यदि रेलगाड़ी की गति 108 किमी/घंटा है, तो प्लेटफार्म की लंबाई ज्ञात कीजिये।

[IBPS PO, 2020]

A. 225 मीटर
B. 235 मीटर
C. 230 मीटर
D. 240 मीटर
E. 260 मीटर

Q.50 चार विभिन्न बैग हैं। इसके अलावा, चार विभिन्न सिक्के हैं। कितने तरीकों से सिक्कों को बैग में रखा जा सकता है, यदि किसी एक बैग में दो सिक्के हैं?

A. 48
B. 96
C. 72
D. 144
E. 180

Q.51 रोहन ने पुरानी कारों की मरम्मत के लिए एक गैरेज शुरू किया और प्रति माह 10% मजदूरी शुल्क देने के बाद, वह प्रति कार 15% की बचत कर रहा था, जो तब 15000 रु. थे और औसतन वह प्रति माह 20 कारें बेच रहा था। 20 कारों का विक्रय मूल्य क्या था?

A. 1200000 रु.
B. 2000000 रु.
C. 3000000 रु.
D. 2200000 रु.
E. इनमें से कोई नहीं

Q.52 पाइप C और D एक खाली टैंक को क्रमशः 15 घंटे और 20 घंटे में भर सकते हैं। पाइप C और D को प्रत्येक घंटे में वैकल्पिक रूप से खोला जाता है और पहले पाइप में C को खोला जाता है। कितने समय में टैंक में 66.66% भर जाएगा?

A. $15\frac{1}{3}$ घंटे
B. $11\frac{1}{3}$ घंटे
C. $17\frac{1}{3}$ घंटे
D. $18\frac{1}{3}$ घंटे
E. इनमें से कोई नहीं

Q.53 एक छाते की कीमत में 20% की कमी की जाती है। जिसके परिणामस्वरूप बिक्री में 40% की वृद्धि होती है। दुकान के कुल राजस्व पर इसका प्रभाव क्या होगा?

A. 12% कमी
B. 15% वृद्धि
C. 20% कमी
D. 12% वृद्धि

E. 18% कमी

Q.54 नरेश ने दो किताबें 600 रुपए में बेची, जिससे एक किताब पर 20% का लाभ हुआ और दूसरी किताब पर 20% की हानि हुई। उसकी समग्र लाभ या हानि ज्ञात करें।

A. 4% हानि
B. 4% लाभ
C. 10% हानि
D. 10% लाभ
E. इनमें से कोई नहीं

Q.55 स्थिर जल में 15 किमी/घंटा की गति की एक नाव धारा के अनुकूल दिशा में 40 किमी चलती है और 6 घंटे में वापस आती है। धारा की गति क्या है?

A. 5 किमी/घंटा
B. 4.5 किमी/घंटा
C. 6 किमी/घंटा
D. 5.5 किमी/घंटा
E. 7 किमी/घंटा

Ques (56-60):निर्देश: निम्नलिखित प्रश्न में (?) के स्थान पर आने वाले अनुमानित मान का चयन करें।

Q.56 $\sqrt{2303.97} \times 11.99 \div 23.98 + \sqrt{676.16} = ?$

A. 60 B. 40 C. 55 D. 50
E. 45

Q.57 $324.89 - 11.98 \times 8.08 + (2.93)^3 = (?)^2$

A. 14 B. 18 C. 22 D. 16
E. 24

Q.58 499.99 का $69.96\% + \sqrt{99.99} = 4.95 \times ?$

A. 72 B. 64 C. 68 D. 76
E. 84

Q.59 299.99 का $49.9\% - 199.99$ का $29.93\% + 399.99$ का $19.92\% = ?$

A. 10 B. 110 C. 130 D. 170
E. 70

Q.60 549.98 का $39.90\% + \sqrt[3]{728.9} - (12.95)^2 = ?$

A. 80 B. 70 C. 50 D. 40
E. 60

Ques (61-65):निर्देश: दिए गए प्रश्न में दो समीकरण I और II दिए गए हैं। उनके आधार पर आपको x एवं y के बीच का सम्बन्ध ज्ञात करना है।

Q.61 I. $x^2 - 5x + 6 = 0$
II. $y^2 + y - 6 = 0$

A. x < y B. x > y C. x ≤ y D. x ≥ y
E. x = y

Q.62 I. $2x^2 - 12x + 18 = 0$
II. $2y^2 - 19y + 39 = 0$

A. x < y B. x > y C. x = y D. x ≥ y
E. x ≤ y

Q.63 I. $x^2 + 13x + 42 = 0$
II. $y^2 + 19y + 90 = 0$

A. x < y B. x ≤ y C. x > y D. x ≥ y
E. x = y

Q.64 I. $3x^2 - 23x - 8 = 0$
II. $3y^2 - 32y - 11 = 0$

A. x < y
B. x > y
C. x ≤ y
D. x ≥ y
E. x = y या संबंध ज्ञात नहीं किया जा सकता है

Q.65 I. $3x^2 - 14x - 5 = 0$
II. $6y^2 - 46y - 16 = 0$

A. x < y
B. x > y
C. x = y या संबंध ज्ञात नहीं किया जा सकता है
D. x ≥ y
E. x ≤ y

Ques (66-67):निर्देश: निम्नलिखित प्रश्न में दो कथन (I) और (II) दिए गए हैं। आपको यह निर्धारित करना है कि प्रश्नों का उत्तर देने के लिए कौन-सा/से कथन पर्याप्त/आवश्यक है/हैं।

Q.66 साधारण ब्याज की दर क्या होगी?

I. राशि को 8 वर्षों के लिये निवेश किया गया है।
II. साधारण ब्याज निवेश का आधा है।

A. कथन I अकेला प्रश्न का उत्तर देने के लिए पर्याप्त हैं, लेकिन केवल कथन II पर्याप्त नहीं है
B. कथन II अकेला प्रश्न का उत्तर देने के लिए पर्याप्त हैं, लेकिन केवल कथन I पर्याप्त नहीं है
C. प्रश्न का उत्तर देने के लिए एक साथ I और II दोनों कथनों की आवश्यकता है
D. या तो कथन I या कथन II अकेले प्रश्न का उत्तर देने के लिए पर्याप्त है
E. प्रश्न का उत्तर देने के लिए न तो कथन I और न ही कथन II पर्याप्त है

Q.67 एक पुरुष और महिला के प्रति दिन की आय में क्या अंतर है?

I. दो पुरुष और पाँच महिलाएँ 8 दिनों में कार्य कर सकते हैं।
II. एक महिला और एक बच्चे की कार्यक्षमता का अनुपात 4 : 7 है। पुरुष, महिला और बच्चे की एक दिन की आय 925 रु है।

A. कथन I और II दोनों में दिए आँकड़े प्रश्न का उत्तर देने के लिए आवश्यक है
B. कथन I या कथन II में दिए गए आँकड़े अकेले प्रश्न का उत्तर देने के लिए पर्याप्त है
C. कथन I और II दोनों में दिए गए आँकड़े प्रश्न का उत्तर देने के लिए पर्याप्त नहीं है
D. कथन II में दिए गए आँकड़े प्रश्न का उत्तर देने के लिए पर्याप्त है, जबकि I में दिए गए आँकड़े अकेले पर्याप्त नहीं है
E. कथन I में दिए गए आँकड़े प्रश्न का उत्तर देने के लिए पर्याप्त है, जबकि II में दिए गए आँकड़े अकेले पर्याप्त नहीं है

Ques (68-72):निर्देश: दी गयी तालिका को ध्यान से पढ़ें और निम्नलिखित प्रश्नों के उत्तर दें।

तालिका 4 पार्कों के लिए आगंतुकों की संख्या और बाल आगंतुकों की संख्या और पुरुष वयस्क आगंतुकों की संख्या को दर्शाती है।

पार्क	कुल आगंतुक	पुरुष वयस्क आगंतुकों की संख्या	बाल आगंतुकों की संख्या
A	100	40	30
B	140	70	20
C	150	60	40
D	120	50	30

नोट: कुल आगंतुकों की संख्या = पुरुष वयस्क आगंतुकों की संख्या + महिला वयस्क आगंतुकों की संख्या + बाल आगंतुकों की संख्या

Q.68 पार्क A, और C में कुल महिला वयस्क आगंतुक, समान पार्कों में कुल आगंतुकों का प्रतिशत क्या है?

A. 36%   **B.** 26%   **C.** 40%   **D.** 32%
E. 44%

Q.69 पार्क A, C और D में पुरुष वयस्क आगंतुकों की संख्या और सभी पार्कों में महिला वयस्क आगंतुकों की संख्या का अनुपात क्या है?

A. 5 : 11   **B.** 11 : 13   **C.** 9 : 13   **D.** 8 : 11
E. 15 : 17

Q.70 यदि पार्क B में जाने वाली प्रत्येक महिला वयस्क की शादी हो चुकी है और प्रत्येक जोड़े का एक बच्चा है, तो अविवाहित पुरुष वयस्क आगंतुकों की संख्या और जोड़ों की संख्या (जिनके बच्चे नहीं है) के बीच अंतर क्या है? (प्रत्येक जोड़े एक ही पार्क में जाते हैं)

A. 20   **B.** 30   **C.** 10   **D.** 15
E. 25

Q.71 पार्क A और D में बाल आगंतुकों की संख्या, पार्क B और C में महिला वयस्क आगंतुकों की संख्या से कितने प्रतिशत अधिक/कम है?

A. 40%   **B.** 30%   **C.** 33.33%   **D.** 25%
E. 50%

Q.72 सभी पार्कों में जाने वाले बाल आगंतुकों की औसत संख्या क्या है?

A. 25   **B.** 30   **C.** 35   **D.** 40
E. 32

Q.73 दो संख्याओं का ल.स.प. और म.स.प. क्रमश: 168 और 6 है। यदि एक संख्या 24 है, तो दूसरी संख्या ज्ञात कीजिये?

A. 36   **B.** 38   **C.** 40   **D.** 42
E. 44

Q.74 यदि $A : B : C = 2 : 3 : 4$, है, तब $\dfrac{A}{B} : \dfrac{B}{C} : \dfrac{C}{A}$ बराबर है-

A. 8: 9: 16   **B.** 8: 9: 12   **C.** 4: 9: 16   **D.** 4: 9: 12
E. 8: 9: 24

Q.75 एक आयत का क्षेत्रफल 42 वर्ग सेमी है और इसकी लंबाई 7 सेमी है। इसका परिमाप ज्ञात कीजिये।

A. 14 सेमी   **B.** 21 सेमी   **C.** 26 सेमी   **D.** 24 सेमी
E. 18 सेमी

Ques (76-80):निर्देश: निम्नलिखित पाई चार्ट का ध्यानपूर्वक अध्ययन करें और उसके नीचे दिए गए प्रश्न का उत्तर दें।

नीचे दिया गया पाई चार्ट एक घर के निर्माण की लागत (डिग्री में) के अलग-अलग भाग को दर्शाता है। यह मानते हुए कि निर्माण की कुल लागत 60,000 रुपये है, नीचे दिए गए प्रश्न का उत्तर दें।

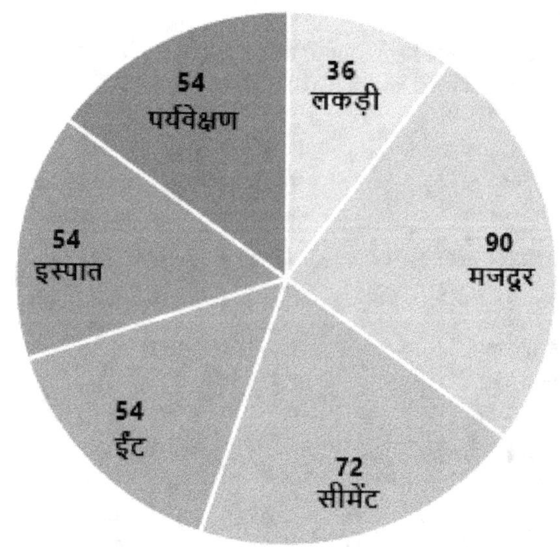

Q.76 सीमेंट पर खर्च की गई राशि है:

A. 20000 रुपये   **B.** 16000 रुपये
C. 12000 रुपये   **D.** 10000 रुपये
E. 11000 रुपये

Q.77 मजदूरों पर खर्च की गई राशि इस्पात पर खर्च की गई राशि से अधिक है:

A. कुल लागत का 5%   **B.** कुल लागत का 10%
C. कुल लागत का 12%   **D.** कुल लागत का 15%
E. कुल लागत का 20%

Q.78 सीमेंट, इस्पात और पर्यवेक्षण पर खर्च की गई राशि निर्माण की कुल लागत का कितना प्रतिशत है?

A. 40%   **B.** 45%   **C.** 50%   **D.** 55%
E. 60%

Q.79 मजदूरों पर खर्च की गई राशि पर्यवेक्षण पर खर्च की गई राशि से कितनी अधिक है?

A. 200000 रुपये   **B.** 160000 रुपये
C. 120000 रुपये   **D.** 6000 रुपये
E. 8000 रुपये

Q.80 पर्यवेक्षण और लकड़ी पर संयुक्त खर्च का ईंटों और सीमेंट पर संयुक्त खर्च से अनुपात कितना है?

A. 7:5   **B.** 3:4   **C.** 4:3   **D.** 5:7
E. 5:1

// स्मार्ट उत्तर पुस्तिका //

सही उत्तर — उन छात्रों का प्रतिशत जिन्होंने प्रश्नों का सही उत्तर दिया था।

छोड़ दिया — उन छात्रों का प्रतिशत जिन्होंने प्रश्नों को छोड़ दिया था।

प्रश्न संख्या	उत्तर	सही उत्तर / छोड़ दिया
1	E	22.45 % / 58.88 %
2	B	13.11 % / 60.08 %
3	D	11.32 % / 60.66 %
4	C	16.06 % / 61.67 %
5	A	16.99 % / 62.15 %
6	C	7.02 % / 62.34 %
7	A	12.03 % / 62.46 %
8	E	9.74 % / 62.75 %
9	B	17.29 % / 64.46 %
10	E	10.2 % / 64.96 %
11	B	16.29 % / 64.72 %
12	D	16.92 % / 64.64 %
13	C	10.79 % / 64.29 %
14	A	28.56 % / 64.22 %

प्रश्न संख्या	उत्तर	सही उत्तर / छोड़ दिया
15	C	18.45 % / 64.21 %
16	C	12.46 % / 64.54 %
17	C	20.74 % / 64.7 %
18	A	19.11 % / 64.74 %
19	B	15.77 % / 65.15 %
20	A	14.01 % / 65.25 %
21	D	9.94 % / 65.33 %
22	C	11.13 % / 67.44 %
23	A	10.91 % / 67.96 %
24	D	9.32 % / 67.88 %
25	C	9.94 % / 67.48 %
26	C	20.69 % / 66.87 %
27	C	20.73 % / 67.17 %
28	E	12.22 % / 67.4 %

प्रश्न संख्या	उत्तर	सही उत्तर / छोड़ दिया
29	C	8.2 % / 67.62 %
30	E	17.94 % / 67.68 %
31	B	11.26 % / 67.77 %
32	C	13.15 % / 70.24 %
33	E	10.52 % / 70.49 %
34	D	10.96 % / 70.62 %
35	C	11.01 % / 70.45 %
36	D	1.1 % / 96.76 %
37	B	1.14 % / 97.04 %
38	A	1.13 % / 97.1 %
39	B	1.28 % / 97.12 %
40	B	1.16 % / 97.14 %
41	C	19.73 % / 65.34 %
42	C	18.07 % / 65.67 %

प्रश्न संख्या	उत्तर	सही उत्तर / छोड़ दिया
43	D	22.13 % / 66.32 %
44	E	12.97 % / 66.74 %
45	B	17.94 % / 66.98 %
46	C	4.72 % / 67.14 %
47	E	10.84 % / 67.92 %
48	D	6.0 % / 68.48 %
49	D	8.34 % / 68.93 %
50	D	1.82 % / 69.2 %
51	D	1.34 % / 69.0 %
52	B	5.09 % / 69.64 %
53	D	7.21 % / 69.79 %
54	A	7.33 % / 70.08 %
55	A	3.52 % / 69.98 %
56	D	14.11 % / 69.81 %

प्रश्न संख्या	उत्तर	सही उत्तर / छोड़ दिया
57	D	14.46 % / 70.14 %
58	A	17.65 % / 70.46 %
59	D	15.68 % / 70.8 %
60	E	12.15 % / 71.16 %
61	D	12.52 % / 71.64 %
62	E	11.67 % / 72.13 %
63	C	15.13 % / 72.66 %
64	E	11.61 % / 72.93 %
65	C	12.39 % / 73.37 %
66	C	5.09 % / 73.66 %
67	C	2.3 % / 74.46 %
68	D	9.61 % / 74.58 %
69	E	10.19 % / 75.42 %
70	C	2.74 % / 76.12 %

प्रश्न संख्या	उत्तर	सही उत्तर / छोड़ दिया
71	A	8.29 % / 76.11 %
72	B	11.61 % / 76.59 %
73	D	7.12 % / 78.73 %
74	E	6.8 % / 79.23 %
75	C	7.66 % / 80.11 %
76	C	0.06 % / 99.9 %
77	B	0.02 % / 99.9 %
78	C	0.06 % / 99.9 %
79	D	0.05 % / 99.9 %
80	D	0.02 % / 99.91 %

Reasoning

Ques (1-5):निर्देश: नीचे दी गई जानकारी को ध्यानपूर्वक पढ़ें और दिए गए प्रश्नों के उत्तर दीजिए।

आठ मित्र- दिव्या, रिया, रिधिमा, प्रेरणा, ईशान, सुमन, नन्दनी और मोनिका हैं, इन्हें भिन्न–भिन्न रंग पसंद हैं- लाल, भूरा, हरा, पीला, गुलाबी, नारंगी, काला और सफ़ेद परन्तु यह आवश्यक नहीं कि समान क्रम में हो। उन्हें भिन्न-भिन्न प्रकार के पक्षी भी पसंद हैं- गौरैया, कौआ, तोता, कबूतर, उल्लू, बाज, हंस और बतख परन्तु आवश्यक नहीं कि समान क्रम में हो।

ईशान को भूरा रंग पसंद है और उसका पसंदीदा पक्षी कौआ है। रिया को नारंगी रंग पसंद नहीं है। सुमन का पसंदीदा रंग सफ़ेद है और जिसे सफ़ेद रंग पसंद है उसे बाज पसंद नहीं है। रिधिमा को हरा रंग पसंद है परन्तु उसे बतख पसंद नहीं है। नन्दनी को उल्लू पसंद है और उसका पसंदीदा रंग पीला है। मोनिका को कबूतर और प्रेरणा को केवल लाल रंग पसंद है। जिसे कबूतर पसंद है, उसे गुलाबी रंग पसंद है। रिया को हंस पसंद है। जिसे लाल रंग पसंद है उसे गौरैया पसंद नहीं है। न प्रेरणा और न ही सुमन को तोता पसंद है। जिसे नारंगी रंग पसंद है, उसे गौरैया पसंद है।

Q.1 निम्न में से कौन सा संयोजन सही है?

A. मोनिका - गुलाबी - कबूतर

B. सुमन - काला - कबूतर

C. रिया - काला - कौआ

D. दिव्या - नारंगी - बतख

E. प्रेरणा - गुलाबी - बाज

Q.2 दिव्या के बारे में कौन सी बात सत्य है?

A. उसे काला रंग पसंद है **B.** उसे गुलाबी रंग पसंद है

C. उसे बाज पसंद है **D.** उसे गौरैया पसंद नहीं है

E. उसे नारंगी रंग पसंद है

Q.3 किसे बाज पसंद है?

A. रिधिमा **B.** रिया **C.** नन्दनी **D.** मोनिका

E. प्रेरणा

Q.4 निम्न में से किसे नारंगी रंग पसंद है?

A. रिया **B.** ईशान **C.** प्रेरणा **D.** मोनिका

E. दिव्या

Q.5 निम्न में से किसे बतख पसंद हैं?

A. मोनिका **B.** नन्दनी **C.** सुमन **D.** रिया

E. दिव्या

Q.6 "ACCUBATION" शब्द में अक्षरों के ऐसे कितने जोड़े हैं जिनके बीच में उतने ही अक्षर हैं जितने अंग्रेजी वर्णमाला में उनके बीच होते हैं?

A. एक **B.** दो **C.** चार **D.** सात

E. पांच

Q.7 MEGA और KEEPER शब्द से प्रत्येक अक्षर का केवल एक बार प्रयोग करते हुए M से शुरू करते हुए तथा R से समाप्त होने वाले छह अक्षरों के कितने सार्थक अंग्रेजी शब्द बनाया जा सकता है?

A. कोई भी नहीं **B.** एक

C. दो **D.** तीन

E. तीन से अधिक

Ques (8-10):निर्देश: निम्नलिखित जानकारी का ध्यानपूर्वक अध्ययन कीजिये और निचे दिए गए प्रश्न का उत्तर दीजिये।

एक व्यक्ति बिंदु A से आरंभ करता है और बिंदु B पहुँचने के लिए पूर्व दिशा की ओर 6 किलोमीटर की दूरी तय करता है। फिर वह दाएँ ओर मुड़ता है और बिंदु C पहुँचने के लिए 4 किलोमीटर की दूरी तय करता है और फिर अपने बाएँ ओर मुड़ता है और बिंदु D पहुँचने के लिए 2 किलोमीटर की दूरी तय करता है। बिंदु D पहुँचने के बाद वह फिर से बाएँ ओर मुड़ता है और बिंदु E पहुँचने के लिए 1 किलोमीटर की दूरी तय करता है और बिंदु F पहुँचने के लिए जो कि बिंदु E से 8 किलोमीटर की दूरी पर है वह फिर से बाएँ ओर मुड़ता है। वह फिर से बाएँ ओर मुड़ता है और बिंदु G पहुँचने के लिए 8 किलोमीटर की दूरी तय करता है।

Q.8 G और उस बिंदु के मध्य जो कि B के दक्षिण से 3 किलोमीटर की दूरी पर स्थित है, न्यूनतम दूरी ज्ञात कीजिये?

A. 5 किमी **B.** 6 किमी **C.** 10 किमी **D.** 7 किमी

E. 17 किमी

Q.9 A और G के बीच की न्यूनतम दूरी ज्ञात कीजिये?

A. 3 किमी **B.** 8 किमी **C.** 12 किमी **D.** 11 किमी

E. 5 किमी

Q.10 B के सन्दर्भ में D की दिशा ज्ञात कीजिये?

A. उत्तर **B.** दक्षिण

C. उत्तर-पूर्व **D.** दक्षिण-पूर्व

E. दक्षिण-पश्चिम

Ques (11-12):निर्देश: निम्नलिखित जानकारी का ध्यानपूर्वक अध्ययन कीजिये और उनपर आधारित प्रश्नों के उत्तर दीजिये।

(i) A × B का अर्थ है 'A, B की माँ है।'

(ii) A + B का अर्थ है 'A, B की बहन है।'

(iii) A ÷ B का अर्थ है 'A, B का पिता है।'

(iv) A - B का अर्थ है 'A, B का भाई है।'

Q.11 निम्नलिखित में से किसका अर्थ 'O, P की भतीजी है'?

A. O - U ÷ J - P **B.** P ÷ O - K

C. K - U ÷ O - P **D.** P + U ÷ O + K

E. इनमें से कोई नहीं

Q.12 निम्नलिखित में से किसका अर्थ 'H, V का नाना है'?

A. V ÷ T ÷ H **B.** H ÷ T × V

C. H × T × V **D.** H × T ÷ V

E. इनमें से कोई नहीं

Ques (13-17):निर्देश: निम्न जानकारी को ध्यानपूर्वक पढ़कर दिए हुए प्रश्नों का उत्तर दीजिये।

सात व्यक्ति: P, Q, R, S, T, U और V को सात विभिन्न रंग: लाल, नीला, हरा, पीला, काला, गुलाबी और नारंगी पसंद हैं परन्तु अनिवार्य नहीं की इसी क्रम में हो। प्रत्येक व्यक्ति एक ही ऑफिस में परन्तु अनुभव के आधार पर विभिन्न विभागों जैसे: डीटीपी, एचआर, वित्त, सामग्री, विपणन, गुणवत्ता और प्रशासन में कार्य करते हैं।

नोट: प्रत्येक व्यक्ति को विभाग उसके अनुभव के बढ़ते हुए क्रम में दिया गया है, डीटीपी में न्यूनतम अनुभव और प्रशासन में अधिकतम अनुभव के व्यक्ति को रखा गया है।

केवल एक व्यक्ति को U से कम अनुभव है। U से कम अनुभव वाले व्यक्ति को पीला पसंद है। केवल एक व्यक्ति को P से अधिक अनुभव है। गुणवत्ता में जो व्यक्ति है उसको काला पसंद है। जिस व्यक्ति को लाल पसंद है, उससे केवल दो अधिक व्यक्तियों को अधिक अनुभव है। V को नारंगी पसंद है और उसे उस व्यक्ति से अधिक अनुभव है जिसे लाल पसंद है। S को सामग्री वाले व्यक्ति से कम अनुभव है, परन्तु उस व्यक्ति से अधिक अनुभव है जिसे हरा पसंद है। T न तो न्यूनतम अनुभवी है और न ही विपणन में कार्य करता है। Q विपणन में कार्य नहीं करता है। व्यक्ति जिसे नीला पसंद है सामग्री में कार्य नहीं करता है।

Q.13 दी हुई व्यवस्था के अनुसार, एक निश्चित प्रकार से डीटीपी, पीले से और प्रशासन, नारंगी से सम्बंधित है। उसी प्रकार वित्त निम्न में से किस से सम्बंधित है?

A. हरा **B.** लाल **C.** गुलाबी **D.** काला

E. नीला

Q.14 निम्न व्यक्तियों की जोड़ी में से कौन सी जोड़ी को S से अधिक परन्तु P से कम अनुभव है?

A. V, R **B.** Q, U **C.** R, V **D.** T, R

E. R, U

Q.15 कौन सा मेल R जिस विभाग में कार्य करता है और उसको जो रंग पसंद है वह दर्शाता है?

A. विपणन – लाल **B.** सामग्री – हरा

C. विपणन – गुलाबी **D.** वित्त – पीला

E. डीटीपी – पीला

Q.16 निम्न में से कौन डीटीपी में कार्य करता है?

A. S **B.** R

C. P **D.** Q

E. इनमे से कोई भी नहीं

Q.17 निम्न में से S को कौन सा रंग पसंद है?

A. हरा **B.** गुलाबी **C.** लाल **D.** पीला

E. नीला

Ques (18-20):निर्देश: निम्न प्रश्न में, >, <, ≥, ≤ एवं = चिह्नों को निम्न अर्थों से प्रयुक्त किया गया है-

'A > B' का अर्थ है कि, 'A या तो B है, या B से छोटा है'।

'A < B' का अर्थ है कि, 'A ना तो B से बड़ा है ना ही B से छोटा है'।

'A ≥ B' का अर्थ है कि, 'A, B से छोटा है'।

'A ≤ B' का अर्थ है कि, 'A, B से बड़ा है'।

'A = B' का अर्थ है कि, 'A, B के बराबर है'।

कथनों को सत्य मानते हुए, ज्ञात कीजिये कि नीचे दिए गए निष्कर्षों में से कौन सा/कौन से निष्कर्ष अनुसरण करता/करते है/हैं?

Q.18 कथन:

A = B; B ≥ C; D > C; D ≤ E

निष्कर्ष:

I. D ≥ B

II. B > D

A. निष्कर्ष I एवं II दोनों सत्य हैं

B. केवल II सत्य है

C. केवल I सत्य है

D. ना तो निष्कर्ष I ना ही II सत्य है

E. या तो निष्कर्ष I या II सत्य है

Q.19 कथन-

M ≥ N = P < O ≥ Q

निष्कर्ष-

I. N ≥ Q

II. M ≤ Q

A. निष्कर्ष I अनुसरण करता है

B. निष्कर्ष II अनुसरण करता है

C. निष्कर्ष I और II दोनों अनुसरण करते हैं

D. या निष्कर्ष I या II अनुसरण करता है

E. न निष्कर्ष I और न II अनुसरण करता है

Q.20 कथन:

B ≥ C = D ≥ X; E ≤ X; Z ≥ D

निष्कर्ष:

I. B > E

II. Z ≥ B

A. या तो निष्कर्ष I या II सत्य है

B. ना तो निष्कर्ष I ना ही II सत्य है

C. निष्कर्ष I एवं II दोनों सत्य हैं

D. केवल I सत्य है

E. केवल II सत्य है

Ques (21-25):निर्देश: निम्नलिखित जानकारी का ध्यानपूर्वक अध्ययन कीजिये और नीचे दिए गये प्रश्नों के उत्तर दीजिये।

आठ मित्र: A, B, C, D, E, F, G और H दो संकेन्द्रीय मेज़ के चारों ओर बैठे हुए हैं। A, B, C और D अन्तः वर्गाकार मेज़ के किनारों बैठे हुए हैं (जो कि वृत्ताकार मेज़ के अंदर है) जबकि E, F, G और H बाह्य वृत्ताकार मेज़ के चारो ओर बैठे हुए हैं। वृताकार मेज़ के चारों ओर बैठे हुए व्यक्ति केंद्र के सम्मुख हैं जबकि वर्गाकार मेज़ के चारों ओर बैठे हुए व्यक्ति केंद्र के बाहर की ओर सम्मुख हैं। अन्तः वर्गाकार मेज़ के चारो ओर बैठा हुआ प्रत्येक व्यक्ति बाह्य वृत्त की ओर सम्मुख है। आठों मित्रों के 1, 2, 3, 4, 6, 7, 8 और 9 लकी संख्याएं हैं परन्तु समान क्रम में आवश्यक नहीं है।

अन्तः मेज़ पर A, B के तिरछे विपरीत किनारे पर बैठा हुआ है जिसके विपरीत F बाह्य मेज़ पर बैठा हुआ है। तीनों की लकी संख्याएं सम हैं और उनमें से B की लकी संख्या सबसे छोटी है तथा F की लकी संख्या सबसे बड़ी है। C, B के निकटतम दायें स्थान पर बैठा हुआ है। C की लकी संख्या D की लकी संख्या से छठवाँ भाग है। H, D के विपरीत बैठा हुआ है जिसकी लकी संख्या D की लकी संख्या से आधी है। E, A के विपरीत नहीं हो सकता है। E की लकी संख्या सबसे बड़ी है।

Q.21 लकी संख्या 7 किस व्यक्ति का है?

A. A **B.** B **C.** F **D.** G

E. H

Q.22 बाह्य वृत्ताकर मेज़ पर A के विपरीत कौन बैठा हुआ है?

A. B **B.** E **C.** F **D.** G

E. H

Q.23 A की लकी संख्या क्या है?

A. 1 **B.** 2 **C.** 4 **D.** 6

E. 8

Q.24 D की लकी संख्या क्या है?

A. 1 **B.** 2 **C.** 4 **D.** 6

E. 8

Q.25 F के निकटतम बाएं स्थान पर कौन बैठा हुआ है?

A. E **B.** G **C.** H **D.** B

E. C

Ques (26-30):निर्देश: दी गई जानकारी को ध्यान से पढ़िए और निम्नलिखित प्रश्नों के उत्तर दीजिए:

L, M, N, O, P, Q, R और D एक सीधी पंक्ति में एक दूसरे से सामान दूरी पर बैठे हैं। (लेकिन जरुरी नहीं कि इसी क्रम में हों)। उनमें से कुछ दक्षिण के सम्मुख हैं जबकि कुछ उत्तर के सम्मुख हैं। (नोट: एक ही दिशा के सम्मुख का अर्थ है यदि एक उत्तर के सम्मुख है तो दूसरा भी उत्तर के सम्मुख और यदि एक दक्षिण के सम्मुख है तो दूसरा भी दक्षिण के सम्मुख है! विपरीत दिशा के सम्मुख का अर्थ है, यदि एक उत्तर के सम्मुख है तो दूसरा दक्षिण के सम्मुख है और इसी के विपरीततया।) L उत्तर के सम्मुख है। L के दायीं ओर केवल दो व्यक्ति बैठे हैं। M, L के बायीं ओर से तीसरे स्थान पर बैठा है। M और Q के बीच में केवल एक व्यक्ति बैठा है। Q, P के निकटतम दायीं ओर बैठा है। P और D के बीच केवल एक व्यक्ति बैठा है। M के दोनों निकटतम पड़ोसी एक ही दिशा के सम्मुख हैं। N, Q के बायीं ओर तीसरे स्थान पर बैठा है। M, L के विपरीत दिशा के सम्मुख है। R पंक्ति के किसी भी छोर पर नहीं बैठा है। O और P एक ही दिशा के सम्मुख हैं। R और N दोनों D की विपरीत दिशा के सम्मुख हैं।

Q.26 दी गयी व्यवस्था में से कितने व्यक्ति दक्षिण के सम्मुख हैं?

A. दो
B. तीन
C. एक
D. चार
E. चार से अधिक

Q.27 निम्न पांच में से चार एक निश्चित रूप से एक समान हैं, और इसलिए एक समूह बनाते हैं। निम्नलिखित में से कौन उस समूह से सम्बंधित नहीं है?

A. O, M
B. Q, P
C. R, L
D. N, D
E. P, L

Q.28 D के सन्दर्भ में Q की स्थिति क्या है?

A. दायें से दूसरा
B. बायें से दूसरा
C. दायें से तीसरा
D. निकटतम दायें
E. निकटतम बायें

Q.29 M के दायीं ओर से दूसरे स्थान पर कौन बैठा है?

A. Q
B. P
C. O
D. D
E. L

Q.30 निम्न में से D और P के ठीक बीच में कौन बैठा है?

A. M
B. R
C. N
D. Q
E. D

Ques (31-35):निर्देश: ये प्रश्न निम्नलिखित जानकारी पर आधारित हैं।

8 व्यक्ति: A, B, C, D, E, F, G और H ने एक प्रतियोगिता में भाग लिया और 1 से 8 तक रैंक प्राप्त की। वे विभिन्न कंपनियों में काम करते हैं: एडुगोरिल्ला, गूगल, बीएचईएल, विप्रो, माइक्रोसॉफ्ट, एचपी, इंफोसिस और वोल्फ्राम।

D, गूगल या एचपी में काम नहीं करता है और B गूगल में काम नहीं करता है। रैंक 7 प्राप्त करने वाला व्यक्ति विप्रो में काम करता है और रैंक 6 प्राप्त करने वाला व्यक्ति बीएचईएल में काम करता है। G और H की रैंकों का योग 11 है और H की रैंक, G की रैंक से अधिक है। C की रैंक 3 है और इंफोसिस में काम करता है। G माइक्रोसॉफ्ट में काम करता है। B की रैंक, C और E की रैंकों का योग है। D की रैंक, B और C की रैंकों का योग है। A, एडुगोरिल्ला में काम करता है। E की रैंक 2 है।

Q.31 वोल्फ्राम में कौन काम करता है?

A. A
B. B
C. C
D. D
E. E

Q.32 B कहाँ काम करता है?

A. एडुगोरिल्ला
B. विप्रो
C. इंफोसिस
D. एचपी
E. इनमे से कोई भी नहीं

Q.33 बीएचईएल में कौन काम करता है?

A. A
B. C
C. D
D. E
E. F

Q.34 A और H की रैंकों का योग क्या है?

A. 4
B. 6
C. 8
D. 3
E. इनमे से कोई भी नहीं

Q.35 E कहाँ काम करता है?

A. एचपी
B. बीएचईएल
C. गूगल
D. विप्रो
E. वोल्फ्राम

Ques (36-40):निर्देश: निम्नलिखित जानकारी का ध्यानपूर्वक अध्ययन करें और उस पर आधारित प्रश्नों के उत्तर दीजिये।

आठ विद्यार्थी - काजल, फ़ातिमा, दिशा, मधु, रुखसार, पारुल, ईरा एवं प्राची आईबीपीएस के अधीन माह अप्रैल की अलग - अलग तिथि अर्थात 5, 6, 7, 8 पर अलग - अलग पारी में आयोजित होने वाली एस.ओ. की परीक्षा में सम्मिलित होने के लिए एक निश्चित परीक्षा केंद्र पर जा रहे हैं। परंतु यह आवश्यक नहीं है कि क्रम सामान हो। वे परीक्षा में प्रत्येक दिन या तो प्रातः 10.00 बजे अथवा 12.00 बजे सम्मिलित होंगी। दी गई पारी के अनुसार एक पारी में केवल एक विद्यार्थी परीक्षा में सम्मिलित होगा।

काजल और पारुल के मध्य दो विद्यार्थी परीक्षा में सम्मिलित होंगे। दिशा, मधु के बाद परीक्षा में सम्मिलित होगी। रुखसार और ईरा के मध्य दो विद्यार्थी परीक्षा में सम्मिलित होंगे। पारुल और फातिमा के मध्य केवल एक विद्यार्थी परीक्षा में सम्मिलित होगा। रुखसार और प्राची के मध्य चार विद्यार्थी परीक्षा में सम्मिलित होंगे। फातिमा 7 तारीख को परीक्षा में सम्मिलित होगी। फातिमा और ईरा के मध्य कोई भी विद्यार्थी परीक्षा में सम्मिलित नहीं होगा। रुखसार दी गई तिथियों में से किसी भी एक तिथि पर दोपहर 12.00 बजे परीक्षा में सम्मिलित होगी, परंतु वह ईरा से पहले परीक्षा में सम्मिलित होगी।

Q.36 मधु और ईरा के मध्य कितने विद्यार्थी परीक्षा में सम्मिलित होंगे?

A. दो
B. तीन
C. चार
D. पाँच
E. एक

Q.37 निम्नलिखित में से कौन दिनांक 5 अप्रैल को परीक्षा में सम्मिलित होगा?

A. दिशा
B. मधु
C. पारुल
D. ईरा
E. काजल

Q.38 निम्नलिखित में से कौन दिनांक 8 अप्रैल को प्रातः 10.00 बजे परीक्षा में सम्मिलित होगी?

A. प्राची
B. मधु
C. दिशा
D. फातिमा
E. पारुल

Q.39 दिशा के बाद कितने विद्यार्थी परीक्षा में सम्मिलित होंगे?

A. एक
B. दो
C. तीन
D. कोई नहीं
E. चार

Q.40 निम्नलिखित में किस समय - सारणी में मधु परीक्षा में सम्मिलित होती है?

A. 6 अप्रैल को प्रातः 10.00 बजे
B. 7 अप्रैल को प्रातः 10.00 बजे
C. 7 अप्रैल को दोपहर 12 बजे
D. 8 अप्रैल को दोपहर 12 बजे
E. इनमें से कोई नहीं

Quantitative Aptitude

Ques (41-45):निर्देश: नीचे दिए गए पाई चार्ट पांच अलग-अलग शहरों में श्रेणी I और श्रेणी II में अधिकारियों की संख्या दिखाते हैं। चार्ट का ध्यानपूर्वक अध्ययन करें और निम्नलिखित प्रश्न का उत्तर दें-

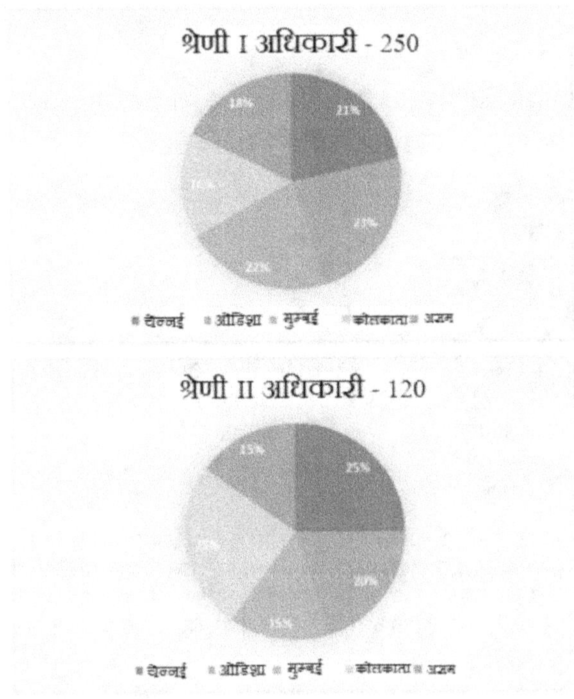

Q.41 मुम्बई और कोलकाता में श्रेणी I अधिकारियों की एकत्रित संख्या, ओडिशा, चेन्नई और असम में श्रेणी II अधिकारियों की एकत्रित संख्या से कितने प्रतिशत अधिक है?

A. 75%   **B.** 50%   **C.** $33\frac{1}{3}$ **D.** 32%

E. 125%

Q.42 मुम्बई और असम में श्रेणी I अधिकारियों की एकत्रित संख्या का कोलकाता और चेन्नई में श्रेणी II अधिकारियों की एकत्रित संख्या से अनुपात ज्ञात कीजिये।

A. 7:5   **B.** 5:3   **C.** 8:5   **D.** 9:5

E. 9:4

Q.43 ओडिशा, कोलकाता और चेन्नई में श्रेणी I अधिकारियों की एकत्रित संख्या का औसत, ओडिशा, कोलकाता और मुंबई में श्रेणी II अधिकारियों की एकत्रित संख्या की औसत संख्या से कितनी अधिक है?

A. 22   **B.** 24   **C.** 26   **D.** 28

E. 30

Q.44 कोलकाता में, श्रेणी I में HR अधिकारियों और प्रबंधन अधिकारियों का अनुपात 5 : 3 है जबकि श्रेणी II में यह अनुपात 2 : 3 है। कोलकाता में HR अधिकारियों की कुल संख्या ज्ञात कीजिये यदि श्रेणी I और श्रेणी II दोनों में केवल दो प्रकार के अधिकारी काम करते हैं।

A. 21   **B.** 18   **C.** 30   **D.** 24

E. 37

Q.45 मणिपुर में श्रेणी I और श्रेणी II अधिकारी 5 : 6 के अनुपात में हैं। यदि मणिपुर में श्रेणी I अधिकारियों की संख्या ओडिशा में श्रेणी II अधिकारियों की संख्या से 25% अधिक है, तब मणिपुर में श्रेणी I और श्रेणी II अधिकारियों की कुल संख्या ज्ञात कीजिये।

A. 60   **B.** 66   **C.** 72   **D.** 78

E. 86

Q.46 एक राशि को तीन भाइयों- नील, नितिन और मुकेश के बीच बांटा गया। मुकेश के हिस्से से नील के हिस्से का अनुपात _______ है। मुकेश ने नील और नितिन दोनों ने जितना प्राप्त किया उसका आधा प्राप्त किया। नील ने नितिन और मुकेश दोनों को जितना प्राप्त हुआ उसका एक तिहाई प्राप्त किया।

A. 4 : 5   **B.** 5 : 6

C. 6 : 5   **D.** 3 : 4

E. इनमे से कोई भी नहीं

Q.47 9 महीने की ब्याज की गणना के आधार पर 16% प्रति वर्ष की दर से 12000 रुपये पर चक्रवृद्धि ब्याज ज्ञात करें।

A. 1342.425 रुपये   **B.** 1252.256 रुपये

C. 1562.45 रुपये   **D.** 1498.368 रुपये

E. 1542.425 रुपये

Q.48 A, B और C, अल्कोहल और पानी के 3 मिश्रण हैं। इन मिश्रणों में अल्कोहल और पानी के अनुपात 5 : 3, 2 : 3 और 7 : 3 हैं। यदि इन मिश्रणों को 2 : 4 : 3 क्षमता के अनुपात में लिया जाता है और एक बर्तन में संग्रहित किया जाता है, तो इसमें अल्कोहल और पानी का अनुपात ज्ञात कीजिये।

A. 7 : 3   **B.** 13 : 7   **C.** 3 : 1   **D.** 11 : 9

E. 7 : 13

Q.49 कितने समय में 5% प्रतिवर्ष की गणना के आधार पर 8000 रुपये की राशि 9261 रुपये हो जाएगी।

A. 2 वर्ष   **B.** 3 वर्ष

C. 4 वर्ष   **D.** 5 वर्ष

E. इनमे से कोई भी नहीं

Q.50 दो संख्याओं के गुणनफल 4107 है यदि महत्तम समापवर्तक 37 हो तो सबसे बड़ी संख्या होगी?

A. 185   **B.** 111   **C.** 107   **D.** 101

E. 100

Q.51 दो संख्याओं का लघुत्तम समापवर्त्य 2079 हैं और उनका महत्तम समापवर्तक 27 हैं। तदनुसार, यदि उनमें एक संख्या 189 हों, तो दूसरी संख्या कितनी होगी ?

A. 297   **B.** 584   **C.** 189   **D.** 216

E. 210

Ques (52-55):निर्देश: निम्नलिखित प्रश्न में, दो समीकरण I और II दिए गए हैं। आपको दोनों समीकरण को हल करना है और उत्तर देना है।

Q.52 I. $21x^2 - 23x + 6 = 0$

II. $28y^2 - 41y + 15 = 0$

A. यदि x > y

B. यदि x < y

C. यदि x ≥ y

D. यदि x ≤ y

E. यदि x = y या कोई सम्बन्ध स्थापित नहीं किया जा सकता।

Q.53 I. $6x^2 - 47x + 77 = 0$

II. $18y^2 - 81y + 91 = 0$

A. यदि x > y

B. यदि x < y

C. यदि x ≥ y

D. यदि x ≤ y

E. यदि x = y या कोई सम्बन्ध स्थापित नहीं किया जा सकता।

Q.54 I. $x^2 - 5(\sqrt{3} + 2\sqrt{2})x + 50\sqrt{6} = 0$

II. $y^2 - (3\sqrt{5} + 2\sqrt{7})y + 6\sqrt{35} = 0$

A. यदि x > y
B. यदि x < y
C. यदि x ≥ y
D. यदि x ≤ y
E. यदि x = y या कोई सम्बन्ध स्थापित नहीं किया जा सकता।

Q.55 I. $\sqrt{(x + 153)} - 6 = 7$

II. $\sqrt{(y - 12)} = \sqrt{1156} - \sqrt{1024}$

A. यदि x > y
B. यदि x < y
C. यदि x ≥ y
D. यदि x ≤ y
E. यदि x = y या कोई सम्बन्ध स्थापित नहीं किया जा सकता।

Ques (56-57):निर्देश: निम्नलिखित पैराग्राफ को पढ़िए और दी गई जानकारी के आधार पर निम्नलिखित प्रश्नों के उत्तर दीजिए:

जेम्स टीवी सेट और रेफ्रीजरेटर का निर्माता है। वह अपने उत्पाद एक थोक व्यापारी पॉल को बेचता है और पॉल उन्हें एक खुदरा विक्रेता एंटनी को बेचता है। ग्राहक खुदरा विक्रेता से सामान खरीदता है। एक टीवी सेट के निर्माण की लागत 10,000 रुपये है और एक रेफ्रिजरेटर की 20,000 रुपये है। जेम्स, पॉल और एंटनी प्रत्येक टीवी सेट और रेफ्रिजरेटर के बेचे जाने पर 10% का लाभ अर्जित करते हैं।

एक ग्राहक एंटनी से 2 टीवी सेट और 3 रेफ्रीजरेटर खरीदता है और फिर उन्हें पुनर्विक्रय करता है। यदि उसे 2 टीवी सेट बेचने पर 5% की हानि होती है और 3 रेफ्रिजरेटर बेचने पर 5% का लाभ होता है।

Q.56
उसका कुल लाभ/हानि प्रतिशत ज्ञात कीजिए।
A. 2.5% लाभ
B. 2.5% हानि
C. 5% हानि
D. 5% लाभ
E. ना तो लाभ ना ही हानि

Q.57 यदि टीवी सेट के निर्माण की लागत 2% तक बढ़ जाती है और रेफ्रिजरेटर के निर्माण की लागत 5% तक बढ़ जाती है और जेम्स, पॉल और एंटनी द्वारा अर्जित लाभ प्रतिशत अपरिवर्तित रहता है, तो ग्राहक को 1 टीवी सेट और 1 रेफ्रिजरेटर खरीदने के लिए कितने पैसे चुकाने पड़ेंगे? (दशमलव भाग को अनदेखा कीजिए)

A. 41277 रु
B. 41227 रु
C. 41557 रु
D. 41727 रु
E. 41527 रु

Q.58 किसी दो संख्या का ल.स.प. 1820 है और उसका म.स.प. 26 है। अगर एक संख्या 130 है तो दूसरे संख्या क्या होगी:

[MP Sub Inspector (MPSI), 2017]

A. 70
B. 1690
C. 364
D. 1264
E. 1000

Q.59 60 छात्रों की एक कक्षा में, 30% लड़कियां हैं। कक्षा की एक परीक्षा में, कक्षा का औसत 30 अंकों में से 17 अंक था। 50% लड़कियां एक इंटर स्कूल बास्केटबाल मैच के लिए गईं और परीक्षा नहीं दे सकीं। प्रारम्भ में शिक्षक ने उन्हें अनुपस्थित माना और उन्हें 0 अंक प्रदान किये। यदि शिक्षक को उनमें से प्रत्येक को 20 अंक देता है, तो कक्षा का नया औसत ज्ञात कीजिए।

A. 18
B. 21
C. 20
D. 17
E. 19

Q.60 $\dfrac{5 + \sqrt{10}}{5\sqrt{5} - 2\sqrt{20} - \sqrt{32} + \sqrt{50}}$ के बराबर क्या है?

A. 5
B. $5\sqrt{2}$
C. $5\sqrt{5}$
D. $\sqrt{5}$

E. 10

Q.61 $\dfrac{(443+547)^2 + (443-547)^2}{443 \times 443 + 547 \times 547}$ का मान क्या है?

A. 0
B. 1
C. 2
D. 3
E. 4

Q.62 निम्नलिखित प्रश्न में प्रश्नवाचक चिन्ह '?' के स्थान पर क्या आयेगा ?

$$1\tfrac{1}{2} + 11\tfrac{1}{2} + 111\tfrac{1}{2} + 1111\tfrac{1}{2} + 11111\tfrac{1}{2} = ?$$

A. $12347\tfrac{1}{2}$
B. $12346\tfrac{1}{2}$
C. $12345\tfrac{1}{2}$
D. $\tfrac{1}{2}$
E. इनमें से कोई नहीं

Q.63 A ने 1,00,000 रुपयों की पूंजी से एक व्यापार प्रारम्भ किया। एक वर्ष बाद, B भी उसमें 2,00,000 रुपयों की पूंजी लेकर शामिल हो जाता है। व्यापार के प्रारम्भ से 3 वर्षों के अंत में, प्राप्त होने वाला लाभ 84,000 रूपये था। लाभ में, B का अंश, A के अंश से कितना अधिक था:

A. 18,000 रूपये
B. 14,000 रूपये
C. 12,000 रूपये
D. 16,000 रूपये
E. इनमें से कोई नहीं

Q.64 अतुल ने 8000 रुपये के निवेश के साथ एक व्यवसाय शुरू किया और कुछ महीनों बाद, बालू 6000 रुपये के निवेश सहित उसके साथ व्यवसाय में शामिल हो गया। एक वर्ष के अंत में कुल लाभ 4375 रुपये था और अतुल का शेयर 2800 रुपये है। तो बालू कितने महीने के लिए व्यवसाय में शामिल हुआ?

A. 4
B. 9
C. 5
D. 2
E. इनमें से कोई नहीं

Q.65 A और B ने क्रमशः 10,000 रुपये और 4000 रुपये का निवेश करके साझेदारी में एक व्यापार शुरू किया। साझेदारी की शर्त यह है कि व्यापार के प्रबंधन के लिए B को वार्षिक लाभ से 1200 रुपये मिलेंगे। A और B ने अपनी लाभ राशि से अपनी पूंजी के लिए 5% ब्याज का भुगतान भी किया। शेष वार्षिक लाभ उनके निवेश के अनुपात में उनके बीच वितरित किया जाता है। A के लाभ का हिस्सा ज्ञात कीजिये, यदि वार्षिक लाभ 4000 रुपये है।

A. 3000 रुपये
B. 2500 रुपये
C. 1500 रुपये
D. 2000 रुपये
E. इनमें से कोई नहीं

Ques (66-70):निर्देश: निम्नलिखित संख्या श्रृंखला में प्रश्न चिह्न '?' के स्थान पर क्या आना चाहिए?

Q.66 6, 15, 42, ? , 366
A. 320
B. 190
C. 220
D. 123
E. 198

Q.67 11, 31, 71, 151, ?, 631
A. 332
B. 190
C. 420
D. 311
E. 320

Q.68 7, 28, 70, 154, ?, 558
A. 320
B. 280
C. 322
D. 205
E. 220

Q.69 4, 14, 44, 134, ?
A. 234
B. 404
C. 224
D. 334
E. 444

Q.70 44, 59, 76, 95, ?

A. 109　　**B.** 116　　**C.** 121　　**D.** 106

E. 220

Q.71 50% शराब वाले 9 मिलीलीटर मिश्रण में कितना पानी मिला दिया जाए कि शराब की मात्रा 30% हो जाए?

A. 6 मिली　　　　**B.** 11 मिली

C. 15 मिली　　　　**D.** 9 मिली

E. इनमें से कोई नहीं

Q.72 एक बर्तन में शहद भरा हुआ है| एक आदमी उसमें से 20% निकालकर उसने चीनी का घोल मिला देता है| इस प्रक्रिया को वह कुल चार बार दोहराता है जिससे बर्तन में मात्र 512 ग्राम शहद बच जाता है और बर्तन का बाकी हिस्सा चीनी का घोल से भरा होता है| शुरुआत में बर्तन में शहद की मात्रा ज्ञात करें|

A. 1.25 किग्रा　　　**B.** 1 किग्रा

C. 1.5 किग्रा　　　**D.** 2.5 किग्रा

E. इनमें से कोई नहीं

Q.73 एक बर्तन में 50 लीटर दूध है। उसमें से 8 लीटर दूध निकालकर पानी मिला दिया जाता है इस प्रक्रिया को और दो बार दोहराया जाता है। अब बर्तन में दूध की मात्रा क्या है?

A. 24.52 लीटर　　　**B.** 29.63 लीटर

C. 28.21 लीटर　　　**D.** 25.14 लीटर

E. 30.14 लीटर

Q.74 निम्नलिखित में से कौन सी परिमेय संख्या सबसे बड़ी है?

A. $\frac{1}{3}$　　**B.** $\frac{2}{5}$　　**C.** $\frac{4}{7}$　　**D.** $\frac{5}{9}$

E. $\frac{1}{2}$

Q.75 4096 का घनमूल _______ है।

A. 24　　**B.** 14　　**C.** 16　　**D.** 12

E. 15

Q.76 निर्देश: नीचे A और B नामित दो मात्राएं दी गई हैं। दी गई जानकारी के आधार पर, आपको दो मात्राओं के बीच के संबंध को निर्धारित करना है। आपको दी गई जानकारी और आपके गणित के ज्ञान का उपयोग करके संभावित उत्तरों में से सही उत्तर का चयन करना है।

मात्रा A: x जहां $4x^2 - 5x + 1 = 0$

मात्रा B: y जहां $y^2 - 3y + 2 = 0$

A. मात्रा A > मात्रा B

B. मात्रा A < मात्रा B

C. मात्रा A ≥ मात्रा B

D. मात्रा A ≤ मात्रा B

E. मात्रा A = मात्रा B या संबंध निर्धारित नहीं किया जा सकता

Q.77 28 और 42 का महत्तम समापवर्तक और लघुतम समापवर्तक ज्ञात कीजिए।

A. 84, 14　　**B.** 14, 42　　**C.** 14, 84　　**D.** 42, 14

E. 84, 14

Q.78 निम्नलिखित में से कौन सा एक पूर्ण घन नहीं है?

A. 27　　　　**B.** 64

C. 216　　　**D.** 432

E. इनमें से कोई नहीं

Ques (79-80):निर्देश: नीचे A और B नामित दो मात्राएं दी गई हैं। दी गई जानकारी के आधार पर, आपको दो मात्राओं के बीच के संबंध को निर्धारित करना है। आपको दी गई जानकारी और आपके गणित के ज्ञान का उपयोग करके संभावित उत्तरों में से सही उत्तर का चयन करना है।

Q.79 मात्रा A: x जहां $x^3 - 4x^2 + 3x = 0$

मात्रा B: y जहां $7y^3 - 23y^2 + 6y = 0$

A. मात्रा A > मात्रा B

B. मात्रा A < मात्रा B

C. मात्रा A ≥ मात्रा B

D. मात्रा A ≤ मात्रा B

E. मात्रा A = मात्रा B या संबंध निर्धारित नहीं किया जा सकता

Q.80 N एक प्राकृत संख्या है

मात्रा A: प्रथम N प्राकृत विषम संख्याओं के घन का योग।

मात्रा B: प्रथम (N - 1) प्राकृत सम संख्याओं के घन का योग।

A. मात्रा A > मात्रा B

B. मात्रा A < मात्रा B

C. मात्रा A ≥ मात्रा B

D. मात्रा A ≤ मात्रा B

E. मात्रा A = मात्रा B या संबंध निर्धारित नहीं किया जा सकता

// स्मार्ट उत्तर पुस्तिका //

सही उत्तर — उन छात्रों का प्रतिशत जिन्होंने प्रश्नों का सही उत्तर दिया था।

छोड़ दिया — उन छात्रों का प्रतिशत जिन्होंने प्रश्नों को छोड़ दिया था।

प्रश्न संख्या	उत्तर	सही उत्तर / छोड़ दिया
1	A	65.81 % / 12.21 %
2	E	61.38 % / 16.25 %
3	E	55.3 % / 17.59 %
4	E	62.29 % / 17.55 %
5	C	61.54 % / 17.87 %
6	C	52.21 % / 14.15 %
7	C	7.19 % / 32.45 %
8	C	38.26 % / 21.7 %
9	D	38.34 % / 20.51 %
10	D	56.4 % / 18.98 %
11	D	37.91 % / 22.17 %
12	B	38.02 % / 23.84 %
13	E	15.14 % / 35.93 %
14	D	19.37 % / 38.26 %

प्रश्न संख्या	उत्तर	सही उत्तर / छोड़ दिया
15	A	17.39 % / 39.57 %
16	D	19.49 % / 38.81 %
17	E	16.68 % / 37.75 %
18	E	14.82 % / 27.2 %
19	A	8.26 % / 27.67 %
20	B	29.05 % / 29.33 %
21	D	13.64 % / 39.88 %
22	D	12.25 % / 43.72 %
23	C	14.86 % / 44.67 %
24	D	14.15 % / 44.82 %
25	A	10.87 % / 43.52 %
26	D	25.93 % / 35.06 %
27	E	20.79 % / 38.38 %
28	C	31.23 % / 37.94 %

प्रश्न संख्या	उत्तर	सही उत्तर / छोड़ दिया
29	C	27.94 % / 37.91 %
30	A	30.91 % / 37.23 %
31	D	30.83 % / 34.47 %
32	D	39.09 % / 35.42 %
33	E	33.32 % / 36.4 %
34	C	35.45 % / 37.0 %
35	C	34.86 % / 36.76 %
36	E	9.25 % / 46.17 %
37	E	9.25 % / 52.33 %
38	A	11.34 % / 53.92 %
39	D	11.3 % / 54.04 %
40	A	9.8 % / 53.28 %
41	D	14.31 % / 36.24 %
42	B	21.58 % / 41.11 %

प्रश्न संख्या	उत्तर	सही उत्तर / छोड़ दिया
43	C	14.98 % / 43.91 %
44	E	10.32 % / 47.47 %
45	B	8.77 % / 48.15 %
46	D	8.22 % / 43.87 %
47	D	25.18 % / 36.76 %
48	D	7.51 % / 46.56 %
49	B	20.36 % / 41.97 %
50	B	6.4 % / 47.63 %
51	A	5.18 % / 43.91 %
52	B	23.0 % / 38.98 %
53	C	12.21 % / 43.13 %
54	A	4.43 % / 49.17 %
55	E	10.32 % / 46.52 %
56	A	3.28 % / 50.36 %

प्रश्न संख्या	उत्तर	सही उत्तर / छोड़ दिया
57	E	0.95 % / 52.96 %
58	C	36.17 % / 39.64 %
59	C	6.92 % / 51.14 %
60	D	30.4 % / 42.52 %
61	C	9.25 % / 49.33 %
62	A	6.4 % / 52.73 %
63	C	5.77 % / 54.43 %
64	B	9.8 % / 53.88 %
65	D	7.15 % / 53.8 %
66	D	39.05 % / 39.8 %
67	D	44.35 % / 39.68 %
68	C	30.83 % / 43.6 %
69	B	37.55 % / 42.09 %
70	B	40.91 % / 42.73 %

प्रश्न संख्या	उत्तर	सही उत्तर / छोड़ दिया
71	A	4.66 % / 57.87 %
72	A	3.91 % / 61.35 %
73	B	4.7 % / 62.45 %
74	C	3.44 % / 62.84 %
75	C	3.68 % / 61.97 %
76	D	15.61 % / 50.87 %
77	C	3.0 % / 55.22 %
78	D	7.11 % / 59.1 %
79	E	8.66 % / 57.23 %
80	A	6.6 % / 60.2 %

Reasoning

Q.1 चार विकल्प दिए गए हैं, जिनमें से तीन किसी प्रकार से समान हैं, जबकि एक भिन्न है। बेजोड़ का चयन कीजिये।

A. 97   **B.** 135   **C.** 167   **D.** 199

E. 200

Q.2 एक विशिष्ट कूट भाषा में, 'LIGHT' को 'JMTUI' लिखा जाता है, इस समान भाषा में 'VALUE' को किस प्रकार लिखा जायेगा?

A. BWMFV   **B.** WBOVF

C. BWOFV   **D.** WBMVF

E. BWPVF

Ques (3-5):निर्देश: एक विशिष्ट कूट भाषा में, "break the old rule" को "te od ul re", "follow the tough rule" को "gu lw te ul" और "rule is always tough" को "wa mn ul gu" लिखा जाता है।

Q.3 'rule' के लिए क्या कूट है?

A. te   **B.** ul   **C.** gu   **D.** lw

E. re

Q.4 'break' के लिए कूट क्या है?

A. od

C. te

B. re

D. या तो 'od' या 're'

E. या तो 're' या 'te'

Q.5 'always follow' के लिए कूट क्या है?

A. lw wa   **B.** mn te

C. mn lw   **D.** या तो (A) या (B)

E. या तो (A) या (C)

Ques (6-10):निर्देश: निम्नलिखित जानकारी का ध्यानपूर्वक अध्ययन कीजिये और प्रश्न का उत्तर दीजिये।

सात मित्र तनु, दीपक, ज्योति, विजय, इंदु, लक्ष्मी और जीतू सोमवार से रविवार एक सप्ताह में एक परीक्षा के लिए जाते हैं (समान सप्ताह में) लेकिन उनका समान क्रम में जाना आवश्यक नहीं है। केवल एक व्यक्ति एक दिन में एक परीक्षा के लिए जाता है।

दीपक परीक्षा के लिए गुरुवार को जाता है। दीपक, इंदु के ठीक पहले या ठीक बाद में नहीं जाता है। तनु और दीपक के मध्य में केवल एक मित्र परीक्षा के लिए जाता है। दीपक और ज्योति के मध्य में केवल एक मित्र परीक्षा के लिए जाता है। ज्योति, तनु से पहले परीक्षा के लिए नहीं जाती है। इंदु और लक्ष्मी के मध्य में केवल एक मित्र परीक्षा के लिए जाता है। विजय, ज्योति के ठीक पहले या ठीक बाद में परीक्षा के लिए जाता है। विजय, जीतू के एक दिन बाद परीक्षा के लिए जाता है।

Q.6 इंदु परीक्षा के लिए किस दिन को जाती है?

A. सोमवार   **B.** बुधवार   **C.** शुक्रवार   **D.** शनिवार

E. रविवार

Q.7 निम्नलिखित में से कौन-सा व्यक्ति रविवार को परीक्षा के लिए जाता है?

A. इंदु   **B.** जीतू   **C.** विजय   **D.** लक्ष्मी

E. ज्योति

Q.8 दीपक से ठीक पहले परीक्षा के लिए कौन जाता है?

A. जीतू   **B.** लक्ष्मी   **C.** इंदु   **D.** विजय

E. ज्योति

Q.9 निम्नलिखित में से कौन-सा युग्म असत्य है?

A. दीपक – गुरुवार   **B.** तनु – मंगलवार

C. ज्योति – शनिवार   **D.** विजय – शुक्रवार

E. इंदु – सोमवार

Q.10 इंदु और जीतू के मध्य में कितने मित्र परीक्षा के लिए जाते हैं?

A. कोई नहीं   **B.** एक   **C.** दो   **D.** तीन

E. चार

Q.11 समीकरण $C > D$ और $A \geq T$ को निश्चित रूप से सत्य बनाने के लिए समीकरण '$M > P \geq D \& E < R \leq A = C \# Q \geq T$' में चिह्न (&) और (#) को निम्न में से किन चिह्नों से प्रतिस्थापित करना चाहिए?

A. $\geq$, $>$ **B.** $\leq$, $\leq$

C. $<$, $=$ **D.** $=$, $\geq$

E. दोनों (C) और (D)

Ques (12-14):निर्देश: निम्न प्रश्न में दो कथन और उसके बाद I और II दो निष्कर्ष दिए गये हैं। आपको दिए गये कथन को सत्य मानना है, भले ही वे ज्ञात तथ्यों से अलग प्रतीत होते हों। सभी निष्कर्षों को पढ़िए और फिर निर्णय कीजिए कि दिया गया कौन सा निष्कर्ष ज्ञात तथ्यों को नजरंदाज करने पर कथनों का तार्किक रूप से अनुसरण करता है।

Q.12 कथन:

केवल फल सेब हैं।

कुछ सेब हरे हैं।

निष्कर्ष:

I. कुछ फल हरे हैं।

II. कोई फल हरा नहीं है।

A. केवल I अनुसरण करता है

B. केवल II अनुसरण करता है

C. या तो I या फिर II अनुसरण करता है

D. न तो I न ही II अनुसरण करता है

E. I और II दोनों अनुसरण करते हैं

Q.13 कथन:

सभी मोमबत्तियां मोम हैं।

कोई मोम, रोशनी नहीं है।

निष्कर्ष:

I. कुछ मोमबत्तियों के रोशनी होने की संभावना है।

II. कुछ मोम, रोशनी नहीं है।

A. केवल I अनुसरण करता है।

B. केवल II अनुसरण करता है।

C. या तो I या फिर II अनुसरण करता है।

D. न तो I न ही II अनुसरण करता है।

E. I और II दोनों अनुसरण करते हैं

Q.14 कथन:

सभी हृदय अच्छे हैं।

बहुत कम अच्छे उत्कृष्ट हैं।

निष्कर्ष:

I. बहुत कम हृदय उत्कृष्ट हैं।

॥. कोई हृदय उत्कृष्ट नहीं है।

A. केवल ॥ अनुसरण करता है।
B. केवल ॥ अनुसरण करता है।
C. या तो ॥ या फिर ॥ अनुसरण करता है।
D. न तो ॥ न तो ॥ अनुसरण करता है।
E. ॥ और ॥ दोनों अनुसरण करता है

Ques (15-16):निर्देश: निम्नलिखित प्रश्न में दिए गए कथनों को सत्य मानते हुए, ज्ञात कीजिये कि दिए गए निष्कर्षों में से कौन-सा/कौन-से निष्कर्ष निश्चित रूप से सत्य है/हैं और उसके अनुसार अपने उत्तर दीजिये।

Q.15 कथन: $Z < M \geq Y, Y \geq N > L$

निष्कर्ष:

I. $Z < L$

II. $M > L$

A. कोई भी सत्य नहीं है।
B. केवल ॥ सत्य है।
C. ॥ और ॥ दोनों सत्य हैं।
D. केवल ॥ सत्य है
E. या तो ॥ या फिर ॥ सत्य है।

Q.16 कथन: $1 > 2 \geq 3 = 4, 5 < 6 \leq 7 < 4$

निष्कर्ष:

I. $1 > 7$

II. $2 \geq 6$

A. केवल ॥ सत्य है।
B. केवल ॥ सत्य है।
C. ॥ और ॥ दोनों सत्य हैं।
D. कोई भी सत्य नहीं है।
E. या तो ॥ या फिर ॥ सत्य है

Ques (17-21):निर्देश: निम्नलिखित जानकारी का ध्यानपूर्वक अध्ययन कीजिये और प्रश्न का उत्तर दीजिये।

आठ व्यक्ति मोहित, ललिता, हर्ष, त्रिकेश, बाला, एकता, काजल और सुनील एक वृत्ताकार मेज़ के चारो ओर बैठे हैं लेकिन समान क्रम में बैठे हों ये आवश्यक नहीं है। उनमें से कुछ व्यक्ति केंद्र की ओर सम्मुख हैं जबकि अन्य केंद्र के बाहर की ओर सम्मुख हैं। ललिता सुनील के बाएं से तीसरे स्थान पर बैठी है, जो केंद्र के बाहर की ओर सम्मुख है। एकता, ललिता के दायें से दूसरे स्थान पर बैठी है। मोहित और त्रिकेश एक दूसरे के विपरीत बैठे हैं। त्रिकेश, ललिता का तत्काल पड़ोसी नहीं है। बाला, मोहित के बाएं से दूसरे स्थान पर बैठा है। काजल, एकता के बाएं से दूसरे स्थान पर बैठी है। ललिता का निकटतम पड़ोसी उसकी विपरीत दिशा में बैठा है। त्रिकेश केंद्र की ओर सम्मुख है। हर्ष त्रिकेश के ठीक बाएं स्थान पर बैठा है। काजल और हर्ष, एकता की समान दिशा के सम्मुख बैठे हैं।

Q.17 निम्नलिखित में से कौन त्रिकेश के निकटतम पड़ोसी हैं?

A. काजल, एकता
B. हर्ष, काजल
C. एकता, बाला
D. बाला, हर्ष
E. मोहित, काजल

Q.18 सुनील के सन्दर्भ में एकता की स्थिति क्या है?

A. ठीक दायें
B. दायें से दूसरी
C. ठीक बायें
D. दायें से तीसरी
E. बायें से दूसरी

Q.19 बाला के विषय में निम्न में से कौन-सा कथन सत्य है?

A. बाला, हर्ष के ठीक दायें स्थान पर बैठा है।
B. बाला, मोहित के दायें से दूसरे स्थान पर बैठा है।
C. बाला और सुनील के मध्य में दो व्यक्ति बैठे हैं।
D. ललिता और हर्ष, बाला के निकटतम पड़ोसी हैं।
E. सभी सत्य हैं।

Q.20 जब गणना मोहित से घड़ी की विपरीत दिशा में की जाती है, तब काजल और मोहित के मध्य में कितने व्यक्ति बैठे हैं?

A. एक
B. दो
C. तीन
D. चार
E. कोई नहीं

Q.21 पांच विकल्पों में से चार विकल्प एक निश्चित तरीके से समान हैं। निम्न में से कौन-सा विकल्प उनमें से भिन्न है?

A. एकता
B. काजल
C. हर्ष
D. बाला
E. मोहित

Q.22 निम्न प्रश्न में एक प्रश्न और उसके बाद ॥ और ॥ से अंकित दो कथन दिए गये हैं। आपको निर्धारित करना है कि कथनों में दी गई जानकारी प्रश्न का उत्तर देने के लिए पर्याप्त है या नहीं। आपको नीचे दी गई जानकारी और गणित के ज्ञान के उपयोग से संभव उत्तर चुनना है।

इस वर्ष 26 मार्च को सप्ताह का कौन-सा दिन होगा?

I. यह एक अधिवर्ष है।

II. पिछले वर्ष का पहला दिन रविवार था।

A. केवल कथन ॥ में दी गई जानकारी प्रश्न का उत्तर देने के लिए पर्याप्त है, जबकि केवल कथन ॥ में दी गई जानकारी उत्तर देने के लिए पर्याप्त नहीं है।
B. केवल कथन ॥ में दी गई जानकारी प्रश्न का उत्तर देने के लिए पर्याप्त है, जबकि केवल कथन ॥ में दी गई जानकारी उत्तर देने के लिए पर्याप्त नहीं है।
C. केवल कथन ॥ या केवल कथन ॥ में दी गई जानकारी प्रश्न का उत्तर देने के लिए पर्याप्त है।
D. केवल कथन ॥ या केवल कथन ॥ में दी गई जानकारी प्रश्न का उत्तर देने के लिए पर्याप्त नहीं है
E. कथन ॥ और ॥ दोनों में दी गई जानकारी संयुक्त रूप से प्रश्न का उत्तर देने के लिए आवश्यक है।

Q.23 निर्देश: निम्न प्रश्न में एक प्रश्न और उसके बाद ॥ और ॥ से अंकित दो कथन दिए गये हैं। आपको निर्धारित करना है कि कथनों में दी गई जानकारी प्रश्न का उत्तर देने के लिए पर्याप्त है या नहीं। दोनों कथनों को पढ़िए और उत्तर दीजिये।

Y की कितनी बेटियाँ हैं?

I. N की केवल E और Q बेटियाँ है।

II. D, E का इकलौता भाई और Y का बेटा है।

A. केवल कथन ॥ में दी गई जानकारी प्रश्न का उत्तर देने के लिए पर्याप्त है, जबकि केवल कथन ॥ में दी गई जानकारी उत्तर देने के लिए पर्याप्त नहीं है।
B. केवल कथन ॥ में दी गई जानकारी प्रश्न का उत्तर देने के लिए पर्याप्त है, जबकि केवल कथन ॥ में दी गई जानकारी उत्तर देने के लिए पर्याप्त नहीं है।
C. केवल कथन ॥ या केवल कथन ॥ में दी गई जानकारी प्रश्न का उत्तर देने के लिए पर्याप्त है।
D. केवल कथन ॥ या केवल कथन ॥ में दी गई जानकारी प्रश्न का उत्तर देने के लिए पर्याप्त नहीं है।
E. कथन ॥ और ॥ दोनों में दी गई जानकारी संयुक्त रूप से प्रश्न का उत्तर देने के लिए आवश्यक है।

Q.24 निर्देश: निम्न प्रश्न में एक प्रश्न और उसके बाद ॥ और ॥ से अंकित दो कथन दिए गये हैं। आपको निर्धारित करना है कि कथनों में दी गई जानकारी प्रश्न का उत्तर देने के लिए पर्याप्त है या नहीं। दोनों कथनों को पढ़िए और उत्तर दीजिये।

P, Q, R, S और T जो एक सीधी रेखा में उत्तर के सम्मुख बैठे हैं, इनमें रेखा के ठीक बीच में कौन बैठा है?

I. P, S के बाएं तीसरे स्थान पर बैठा है। T, P और R के ठीक बगल में बैठा है।

II. T, S के बाएं दूसरे स्थान पर बैठा है। Q, T और S के ठीक बगल में नहीं बैठा है।

A. केवल कथन I. में दी गई जानकारी प्रश्न का उत्तर देने के लिए पर्याप्त है, जबकि केवल कथन II. में दी गई जानकारी उत्तर देने के लिए पर्याप्त नहीं है।

B. केवल कथन II. में दी गई जानकारी प्रश्न का उत्तर देने के लिए पर्याप्त है, जबकि केवल कथन I. में दी गई जानकारी उत्तर देने के लिए पर्याप्त नहीं है।

C. केवल कथन I. या केवल कथन II. में दी गई जानकारी प्रश्न का उत्तर देने के लिए पर्याप्त है।

D. केवल कथन I. या केवल कथन II. में दी गई जानकारी प्रश्न का उत्तर देने के लिए पर्याप्त नहीं है।

E. कथन I. और II. दोनों में दी गई जानकारी संयुक्त रूप से प्रश्न का उत्तर देने के लिए आवश्यक है

Q.25 निर्देश: निम्न प्रश्न में एक प्रश्न और उसके बाद I. और II. से अंकित दो कथन दिए गये हैं। आपको निर्धारित करना है कि कथनों में दी गई जानकारी प्रश्न का उत्तर देने के लिए पर्याप्त है या नहीं। दोनों कथनों को पढ़िए और उत्तर दीजिये।

A, B, C और D में कौन सबसे लंबा है?

I. A, D से लंबा है जो कि B से लंबा है।

II. C, B से छोटा है।

A. केवल कथन I. में दी गई जानकारी प्रश्न का उत्तर देने के लिए पर्याप्त है, जबकि केवल कथन II. में दी गई जानकारी उत्तर देने के लिए पर्याप्त नहीं है।

B. केवल कथन II. में दी गई जानकारी प्रश्न का उत्तर देने के लिए पर्याप्त है, जबकि केवल कथन I. में दी गई जानकारी उत्तर देने के लिए पर्याप्त नहीं है।

C. केवल कथन I. या केवल कथन II. में दी गई जानकारी प्रश्न का उत्तर देने के लिए पर्याप्त है।

D. केवल कथन I. या केवल कथन II. में दी गई जानकारी प्रश्न का उत्तर देने के लिए पर्याप्त नहीं है।

E. कथन I. और II. दोनों में दी गई जानकारी संयुक्त रूप से प्रश्न का उत्तर देने के लिए आवश्यक है

Ques (26-30):निर्देश: निम्नलिखित श्रृंखला का ध्यानपूर्वक अध्ययन करें और नीचे दिए गए प्रश्न का उत्तर दें।

Q.26 A @ D 1 5 % K & 6 I 9 # V 8 E 3 ¥ 7 M L 2 U € F S © 9 1 X Z

श्रृंखला में ऐसे कितने अक्षर हैं जिनमें से प्रत्येक एक प्रतीक से ठीक पहले और घन संख्या के ठीक बाद है?

A. एक   **B.** दो   **C.** तीन   **D.** चार

E. कोई नहीं

Q.27 A @ D 1 5 % K & 6 I 9 # V 8 E 3 ¥ 7 M L 2 U € F S © 9 1 X Z

यदि उपर्युक्त व्यवस्था में से सभी संख्याओं को हटा दिया जाता है तो दाएं छोर से इनमें से कौन सा तत्व नौवां होगा?

A. ¥   **B.** U   **C.** M   **D.** V

E. #

Q.28 A @ D 1 5 % K & 6 I 9 # V 8 E 3 ¥ 7 M L 2 U € F S © 9 1 X Z

यदि किसी विशिष्ट तरीके में '@' का संबंध 'X' से है, '5' का संबंध '©' से है तो उसी तरीके से 'K' इनमें से किससे संबंधित है?

A. €   **B.** F   **C.** ¥   **D.** S

E. 8

Q.29 A @ D 1 5 % K & 6 I 9 # V 8 E 3 ¥ 7 M L 2 U € F S © 9 1 X Z

इनमे से कौन सा तत्व बाएं छोर से दसवें तत्व के बाएं से दूसरा है?

A. 2   **B.** €   **C.** I   **D.** #

E. &

Q.30 A @ D 1 5 % K & 6 I 9 # V 8 E 3 ¥ 7 M L 2 U € F S © 9 1 X Z

पांच में से चार दिए गए विकल्पों में से एक निश्चित तरीके से समान है। वह विकल्प चुनें जो दूसरों से अलग हो।

A. M7L   **B.** %5K   **C.** V#8   **D.** U2€

E. I96

Ques (31-33):निर्देश: निम्न दी गई जानकारी ध्यानपूर्वक पढ़िए और उन पर आधारित निम्न प्रश्न का उत्तर दीजिए।

K, R की आंटी है, जो कि M का पुत्र है। M, N का/की दंपत्ति है। N, L की डॉटर-इन-लॉ है, जो कि K का पिता है।

Q.31 N, R से किस प्रकार संबंधित है?

A. पुत्री   **B.** माता   **C.** पुत्र   **D.** कज़िन

E. नीस

Q.32 यदि K, J से विवाहित है। तो J, M से किस प्रकार संबंधित है?

A. दामाद   **B.** ससुर

C. ब्रदर-इन-लॉ   **D.** सिस्टर-इन-लॉ

E. इनमें से कोई नहीं

Q.33 यदि O, K की एकलौती संतान है। तो O, L से किस प्रकार संबंधित है?

A. दादा/नाना

B. दादी/नानी

C. पोता/नाती

D. पोती/नातिन

E. निर्धारित नहीं किया जा सकता है।

Ques (34-35):निर्देश: निम्न दी गई जानकारी ध्यानपूर्वक पढ़िए और उन पर आधारित निम्न प्रश्न का उत्तर दीजिए।

बिंदु O, बिंदु C से 16 मी उत्तर में है। बिंदु L, बिंदु O से 10 मी पूर्व में है। बिंदु C, बिंदु D से 6 मी पश्चिम में है, जोकि बिंदु A से 8 मी दक्षिण में है।

Q.34 बिंदु C और बिंदु A के मध्य की दूरी क्या है?

A. 8 मी   **B.** 6 मी   **C.** 10 मी   **D.** 12 मी

E. 15 मी

Q.35 बिंदु A, O के संबंध में किस दिशा में है?

A. उत्तर - पूर्व   **B.** दक्षिण - पूर्व

C. दक्षिण – पश्चिम   **D.** दक्षिण

E. उत्तर - पश्चिम

Ques (36-38):निर्देश: निम्न जानकारी को ध्यानपूर्वक पढ़िए और उस पर आधारित प्रश्न का उत्तर दीजिये:

दर्शना बिंदु P तक पहुँचने के लिए 1 किमी दक्षिण की ओर आगे चलती है। वह अपनी बाएँ से 60° मुड़ती है और बिंदु Q तक पहुँचने के लिए 7 किमी चलती है। वह अपने दाएँ से 150° मुड़ती है और बिंदु R तक पहुँचने के लिए 12 किमी चलती है। अब वह अपने दाएँ से 120° मुड़ती है और S तक पहुँचने के लिए 9 किमी चलती है।

Q.36 प्रारंभिक बिंदु, R के संबंध में किस दिशा में है?

A. पूर्वोत्तर   **B.** उत्तर-पश्चिम

C. दक्षिण-पूर्व   **D.** पूर्व

E. दक्षिण-पश्चिम

Q.37 बिंदु S, Q के संबंध में किस दिशा में है?
A. उत्तर-पश्चिम
B. दक्षिण-पूर्व
C. पूर्वोत्तर
D. पूर्व
E. दक्षिण-पश्चिम

Q.38 बिंदु S तक पहुँचने पर दर्शना द्वारा तय की गई कुल दूरी कितनी है?
A. 25 किमी
B. 49 किमी
C. 30 किमी
D. 29 किमी
E. 20 किमी

Ques (39-40):निर्देश: नीचे दिए गए आलोचनात्मक तर्क प्रश्न में अवतरण के बाद तीन कथन वाले दो प्रश्न दिए गए हैं। आपको अवतरण और कथनों को ध्यान से पढ़ना है और नीचे दिए गए विकल्पों में से सही उत्तर का चयन करना है।

अवतरण: हमें बचपन से ही बच्चों को अच्छे संस्कार देने चाहिए।"क्षमा करें" और "धन्यवाद" जैसे शब्द हमारी दैनिक शब्दावली का हिस्सा बनने चाहिए ताकि हम एक सभ्य समाज का निर्माण कर सकें। हमें उन्हें साथी इंसानों के प्रति दयालु और समझदार होना भी सिखाना चाहिए। उन्हें दूसरों के साथ सहानुभूति रखना सीखना चाहिए। अगर प्रभावी ढंग से किया जाए तो ये बातें आज हमारे राष्ट्र में प्रचलित असहिष्णुता को कम कर सकती हैं। कल, कम से कम, उज्जवल होगा।

Q.39 निम्नलिखित में से कौन सा ऊपर दिये गए अवतरण से अनुमान लगाया जा सकता है?
A. वर्तमान पीढ़ी को अच्छे शिष्टाचार नहीं सिखाए गए।
B. "क्षमा करें" और "धन्यवाद" कहना जहाँ भी आवश्यक हो, अच्छे शिष्टाचार का हिस्सा हैं।
C. कहीं और के सभ्य समाजों ने सफलतापूर्वक यह सिद्ध कर दिया है कि सहानुभूति और नागरिक भावना में सुधार असहिष्णुता को खत्म करेगा।
D. (A) और (B) दोनों
E. इनमें से कोई नहीं

Q.40 उपरोक्त प्रसंग में से कौन सा, यदि सत्य है, तो अवतरण द्वारा दिये गए तर्क का निराकरण करता है?
A. श्री A एक अमीर परिवार में पैदा हुए थे, उन्हें अच्छे शिष्टाचार और सहानुभूति के साथ प्रभावी ढंग से पढ़ाया गया था, लेकिन उन्हें मॉब-लिंचिंग के लिए दोषी ठहराया गया।
B. श्री B एक गरीब परिवार में पैदा हुए थे, सामान्य रूप से अशिष्ट व्यवहार करते थे, लेकिन उन्होंने भीड़ द्वारा पीटे जा रहे एक व्यक्ति को बचाया।
C. श्री C मादक और मादक पदार्थ के आदी थे, लेकिन फिर भी उनमें अच्छे शिष्टाचार थे।
D. (A) और (B) दोनों
E. इनमें से कोई नहीं

Quantitative Aptitude

Q.41 निम्न संख्या श्रृंखला में प्रश्न चिन्ह '?' के स्थान पर क्या आना चाहिए?
9, 5, 6, 10.5, 23, ?
A. 50
B. 65
C. 70
D. 55
E. 60

Q.42 निम्न संख्या अनुक्रम में प्रश्न चिह्न '?' के स्थान पर क्या आना चाहिए?
34, 10, 50, 18, ?
A. 28
B. 58
C. 68
D. 42
E. 8

Q.43 निम्न संख्या अनुक्रम में प्रश्न चिह्न '?' के स्थान पर क्या आना चाहिए?
$\frac{-1}{2}, 1, \frac{7}{2}, ?, \frac{23}{2}$
A. $\frac{17}{2}$
B. $\frac{15}{2}$
C. 9
D. 7

E. 6

Q.44 निम्न संख्या श्रृंखला में प्रश्न चिन्ह '?' के स्थान पर क्या आना चाहिए?
50, 45, 36, ? , 15.12, 7.56
A. 25.12
B. 27.56
C. 25.2
D. 30
E. 25

Ques (45-50):निम्न प्रश्न में I और II से अंकित दो समीकरण दिए गए हैं। आपको दोनों समीकरणों को हल करना है और सही उत्तर को चिन्हित करना है।

Q.45 I. $2x^2 - 17x + 36 = 0$
II. $3y^2 - 4y - 32 = 0$
A. x > y
B. x < y
C. x ≥ y
D. x ≤ y
E. x = y या कोई संबंध स्थापित नहीं किया जा सकता है

Q.46 (I). $3x + 5y = 18$
(II). $7x + 8y = 42$
A. यदि $x < y$
B. यदि $x ≥ y$
C. यदि $x ≤ y$
D. यदि $x > y$
E. यदि $x = y$ या संबंध स्थापित नहीं किया जा सकता

Q.47 I. $15x^2 - 19x + 6 = 0$
II. $45y^2 - 47y + 12 = 0$
A. x < y
B. x ≤ y
C. x > y
D. x ≥ y
E. x = y या कोई भी सम्बन्ध प्राप्त नहीं हो सकता है

Q.48 I. $(625)^{\frac{1}{4}}x + \sqrt{1225} = 155$
II. $\sqrt{196y} + 13 = 279$
A. यदि x > y है
B. यदि x < y है
C. यदि x ≥ y है
D. यदि x ≤ y है
E. यदि x = y है या संबंध स्थापित नहीं किया जा सकता है

Q.49 I. $12x^2 + 11x - 56 = 0$
II. $4y^2 - 15y + 14 = 0$
A. x > y
B. x < y
C. x ≥ y
D. x ≤ y
E. x = y या सम्बन्ध स्थापित नहीं किया जा सकता

Q.50 I. $7x + 4y = 3$
II. $5x + 3y = 3$
A. x > y
B. x < y
C. x ≥ y
D. x ≤ y

E. x = y या सम्बन्ध स्थापित नहीं किया जा सकता

Ques (51-54):निर्देश: निम्न तालिका का अध्ययन कीजिए और प्रश्नों के उत्तर दीजिए। एक कंपनी द्वारा विभिन्न वर्षों में निर्मित 5 प्रकार के साइकिलों की संख्या नीचे दी गई है:

वर्ष	साइकिलों के प्रकार (1000 में)				
	A	**B**	**C**	**D**	**E**
1997	200	150	78	90	65
1998	150	180	100	105	70
1999	180	175	92	110	85
2000	195	160	120	125	75
2001	220	185	130	135	80

Q.51 2000 से 1998 तक 'D' प्रकार के साइकिल उत्पादन में कमी का अनुमानित प्रतिशत कितना था?

A. 10   B. 19   C. 15   D. 17
E. 16

Q.52 दिए गए 5 वर्षों में किस प्रकार के साइकिल का कुल उत्पादन अधिकतम था?

A. A   B. B   C. C   D. D
E. E

Q.53 वर्ष 1997 से 1999 तक A प्रकार के साइकिल के उत्पादन में प्रतिशत कमी कितनी थी?

A. 10   B. 25   C. 20   D. 15
E. 30

Q.54 वर्ष 2001 में E प्रकार के साइकिल का उत्पादन वर्ष 2000 में B प्रकार के साइकिल के उत्पादन का कितना प्रतिशत था?

A. 40   B. 50   C. 45   D. 25
E. 35

Q.55 सप्ताह के पहले तीन दिनों का औसत तापमान 45 डिग्री था और दूसरे, तीसरे और चौथे दिन का औसत तापमान 46 डिग्री था। पहले दिन का तापमान चौथे दिन के तापमान का $93\frac{3}{4}\%$ है। सप्ताह के पहले और चौथे दिन का औसत तापमान ज्ञात कीजिए।

A. 31.0 डिग्री   B. 42.5 डिग्री   C. 46.5 डिग्री   D. 48.5 डिग्री
E. 47.5 डिग्री

Q.56 A, B और C 15000 रुपए में किसी काम को पूरा करने के लिए साथ में काम कर रहे हैं। A और B को साथ में मिलकर 60% काम करना है तथा B और C को साथ में मिलकर काम का $\frac{2}{3}$ भाग करना है। A की मजदूरी C की मजदूरी के कितने प्रतिशत है?

A. 83.33%   B. 80%   C. 39.76%   D. 12%
E. 66.67%

Q.57 50 लीटर के एक मिश्रण में, चीनी घोल का शर्करा घोल से अनुपात 3 : 1 है। मिश्रण में शर्करा घोल की कितनी मात्रा मिलनी चाहिए जिससे नया चीनी से शर्करा का अनुपात 1 : 3 हो जाये?

A. 50 लीटर   B. 75 लीटर   C. 86 लीटर   D. 95 लीटर
E. 100 लीटर

Q.58 एक बर्तन पैट्रोल से भरा है। पैट्रोल का $\frac{1}{4}$ वा हिस्सा निकाला जाता है और मिट्टी के तेल से बदल दिया जाता है। यदि यह प्रक्रिया 3 बार और दोहरायी जाती है, तो अंत में बर्तन में 81 लीटर पैट्रोल शेष बचता है। बर्तन की क्षमता ज्ञात कीजिए।

A. 144 लीटर   B. 256 लीटर   C. 625 लीटर   D. 512 लीटर

E. 324 लीटर

Q.59 एक धनराशि को 10% वार्षिक चक्रवृद्धि ब्याज की दर पर 2 वर्षों के लिए निवेश किया जाता है। उसके बाद, प्राप्त धनराशि को 15% साधारण ब्याज की दर पर 3 वर्षों के लिए निवेश किया जाता है। अंततः, धनराशि 1,75,450 रुपए हो जाती है। निवेश की गयी प्रारंभिक धनराशि _____ थी।

[SBI Clerk, 2019]

A. 110000   B. 100000   C. 140000   D. 160000
E. 130000

Q.60 राम अपनी कुल बचत 1682 रुपये का 50 प्रतिशत अपनी पत्नी को देता है और शेष भाग को अपने दो पुत्रों राहुल और रवि के मध्य बांटता है। राहुल और रवि की उम्र उस समय क्रमश: 18 और 16 वर्ष थी। वह धन को इस प्रकार वितरित करता है कि प्रत्येक पुत्र 5 प्रतिशत वार्षिक चक्रवृद्धि ब्याज की दर से 21 वर्ष की आयु पर समान धनराशि अर्जित करेगा। रवि को दी गई धनराशि ज्ञात करें।

A. 541 रुपये   B. 841 रुपये   C. 441 रुपये   D. 400 रुपये
E. 141 रुपये

Q.61 मोहित 5 किमी/घंटे की गति से बहने वाली एक नदी में एक मोटरबोट से धारा के प्रतिकूल एक निश्चित स्थान पर स्थिर जल में 15 किमी/घंटे की गति के साथ जा सकता है और प्रारंभिक बिंदु पर वापस आ सकता है। तो कुल यात्रा के लिए मोटरबोट की औसत गति ज्ञात कीजिए।

A. $11\frac{2}{3}$ किमी / घंटा   B. $11\frac{1}{3}$ किमी / घंटा
C. $13\frac{1}{3}$ किमी / घंटा   D. $13\frac{2}{3}$ किमी / घंटा
E. इनमें से कोई नहीं

Q.62 एक रेलगाड़ी दो व्यक्तियों को जोकि रेलगाड़ी की दिशा में 3 किमी/घंटे और 6 किमी/घंटे की गति से चल रहे उन्हें क्रमशः 36 सेकेंड और 60 सेकेंड में पार करती है। रेलगाड़ी की लंबाई (मीटर में) ज्ञात कीजिए।

A. 82 मी   B. 70 मी   C. 72.5 मी   D. 65 मी
E. 75 मी

Q.63 अकेले राम एक काम को 30 दिनों में पूरा कर सकता है। अकेले श्याम उसी काम को 20 दिनों में पूरा कर सकता है। राम 18 दिनों के लिए काम करता है और फिर शेष काम श्याम द्वारा पूरा किया जाता है, तो श्याम अकेले शेष काम को पूरा करने में कितने दिन लेगा?

A. 10 दिन   B. 4 दिन   C. 6 दिन   D. 8 दिन
E. 12 दिन

Q.64 समलम्ब का क्षेत्रफल 504 वर्ग सेमी है। यदि समलम्ब के समानांतर भुजाओं के मूल्य का अनुपात 4 : 5 के अनुपात में है और ऊंचाई 16 सेमी है। समानांतर भुजा का गुणन _____ मीटर है।

A. 98   B. 0.98
C. 0.098   D. 980
E. इनमें से कोई भी नहीं

Q.65 यदि x^2 और y^2 : z का मिश्रित अनुपात z : y है, तो निम्न में से कौन सा सत्य है?

A. x = yz   B. y = xz
C. z = xy   D. xyz = 1
E. उपरोक्त में से कोई नहीं

Q.66 मनोज अपनी किताबें बेचकर 30% लाभ कमाता है। लाभ प्रतिशत में लगभग प्रतिशत परिवर्तन बताये, अगर उसने सामान 20% कम कीमत पर खरीदा होता और 20% अधिक कीमत में बेचा होता?

A. 165%   B. 251%
C. 195%   D. 217%
E. इनमें से कोई नहीं

Q.67 एक आदमी 700000 रुपये में एक कार खरीदता है और यदि वह कार किराए पर देता है तो लाभ कमाने की उसकी संभावना $\frac{2}{5}$ है तो यदि वह 50000 रुपये का लाभ कमा सकता है तो विक्रय मूल्य ज्ञात कीजिये।

A. 825000   **B.** 750000   **C.** 748000   **D.** 720000
E. 752000

Q.68 एक विक्रेता एक वस्तु को _______ रुपए में खरीदता है और इसे 20% हानि पर बेच देता है। यदि उसने वस्तु को खरीदने में 15% कम का भुगतान किया होता और इसे 50 रुपए अधिक के मूल्य पर बेचा होता, तो उसे 30% का लाभ हुआ होता। (अनुमानित मान की गणना कीजिए)।

A. 130 रु   **B.** 164 रु   **C.** 125 रु   **D.** 148 रु
E. 145 रु

Q.69 पहली 10 प्राकृत संख्याओं में से दो पूर्णांक चुने गये। यदि इनका योग सम है तो दोनों संख्याओं के विषम होने की प्रायिकता ज्ञात कीजिये।

A. $\frac{1}{2}$ **B.** $\frac{3}{5}$
C. $\frac{2}{5}$ **D.** $\frac{1}{5}$
E. इनमें से कोई नहीं

Q.70 एक थैले में 20 पीली गेंद, 10 हरी गेंद, 5 सफेद गेंद, 8 काली गेंद और 1 लाल गेंद हैं। तो किसी व्यक्ति को कम से कम कितनी गेंदों को निकालना चाहिए की कोई सुनिश्चित कर सकें की उसने कम से 2 समान रंग के गेंदों को निकाला है?

A. 7 गेंद   **B.** 4 गेंद   **C.** 8 गेंद   **D.** 6 गेंद
E. 9 गेंद

Q.71 अंग्रेजी वर्णमाला से 2 अक्षर चुने गये हैं। क्या संभावना है कि उनमें से एक भी स्वर नहीं है और वे सतत अक्षर हैं?

A. $\frac{8}{325}$ **B.** $\frac{12}{325}$ **C.** $\frac{16}{325}$ **D.** $\frac{4}{325}$
E. $\frac{9}{325}$

Q.72 एक नंबर तीसरे नंबर से 50 % कम है, और दूसरा नंबर तीसरे नंबर से 54 % कम है। कितने प्रतिशत से दूसरा नंबर पहले नंबर से कम है?

A. 13   **B.** 11
C. 9   **D.** 15
E. इनमें से कोई नही

Q.73 जब से जियो ने बाजार में प्रवेश किया है, अन्य दूरसंचार क्षेत्रो को बाजार में बने रहने के लिए बहुत संघर्ष करना पड़ रहा है। इसका प्रभाव कंपनियों की शेयर कीमत पर भी देखा जा सकता है। एयरटेल के शेयर की कीमत में उतार-चढ़ाव के लिए एक सर्वेक्षण किया जा रहा है यह देखा गया कि एयरटेल का शेयर मूल्य जुलाई से अगस्त तक 10% तक बढ़ गया। तब, अगस्त से सितंबर तक ये फिर 20% गिर गया है और फिर से सितंबर से अक्टूबर तक 50% की वृद्धि हुई है। 2017 में पूरे तिमाही के लिए प्रतिशत वृद्धि क्या थी?

A. 31%   **B.** 24%   **C.** 26%   **D.** 32%
E. 23%

Q.74 A, B से पाँच गुना बड़ा है। B, A से कितना प्रतिशत कम है?

A. 20%   **B.** 80%   **C.** 60%   **D.** 46%
E. 50%

Q.75 दो पाइप A और B क्रमशः 24 घंटे और 32 घंटे में एक तालाब भर सकते हैं। यदि दोनों पाइप एक साथ खोल दिए जाते हैं, तो यह ज्ञात करें कि पाइप A को कब बंद कर दिया जाना चाहिए कि तालाब ठीक 16 घंटे में भरा जा सकता है?

A. 14 घंटे   **B.** 8 घंटे
C. 6 घंटे   **D.** 10 घंटे

E. इनमें से कोई नहीं

Q.76 A, B और C तीन पाईप स्वतंत्र रूप से क्रमशः 10, 12 और 15 घंटों में एक टंकी को पूरा भर सकते हैं। यदि तीनों पाईपों को एक साथ खोल दिया जाये तो पूरी टंकी भरने में कितना समय लगेगा?

A. 4 घंटे   **B.** 6 घंटे
C. 7 घंटे   **D.** 5 घंटे
E. इनमें से कोई नहीं

Q.77 75 लड़कियों के एक समूह का औसत भार 48 किग्रा पाया गया। बाद में ये पाया गया कि एक लड़की का भार 44 किग्रा माप लिया गया था, जबकि वास्तव में यह 26 किग्रा था। 75 लड़कियों के समूह का औसत भार क्या है? (दशमलव के दूसरे स्थान तक लेने पर)?

A. 46.73 किग्रा   **B.** 48.76 किग्रा
C. 45.76 किग्रा   **D.** 45.85 किग्रा
E. इनमें से कोई नहीं

Q.78 अगर एक वर्ग की परिधि का दोगुना, उसके विकर्णों के योग के 3 गुना से 5.8 सेमी कम है, तो वर्ग की भुजाएं ज्ञात कीजिए।

A. 8 सेमी   **B.** 10 सेमी   **C.** 12 सेमी   **D.** 15 सेमी
E. 16 सेमी

Q.79 68,000 रूपये A,B, और C को 1/2 : 1/4 : 5/16 के अनुपात में विभाजित किया गया. सबसे बड़े और सबसे छोटे हिस्सा के बीच का अंतर स्पष्ट करें ?

A. रु. 8000   **B.** रु. 32000
C. रु. 9000   **D.** रु. 12000
E. इनमे से कोई नहीं

Q.80 बाल्टी P तथा Q की क्षमताओं का अनुपात 3:4 है। दोनों में आधी क्षमता तक पानी भर दिया जाता है। बाल्टी P से 15 लीटर पानी निकाल कर बाल्टी Q में डाल दिया जाता है। अब बाल्टी P एवं Q पानी का अनुपात 3:11 हो जाता है। बाल्टी Q की क्षमता (लीटर में) ज्ञात करें।

A. 40   **B.** 60   **C.** 75   **D.** 80
E. 150

// स्मार्ट उत्तर पुस्तिका //

सही उत्तर — उन छात्रों का प्रतिशत जिन्होंने प्रश्नों का सही उत्तर दिया था।   **छोड़ दिया** — उन छात्रों का प्रतिशत जिन्होंने प्रश्नों को छोड़ दिया था।

प्रश्न संख्या	उत्तर	सही उत्तर / छोड़ दिया	प्रश्न संख्या	उत्तर	सही उत्तर / छोड़ दिया	प्रश्न संख्या	उत्तर	सही उत्तर / छोड़ दिया	प्रश्न संख्या	उत्तर	सही उत्तर / छोड़ दिया	प्रश्न संख्या	उत्तर	सही उत्तर / छोड़ दिया	प्रश्न संख्या	उत्तर	सही उत्तर / छोड़ दिया
1	B	21.58 % / 18.35 %	15	B	66.55 % / 24.1 %	29	E	52.52 % / 32.73 %	43	D	17.27 % / 52.51 %	57	E	10.43 % / 70.15 %	71	C	0 % / 100 %
2	C	28.42 % / 39.21 %	16	A	53.96 % / 24.82 %	30	E	48.56 % / 34.53 %	44	C	4.68 % / 58.27 %	58	B	4.32 % / 73.02 %	72	E	0.36 % / 92.09 %
3	B	72.3 % / 21.58 %	17	B	36.33 % / 38.13 %	31	B	42.45 % / 41.36 %	45	C	31.29 % / 46.41 %	59	B	3.6 % / 74.46 %	73	D	0.72 % / 92.09 %
4	D	67.63 % / 22.66 %	18	C	33.09 % / 40.29 %	32	C	36.33 % / 42.81 %	46	D	9.71 % / 58.64 %	60	D	0.36 % / 76.98 %	74	B	3.6 % / 92.08 %
5	E	53.96 % / 23.74 %	19	D	28.78 % / 42.44 %	33	E	34.53 % / 43.89 %	47	D	17.63 % / 57.19 %	61	B	2.88 % / 75.18 %	75	E	0.36 % / 92.09 %
6	A	56.12 % / 26.97 %	20	B	22.66 % / 41.73 %	34	C	44.6 % / 42.45 %	48	A	21.22 % / 56.84 %	62	E	0.36 % / 78.06 %	76	A	2.52 % / 92.44 %
7	C	53.96 % / 28.41 %	21	E	25.18 % / 42.45 %	35	B	34.53 % / 41.73 %	49	D	11.15 % / 63.67 %	63	D	11.51 % / 74.1 %	77	E	1.44 % / 92.44 %
8	B	53.24 % / 27.7 %	22	E	23.02 % / 44.25 %	36	A	15.47 % / 57.19 %	50	B	24.46 % / 57.19 %	64	C	1.08 % / 79.5 %	78	C	0.36 % / 92.45 %
9	D	54.68 % / 28.77 %	23	E	37.77 % / 36.33 %	37	A	14.75 % / 60.07 %	51	E	17.27 % / 59.71 %	65	C	0.36 % / 90.65 %	79	E	0 % / 100 %
10	D	52.16 % / 28.78 %	24	E	23.38 % / 38.49 %	38	D	17.63 % / 61.15 %	52	A	27.7 % / 59.35 %	66	D	0 % / 100 %	80	D	0.36 % / 99.28 %
11	E	29.86 % / 31.65 %	25	E	44.24 % / 38.49 %	39	B	15.47 % / 61.87 %	53	A	25.18 % / 60.79 %	67	A	0.36 % / 92.09 %			
12	A	25.18 % / 24.82 %	26	B	24.82 % / 34.17 %	40	A	11.87 % / 61.51 %	54	B	29.5 % / 60.07 %	68	B	0.72 % / 92.45 %			
13	B	37.77 % / 23.74 %	27	C	55.76 % / 33.45 %	41	E	29.5 % / 44.96 %	55	C	3.96 % / 71.94 %	69	A	0.36 % / 92.45 %			
14	C	43.53 % / 27.69 %	28	B	52.88 % / 34.53 %	42	B	16.19 % / 46.4 %	56	A	2.88 % / 72.66 %	70	D	0.36 % / 92.45 %			

Reasoning

Ques (1-5):निर्देश: निम्नलिखित जानकारी का ध्यानपूर्वक अध्ययन कीजिये और दिए गए प्रश्न का उत्तर दीजिये।

i) बारह व्यक्ति दो समानांतर पंक्तियों में बैठे हैं जिनमें से प्रत्येक पंक्ति में छह व्यक्ति इस प्रकार हैं कि वे एक - दूसरे से समान दूरी पर हैं। पंक्ति 1 में: M, N, O, P, Q और R दक्षिण दिशा के सम्मुख होकर बैठे हैं। पंक्ति 2 में: G, H, I, J, K और L उत्तर दिशा के सम्मुख होकर बैठे हैं लेकिन जरूरी नहीं कि इसी क्रम में हों।

ii) इसलिए दी गई बैठक व्यवस्था में एक पंक्ति में बैठा प्रत्येक सदस्य दूसरी पंक्ति में बैठे दूसरे सदस्य के सम्मुख है।

iii) O और P के बीच में तीन व्यक्ति बैठे हैं। या तो O या फिर P पंक्ति के छोर बैठा है। P के सम्मुख होकर बैठा व्यक्ति। के बाएं तीसरे स्थान पर बैठा है। J, M के बाएं तीसरे स्थान पर बैठे व्यक्ति के सम्मुख हैं और वह। के बगल में नहीं बैठ सकता है। H का निकटतम पड़ोसी M के निकटतम पड़ोसी के सम्मुख है।

iv) G और K के बीच में केवल एक व्यक्ति बैठा है, जो Q के निकटतम दायें बैठे व्यक्ति के सम्मुख है। न तो Q न ही R, I के सम्मुख हैं। L और H एक दूसरे के बगल में नहीं बैठ सकते हैं।

Q.1 निम्नलिखित में से कौन N के सम्मुख है?

A. G   **B.** H   **C.** K   **D.** I

E. J

Q.2 निम्न में से कौन पंक्ति के छोर पर बैठे हैं?

A. P, H   **B.** K, R   **C.** Q, J   **D.** N, K

E. R, H

Q.3 यदि Q, G से उसी प्रकार से संबंधित है जिस प्रकार से O, J से संबंधित है, तब उसी प्रतिरुप का अनुसरण करते हुए M, निम्न में से किससे संबंधित है?

A. L

B. I

C. H

D. K

E. निर्धारित नहीं किया जा सकता है

Q.4 Q और R के बीच में कितने व्यक्ति बैठे हैं?

A. कोई नहीं   **B.** एक   **C.** दो   **D.** तीन

E. चार

Q.5 निम्नलिखित पांच में से चार दी गई व्यवस्था के आधार पर एक निश्चित तरीके से समान हैं और इसलिए एक समूह बनाते हैं। वह कौन है, जो उस समूह से संबंधित नहीं है?

A. G - P   **B.** H - R   **C.** H - M   **D.** J - N

E. I - Q

Ques (6-8):निर्देश: निम्नलिखित जानकारी को ध्यानपूर्वक पढ़िए और उस पर आधारित प्रश्नों के उत्तर दीजिये।

किसी विशिष्ट कूटभाषा में,

"fasting relax digestive system" को "G49 E81 X25 M36" लिखा जाता है।

"boosts brain function efficiency" को "Y100 N64 S36 N25" लिखा जाता है।

"increases energy daily body" को "Y36 Y16 S81 Y25" लिखा जाता है।

"fasting cures life threatening" को "E16 G49 S25 G121" लिखा जाता है।

Q.6 इस कूट भाषा में निम्नलिखित में से "percentage" का कूट क्या होगा?

A. E81   **B.** G100   **C.** E64   **D.** P100

E. E100

Q.7

निम्नलिखित में से क्या "S36 G49 E64 X25" का कूट होगा?

A. Life energy digestive brain

B. Increase boosts fasting relax

C. Threatening body efficiency relax

D. Cures life energy function system

E. Relax energy digestive body

Q.8

निम्नलिखित में से क्या "get well suffer" का कूट होगा?

A. L9 T16 R25   **B.** T9 R36 L16

C. G9 S36 W16   **D.** T16 L25 R9

E. T25 R9 W16

Q.9 'DEMEANOR' शब्द में ऐसे कितने अक्षरों के युग्म (आगे और पीछे दोनों तरफ से) हैं, जिनके बीच उतने ही अक्षर हैं, जितने उनके बीच अंग्रेजी वर्णमाला में उनके बीच हैं?

A. कोई नहीं   **B.** एक   **C.** दो   **D.** तीन

E. चार

Q.10 एक निश्चित कूट भाषा में 'REPUBLIC' को 'SGSYGRPK' के रूप में लिखा जाता है, तो उस कूट भाषा में 'COMPUTER' किस प्रकार लिखा जायेगा?

A. DQPTZZMZ   **B.** DQTPZZLZ

C. DQPTZZLZ   **D.** DPQTZZMZ

E. DPQPZZMZ

Ques (11-12):निर्देशः दी गई जानकारी को ध्यानपूर्वक पढ़िए और पूछे गए प्रश्नों के उत्तर दीजिए।

P दो संतानों M और N की माता है, जोकि अलग-अलग लिंग के हैं। O और M युगल हैं। R और N का समान लिंग है। R और P विवाहित जोड़े हैं। S, M की संतान है तथा S और O का समान लिंग है।

Q.11 परिवार में कितने पुरुष सदस्य हैं?

[RBI Assistant, 2019]

A. एक

B. दो

C. तीन

D. चार

E. निर्धारित नहीं किया जा सकता है

Q.12

यदि Q का विवाह N से हुआ है, तो Q, S से किस प्रकार संबंधित है?

A. चाचा   **B.** चाची   **C.** बहन   **D.** भतीजी
E. भतीजा

Ques (13-15):निर्देश: नीचे दिए गए प्रश्न में एक प्रश्न और दो कथन I और II दिए गए हैं। आपको यह तय करना होगा कि कथन में दिए गए डेटा प्रश्न का उत्तर देने के लिए पर्याप्त हैं या नहीं।

Q.13 सात मित्र M, N, O, P, Q, R और S एक पंक्ति में बैठे हैं। सभी उत्तर दिशा के सम्मुख हैं। पंक्ति के मध्य में कौन बैठा है?

I. O और N के मध्य तीन मित्र बैठते हैं। उनमें से कोई भी छोर पर नहीं बैठा है।

II. N, S के बाईं ओर से दूसरे स्थान पर बैठा है। Q, S के दाईं ओर से तीसरे स्थान पर बैठा है।

A. प्रश्न का उत्तर देने के लिए अकेले कथन I में दी गई जानकारी पर्याप्त है, जबकि प्रश्न का उत्तर देने के लिए अकेले कथन II में दी गई जानकारी पर्याप्त नहीं है।

B. प्रश्न का उत्तर देने के लिए अकेले कथन II में दी गई जानकारी पर्याप्त है, जबकि प्रश्न का उत्तर देने के लिए अकेले कथन I में दी गई जानकारी पर्याप्त नहीं है।

C. प्रश्न का उत्तर देने के लिए अकेले कथन I या अकेले कथन II में दी गई जानकारी पर्याप्त है

D. प्रश्न का उत्तर देने के लिए एक साथ कथन I और II में दी गई जानकारी पर्याप्त नहीं है।

E. प्रश्न का उत्तर देने लिए एक साथ कथन I और II में दी गई जानकारी आवश्यक है।

Q.14 छः लड़के अमृत, अंकित, अभिनव, अभय, आशु और अनिरुध एक वृत्ताकार मेज के चारों ओर बैठे हैं। सभी केंद्र के सम्मुख हैं। निम्न में से कौन अभिनव के निकटतम दाईं ओर बैठा है?

I. अभय, अभिनव के दाईं ओर से तीसरे स्थान पर बैठा है। अमृत, अभय के बाईं ओर से दूसरे स्थान पर बैठा है।

II. आशु अनिरुध के दाईं ओर से तीसरे स्थान पर बैठा है, जोकि अमृत के निकटतम दाईं ओर बैठा है।

A. प्रश्न का उत्तर देने के लिए अकेले कथन I में दी गई जानकारी पर्याप्त है, जबकि प्रश्न का उत्तर देने के लिए अकेले कथन II में दी गई जानकारी पर्याप्त नहीं है।

B. प्रश्न का उत्तर देने के लिए अकेले कथन II में दी गई जानकारी पर्याप्त है, जबकि प्रश्न का उत्तर देने के लिए अकेले कथन I में दी गई जानकारी पर्याप्त नहीं है।

C. प्रश्न का उत्तर देने के लिए या तो अकेले कथन I या फिर अकेले कथन II में दी गई जानकारी पर्याप्त है।

D. प्रश्न का उत्तर देने के लिए एक साथ कथन I और II में दी गई जानकारी पर्याप्त नहीं है।

E. प्रश्न का उत्तर देने लिए एक साथ कथन I और II में दी गई जानकारी आवश्यक है

Q.15 पंक्ति में कुल व्यक्तियों की संख्या ज्ञात कीजिए।

I. राहुल बाएं छोर से $9^{वां}$ है तथा राहुल और रवि के मध्य दो व्यक्ति बैठे हैं।

II. रवि बाएं छोर से $12^{वां}$ है और दाएं छोर से $13^{वां}$ है।

A. प्रश्न का उत्तर देने के लिए अकेले कथन I में दी गई जानकारी पर्याप्त है, जबकि प्रश्न का उत्तर देने के लिए अकेले कथन II में दी गई जानकारी पर्याप्त नहीं है।

B. प्रश्न का उत्तर देने के लिए अकेले कथन II में दी गई जानकारी पर्याप्त है, जबकि प्रश्न का उत्तर देने के लिए अकेले कथन I में दी गई जानकारी पर्याप्त नहीं है।

C. प्रश्न का उत्तर देने के लिए या तो अकेले कथन I या फिर अकेले कथन II में दी गई जानकारी पर्याप्त है।

D. प्रश्न का उत्तर देने के लिए एक साथ कथन I और II में दी गई जानकारी पर्याप्त नहीं है।

E. प्रश्न का उत्तर देने लिए एक साथ कथन I और II में दी गई जानकारी आवश्यक है

Ques (16-18):निर्देश: निम्नलिखित जानकारी ध्यानपूर्वक पढ़िए और निम्न पूछे गए प्रश्नों का उत्तर दीजिए।

M, N, O, P, Q और R एक दूसरे से एक निश्चित दूरी पर स्थित छः गांव हैं। O, M से 17 किमी उत्तर-पूर्व में है और N से 8 किमी पूर्व में है। R, O से 10 किमी उत्तर में है। Q, R से 8 किमी पश्चिम में है। P, Q से 7 किमी दक्षिण में है। Q, N और M एक सीधी पंक्ति में हैं।

Q.16 गांव P और गांव N के मध्य की दूरी कितनी है?

A. 8 किमी   **B.** 10 किमी   **C.** 5 किमी   **D.** 3 किमी
E. 12 किमी

Q.17

गांव Q, गांव O से किस दिशा में स्थित है?

A. दक्षिण-पश्चिम   **B.** उत्तर-पश्चिम
C. उत्तर   **D.** दक्षिण-पूर्व
E. दक्षिण

Q.18

N और M के मध्य की दूरी कितनी है?

A. 12 किमी
B. 14 किमी
C. 10 किमी
D. 15 किमी
E. निर्धारित नहीं किया जा सकता है

Ques (19-23):निर्देश: दी गई जानकारी को ध्यान से पढ़िए और निम्नलिखित प्रश्न का उत्तर दीजिए।

ICA1, ICA2, ICA3, ICA4, ICA5, ICA6 और ICA7, इसी क्रम में नहीं, संगठन में सात इंटरनेट कनेक्शन हैं। ये इंटरनेट कनेक्शन सप्ताह के सात दिनों में प्रति दिन एक इंटरनेट कनेक्शन के साथ प्रदान किए जाते हैं।

ICA7 को मंगलवार के लिए निर्धारित नहीं किया गया है। ICA5 को या तो सोमवार या फिर शनिवार के लिए निर्धारित किया गया है। ICA6 को ICA3 से पहले प्रदान करने के लिए निर्धारित किया गया है। ICA1 को मंगलवार और गुरुवार के लिए निर्धारित नहीं किया गया है। ICA7 को बुधवार के लिए निर्धारित नहीं किया गया है। ICA5 और ICA3 के बीच में कम से कम चार कनेक्शन निर्धारित किये गये हैं। ICA6 को मंगलवार के लिए निर्धारित नहीं किया गया है। ICA4, ICA1 के तत्काल बाद आता है। कनेक्शन ICA3 को शनिवार के लिए निर्धारित नहीं किया गया है। ICA4 गुरुवार और बुधवार को प्रदान नहीं किया जाता है।

Q.19 गुरुवार को प्रदान किया गया इंटरनेट कनेक्शन ______ है।

A. ICA1   **B.** ICA4
C. ICA7   **D.** ICA5
E. इनमें से कोई नहीं

Q.20 इंटरनेट कनेक्शन ICA2 ______ को प्रदान किया जाता है।

A. सोमवार   **B.** बुधवार   **C.** रविवार   **D.** मंगलवार
E. शुक्रवार

Q.21 मंगलवार और शनिवार के बीच में कौन-सा इंटरनेट कनेक्शन प्रदान किया जाता है?

A. ICA1   **B.** ICA7   **C.** ICA4   **D.** ICA3
E. ICA6

Q.22 कौन-सा इंटरनेट कनेक्शन ICA6 और ICA3 के ठीक मध्य में है?

A. ICA4   **B.** ICA7   **C.** ICA6   **D.** ICA1
E. ICA2

Q.23 गलत कथन को पहचानिए।

A. ICA5 को सोमवार को निर्धारित किया जाता है।

B. ICA2 को ICA5 और ICA6 के बीच में निर्धारित किया जाता है।

C. ICA4, ICA7 के पहले है।

D. ICA3 को सप्ताह के अंतिम में निर्धारित किया जाता है।

E. ICA6 को निर्धारित किया गया है।

Ques (24-26):निर्देश: निम्नलिखित जानकारी का ध्यानपूर्वक अध्ययन कीजिए और नीचे दिए गए प्रश्न का उत्तर दीजिए।

एक कक्षा में 8 टॉपर्स A, B, C, D, E, F, G और H को सूचीबद्ध किया जाता है, लेकिन इसी क्रम में नहीं किया जाता है।

E का रैंक B से अधिक हे.

A का रैंक C और D के रैंक से अधिक है।

D का रैंक F से अधिक है लेकिन C के रैंक से कम है।

G का रैंक B और E के रैंक के मध्य में है।

G का रैंक A के रैंक से अधिक है।

B का रैंक G के रैंक से कम है, लेकिन A से अधिक है।

H का रैंक सभी छात्रों से अधिक है।

Q.24 कक्षा में C का स्थान क्या है?

A. दूसरा   **B.** तीसरा   **C.** चौथा   **D.** छठा

E. आठवाँ

Q.25 उस व्यक्ति का क्या नाम है जिसका चौथा रैंक है?

A. C   **B.** F   **C.** A   **D.** B

E. G

Q.26 कक्षा में E का स्थान क्या है?

A. दूसरा   **B.** तीसरा   **C.** चौथा   **D.** छठा

E. सातवाँ

Q.27 K, E, D, H, I, अक्षरों के साथ 5 अक्षरों के कितने सार्थक शब्द बनाये जा सकते हैं, जिनमें प्रत्येक अक्षर हर शब्द में केवल एक बार उपयोग में लिया जा सकता है?

A. एक   **B.** दो

C. तीन   **D.** तीन से अधिक

E. कोई नहीं

Ques (28-31):निर्देश: नीचे दिए गए प्रश्न में कुछ कथन और उसके बाद कुछ निष्कर्ष दिए गए हैं। आपको दिए गए कथनों को सत्य मानना है, भले ही वे सर्वज्ञात तथ्यों से भिन्न प्रतीत होते हों। सभी निष्कर्षों को पढ़ें और फिर तय करें कि दिए गए निष्कर्षों में से कौन सा निष्कर्ष सामान्य रूप से ज्ञात तथ्यों की परवाह किए बिना दिए गए कथनों का तार्किक रूप से अनुसरण करता है।

Q.28 कथन:

सभी सब्जियां फल हैं।

कोई फल पेय नहीं है।

कुछ पेय शहद हैं।

निष्कर्ष:

I. कुछ शहद फल नहीं है।

II. कोई सब्जियां पेय नहीं हैं।

A. केवल निष्कर्ष II सत्य है।

B. केवल निष्कर्ष I सत्य है

C. दोनों निष्कर्ष I और II सत्य हैं

D. निष्कर्ष I या II सत्य है

E. न तो निष्कर्ष I और न ही II सत्य है

Q.29 कथन I: सभी μ, £ हैं।

कथन II: सभी €, μ हैं।

निष्कर्ष I: कुछ €, £ हैं।

निष्कर्ष II: कुछ μ, € हैं।

A. केवल निष्कर्ष I अनुसरण करता है।

B. केवल निष्कर्ष II अनुसरण करता है

C. निष्कर्ष I और II दोनों अनुसरण करते हैं

D. या तो निष्कर्ष I या फिर निष्कर्ष II अनुसरण करता है

E. ना तो निष्कर्ष I और ना ही निष्कर्ष II अनुसरण करता है

Q.30 कथन:

सभी चटाइयां, गोल्फ हैं।

कोई गोल्फ, क्रिकेट नहीं हैं।

कुछ क्रिकेट, कैन हैं।

सभी खटमल, झींगुर हैं।

कोई कैन, झींगुर नहीं हैं।

निष्कर्ष:

I. कुछ कैन, खटमल हैं।

II. सभी चटाइयां, क्रिकेट हैं।

III. कोई कैन, गोल्फ नहीं हैं।

IV. कुछ झींगुर, खटमल हैं।

A. केवल IV अनुसरण करता है।

B. सभी अनुसरण करते हैं।

C. केवल III अनुसरण करता है।

D. केवल II और III अनुसरण करते हैं।

E. कोई अनुसरण नहीं करता है।

Q.31 कथन:

कुछ तेल मोम हैं।

सभी गैस तेल हैं।

कुछ ईंधन गैस हैं।

निष्कर्ष:

I. कोई ईंधन तेल नहीं है।

II. कोई गैस ईंधन नहीं हैं।

III. कुछ तेल ईंधन हैं।

A. या तो I या फिर II अनुसरण करता है

B. केवल I अनुसरण करता है

C. केवल III अनुसरण करता है

D. कोई अनुसरण नहीं करता है

E. सभी अनुसरण करते हैं

Q.32 निम्नलिखित में से कौन सा व्यंजक में 'Z < V' या 'V = Z' निश्चित रूप से सही है?

A. $S > Z \geq X = U < N \leq V$

B. $X > S = V \leq P = U < Z$

C. $S \geq V = U \geq N = X \geq Z$

D. $X > S = Z \leq P = U \geq V$

E. इनमें से कोई नहीं

Ques (33-35):निर्देश: निम्नलिखित प्रश्न में दिए गए कथनों को सत्य मानकर तय कीजिये कि दिए गये निष्कर्ष I और II में से कौनसा/कौनसे निष्कर्ष निश्चित रूप से सत्य है/हैं और उसके अनुसार उत्तर दीजिये।

Q.33 कथन:

$C \geq L, L > U, U = G, I < G$

निष्कर्ष:

I. C > U

II. C < U

A. केवल I सत्य है

B. केवल II केवल है

C. या तो I या II सत्य है

D. ना तो I और ना ही II सत्य है

E. I और II दोनों सत्य हैं

Q.34 कथन:

P ≥ R > Q = T ≥ S; R = U > Y = Z ≥ X

निष्कर्ष:

I. P ≥ Q

II. P > X

III. Q ≥ S

A. केवल I सही है

B. केवल I और II सही है

C. केवल II और III सही है

D. केवल III सही है

E. सभी सही हैं

Q.35 कथन: Y ≤ L < B = T; B < C < N; I ≥ B < Q

निष्कर्ष:

I. I > C

II. Y < Q

A. केवल I सत्य है

B. केवल II सत्य है

C. या तो I या II सत्य है

D. न तो I न ही II सत्य है

E. I और II दोनों सत्य हैं

Ques (36-40):निर्देश: निम्नलिखित जानकारी का ध्यानपूर्वक अध्ययन कीजिये और प्रश्नों के उत्तर दीजिये।

आठ व्यक्ति M, N, O, P, Q, R, S और T एक गोलाकार मेज़ के चारों ओर बैठे हैं। सभी केंद्र की ओर सम्मुख हैं लेकिन समान क्रम में होना आवश्यक नहीं है।

M, R के बाएं से दूसरे स्थान पर है। R और T के मध्य में केवल दो व्यक्ति बैठे हैं। O, T के दायें से दूसरे स्थान पर बैठा है। P और N एक-दूसरे के निकटतम पड़ोसी हैं। न तो P और N, T या R का निकटतम पड़ोसी नहीं हैं। Q, N के दायें से दूसरे स्थान पर बैठा है।

Q.36 O के ठीक विपरीत स्थान पर निम्न में से कौन बैठा है?

A. N   B. M   C. P   D. Q

E. S

Q.37

R के सन्दर्भ में N की स्थिति क्या है?

A. बाएं से तीसरा

B. दायें से तीसरा

C. बाएं से दूसरा

D. दायें से दूसरा

E. निर्धारित नहीं किया जा सकता है

Q.38

R और Q के मध्य में कितने व्यक्ति बैठे हैं?

A. चार   B. तीन   C. दो   D. एक

E. कोई नहीं

Q.39

M के विषय में निम्न में से कौन-सा/से कथन सत्य है/हैं?

A. M, Q का निकटतम पड़ोसी है

B. M, S के दायें से तीसरे स्थान पर बैठा है

C. M, N के विपरीत स्थान पर बैठा है

D. M, P के बाएं से तीसरे स्थान पर बैठा है

E. दिए गये सभी कथन सत्य हैं

Q.40

पाँच विकल्पों में से चार विकल्प एक निश्चित तरीके से एक जैसे हैं। उस समूह को ज्ञात कीजिये जो उस समूह से संबंधित नहीं है।

A. TQ   B. RO   C. NS   D. PQ

E. OP

Quantitative Aptitude

Ques (41-45):निर्देश: निम्न संख्याओं के अनुक्रम में प्रश्न चिह्न '?' के स्थान पर क्या आएगा?

Q.41 824, 408, 200, 96, 44, 18, ?

A. 11   B. 5   C. 26   D. 14

E. 13

Q.42 -4, 1, 18, ?, 112

A. 51   B. 39   C. 28   D. 53

E. 32

Q.43 84, 24, 15, ?, 33.5

A. 7   B. 18.5   C. 15   D. 25.5

E. 14.5

Q.44 14, 63, 196, 1183, ?

A. 2789   B. 5654   C. 4542   D. 3556

E. 2351

Q.45 0.5, 1.5, 5, ?, 76, 385

A. 28   B. 21   C. 18   D. 15

E. 12

Ques (46-50):निर्देश: दी गई जानकारी पढ़ें और नीचे दिए गए प्रश्न का उत्तर दें।

एक पिज़्ज़ा स्टोर वर्ष के विभिन्न महीनों के दौरान दो अलग-अलग प्रकार के पिज़्ज़ा बेचते हैं। प्रत्येक पिज़्ज़ा के दो अलग-अलग आकार हैं। निम्नलिखित तालिका इन महीनों के दौरान बिकने वाले विभिन्न प्रकार के पिज़्ज़ा की संख्या और बिकने वाले पिज़्ज़ा के विभिन्न आकार का अनुपात दिखाती है।

महीना	चीज़-ब्रस्ट	फार्महाउस	चीज़-ब्रस्ट नियमित : बड़ा	फार्महाउस नियमित : बड़ा
जनवरी	1000	880	2 : 3	3 : 5
फरवरी	1500	760	1 : 2	1 : 3
मार्च	1200	960	7 : 5	9 : 7
अप्रैल	1100	950	5 : 6	9 : 10
मई	1300	840	7 : 6	3 : 2
जून	1400	920	3 : 4	12 : 11

Q.46 मार्च और अप्रैल के महीने में बिकने वाले चीज़-ब्रस्ट पिज़्ज़ा की संख्या एवं जनवरी और जून के महीने में बिकने वाले फार्महाउस पिज़्ज़ा की संख्या का औसत ज्ञात कीजिए।

A. 1000   B. 1025   C. 1050   D. 1075

E. 1100

Q.47 मई में बिकने वाले बड़े आकार के फार्महाउस पिज्ज़ा की संख्या, फरवरी में बिकने वाले नियमित चीज़-ब्रस्ट पिज्ज़ा का कितने प्रतिशत है?

A. 69.33%   **B.** 72%   **C.** 66.33%   **D.** 66.66%
E. 67.2%

Q.48
पूरे 6 महीनों के दौरान बिकने वाले चीज़-ब्रस्ट पिज्ज़ा और फार्महाउस पिज्ज़ा का अनुपात ज्ञात कीजिए।

A. 250 : 171   **B.** 177 : 250
C. 250 : 177   **D.** 173 : 250
E. 250 : 173

Q.49 मई में बिकने वाले बड़े चीज़-ब्रस्ट पिज्ज़ा और फरवरी में बिकने वाले नियमित फार्महाउस पिज्ज़ा के बीच कितना अंतर है?

A. 130   **B.** 30
C. 510   **D.** 410
E. इनमे से कोई भी नहीं

Q.50 अप्रैल में बिकने वाले सभी नियमित पिज्ज़ा और मई में बिकने वाले सभी बड़े पिज्ज़ा का योगफल कितना है?

A. 1886   **B.** 1866   **C.** 1686   **D.** 1688
E. 1888

Ques (51-55):निर्देश: निम्नलिखित प्रश्न में दो कथन दिये गए हैं। प्रश्न और कथन को ध्यानपूर्वक पढ़ते हुए यह निर्णय कीजिये कि निम्न में से कौन सा/से कथन उत्तर देने के लिए आवश्यक है/हैं।

Q.51 किसी राशि को 3 साल के लिए निवेश किया गया था। उसकी ब्याज दर क्या है?

I. 48,000 रु. की राशि से प्राप्त चक्रवृद्धि ब्याज 7566 रु. था।

II. 48,000 रु. की राशि के साथ, चक्रवृद्धि ब्याज और साधारण ब्याज के बीच का अंतर समान दर पर 366 रु. था।

A. यदि केवल कथन। में दी गई जानकारी प्रश्न का उत्तर देने के लिए पर्याप्त है, जबकि केवल कथन II में दी गई जानकारी प्रश्न का उत्तर देने के लिए पर्याप्त नहीं है।

B. यदि केवल कथन II में दी गई जानकारी प्रश्न का उत्तर देने के लिए पर्याप्त है, जबकि केवल कथन। में दी गई जानकारी प्रश्न का उत्तर देने के लिए पर्याप्त नहीं है।

C. यदि या तो कथन। या कथन II में दी गई जानकारी प्रश्न का उत्तर देने के लिए पर्याप्त है।

D. यदि दोनों कथन। और कथन II में दी गई जानकारी प्रश्न का उत्तर देने के लिए पर्याप्त नहीं है।

E. यदि प्रश्न का उत्तर देने के लिए कथन। और II दोनों में दी गई जानकारी आवश्यक है।

Q.52 शुद्ध लाभ की गणना कीजिये।

I) अश्विन 1 किग्रा गेहूं के पैकेट पर उसके वास्तविक मूल्य से 50 प्रतिशत अधिक मूल्य अंकित कर देता है तथा वह 20 प्रतिशत छूट देता है।

II) अश्विन गलत बाट का इस्तेमाल करते हुए 1000 ग्राम की जगह पर 700 ग्राम वजन देता है।

A. केवल।   **B.** केवल II
C. । और II दोनों   **D.** या तो। अथवा II
E. उपरोक्त में से कोई नहीं

Q.53 किसी लम्बवृत्तीय शंकु की ऊंचाई 'h' तथा त्रिज्या 'r' है। यदि एक छोटे शंकु को उसके शीर्ष से आधार के समानान्तर काट दिया जाएँ। तो प्रतिच्छेद बिन्दु आधार से कितनी ऊंचाई पर है?

I) शंकु की ऊंचाई (h) = 40 सेमी

II) छोटे शंकु का आयतन : बड़े शंकु का आयतन = 1 : 30

A. केवल।   **B.** केवल II

C. । और II दोनों   **D.** या तो। अथवा II
E. उपरोक्त में से कोई नहीं

Q.54 3 अंकों वाली संख्या का मान क्या है?

I. उस संख्या का दो तिहाई उस संख्या से 50 कम है।

II. अंकों का योग 6 है।

A. पूछे गए प्रश्न का उत्तर देने के लिए केवल कथन (1) पर्याप्त है लेकिन केवल कथन (2) पर्याप्त नहीं है

B. पूछे गए प्रश्न का उत्तर देने के लिए केवल कथन (2) पर्याप्त है लेकिन केवल कथन (1) पर्याप्त नहीं है

C. पूछे गए प्रश्न का उत्तर देने के लिए कथन (1) और (2) दोनों एकत्रित रूप से पर्याप्त हैं लेकिन कोई भी कथन अकेला पर्याप्त नहीं है

D. पूछे गए प्रश्न का उत्तर देने के लिए प्रत्येक कथन अकेले पर्याप्त है

E. पूछे गए प्रश्न का उत्तर देने के लिए कथन (1) और (2) की एकत्रित जानकारी भी पर्याप्त नहीं है और अतिरिक्त जानकारी आवश्यक है

Q.55 P, Q, R और S की औसत आयु 60 वर्ष है। तो R की आयु क्या है?

I. P और R की आयु का योग 30 वर्ष है।

II. S, R से 10 वर्ष छोटा है।

A. केवल।   **B.** केवल II
C. । और II दोनों   **D.** या तो। अथवा II
E. ना तो। ना ही II

Ques (56-60):निर्देश: दिये गए प्रश्न में, I और II से अंकित दो समीकरण दिये गए हैं। आपको दोनों समीकरणों को हल करना है और उपयुक्त उत्तर देना है।

Q.56 I. $x^2 - 60x + 900 = 0$

II. $y^2 - 24y + 143 = 0$

A. x > Y
B. x ≥ y
C. X < Y
D. x ≤ y
E. x = y या सम्बन्ध निर्धारित नहीं किया जा सकता है

Q.57 I. $4x^2 - 8x + 3 = 0$

II. $2y^2 - 7y + 6 = 0$

A. x > y
B. x < y
C. x ≥ y
D. x ≤ y
E. x = y या कोई संबंध स्थापित नहीं किया जा सकता है

Q.58 I. $2x^2 - 15x + 25 = 0$

II. $3y^2 + 4y - 4 = 0$

A. यदि x > y
B. यदि x ≥ y
C. यदि x < y
D. यदि x ≤ y
E. यदि x = y या x और y के बीच संबंध स्थापित नहीं किया जा सकता है

Q.59 I. $7x - 3y = 13$

II. $5x + 4y = 40$

A. x > y
B. x < y
C. x ≥ y
D. x ≤ y
E. x = y या सम्बन्ध स्थापित नहीं किया जा सकता

Q.60 I. $6x^2 - 19x + 15 = 0$

II. $10y^2 - 29y + 21 = 0$

A. x > y

B. x < y

C. x ≥ y

D. x ≤ y

E. x = y या सम्बन्ध स्थापित नहीं किया जा सकता

Ques (61-63):निर्देश: निम्न प्रश्न में प्रश्न चिह्न '?' के स्थान पर कौन सा अनुमानित मान आएगा?

Q.61 $121.22 + 89.88 - 81.20 = 1.91 \times ?$

A. 40 **B.** 65 **C.** 80 **D.** 45

E. 30

Q.62 $(77.88 \times 9.60) \div 38.77 = ? \times 4.82 + 4.71$

A. 3 **B.** 5 **C.** 2 **D.** 8

E. 10

Q.63 $931.45 + (113.67 - 84.95 \div 5.20) = 67.11 + ?^2$

A. 45 **B.** 28 **C.** 31 **D.** 25

E. 15

Q.64 सरलीकृत करें:

$$\frac{1}{8}\left\{\left(x + \frac{1}{y}\right)^2 - \left(x - \frac{1}{y}\right)^2\right\}$$

A. $\frac{x}{2y}$ **B.** $\frac{x}{y}$ **C.** $\frac{4x}{y}$ **D.** $\frac{2x}{y}$

E. $\frac{3x}{2y}$

Q.65 x का मान ज्ञात करें:

$$\sqrt{169} \div 13 + \sqrt{196} = 3 \times x$$

A. 2 **B.** 3 **C.** 4 **D.** 5

E. 10

Q.66 4 मित्रों उत्कर्ष, आशु, कमल और हिमांशु का औसत वज़न 100 है। यदि आशु और कमल का औसत वज़न 60 है, तथा आशु और हिमांशु का औसत वज़न 72.5 है, तो उत्कर्ष का वज़न ज्ञात कीजिए यदि कमल का वज़न 55 है।

A. 150

B. 125

C. 175

D. 200

E. निर्धारित नहीं किया जा सकता

Q.67 एक दुकानदार पांच पुरानी वस्तुओं को 500 रु., 1200 रु., 1500 रु., 900 रु. और 700 रु. पर क्रमशः 15% लाभ, 8% हानि, 16% हानि, 25% लाभ और 8% हानि पर बेचता है। उसका सम्पूर्ण लाभ/हानि ज्ञात कीजिये।

A. 8% लाभ **B.** 8% हानि

C. $1\frac{11}{12}$% लाभ **D.** $1\frac{11}{12}$% हानि

E. इनमें से कोई नहीं

Q.68 एक मिश्रण में 148 लीटर दूध और पानी है। यदि हम उसमें 6 लीटर दूध और 6 लीटर पानी अधिक डालते हैं तो अनुपात क्रमशः 2: 3 हो जाता है। दूध की प्रारंभिक मात्रा ज्ञात कीजिये?

A. 64 लीटर **B.** 58 लीटर

C. 90 लीटर **D.** 84 लीटर

E. इनमें से कोई नहीं

Q.69 3 वर्षों के लिए 10% की वार्षिक दर से किसी निश्चित राशि पर चक्रवृद्धि और साधारण ब्याज का अंतर 1395 रुपये है। 2 वर्षों के लिए किसी मूलधन पर 6% की वार्षिक दर से चक्रवृद्धि ब्याज क्या होगा?

A. 5,652 रुपये **B.** 5,564 रुपये

C. 5,654 रुपये **D.** 5,546 रुपये

E. इनमें से कोई नहीं

Q.70 राम को बैंक ऑफ बड़ौदा में आई.टी अधिकारी के रूप में नियुक्त किया जाता है। मई 2020 के वेतन से वह अपनी पत्नी को 15% देता है, शेष 40% घरेलू खर्च पर और अपने वेतन का 21% प्रधानमंत्री राहत कोष में दान करता है, इसके बाद उसके पास केवल 18,000 रुपये बचते हैं, मई 2020 में राम का वेतन क्या था?

A. 59,750 रुपये **B.** 60,000 रुपये

C. 61,100 रुपये **D.** 60,100 रुपये

E. इनमें से कोई नहीं

Q.71 एक कार को 30 घंटे में 180 किमी की दूरी तय करनी है। यदि यह समय के $\frac{2}{5}$ भाग में यात्रा का आधा भाग तय करता है, तो बचे हुए समय में शेष दूरी को तय करने के लिए गति क्या होनी चाहिए?

A. 5 किमी प्रति घंटा **B.** 15 किमी प्रति घंटा

C. 12 किमी प्रति घंटा **D.** 7.5 किमी प्रति घंटा

E. 30 किमी प्रति घंटा

Q.72 एक ट्रेन 90 किमी/घंटा की गति से, 11 सेकंड में एक प्लेटफॉर्म को पार करती है। यदि ट्रेन की लंबाई प्लेटफॉर्म की लंबाई की 83.33% है, तो ट्रेन की लंबाई ज्ञात कीजिए।

A. 100 मीटर **B.** 110 मीटर **C.** 125 मीटर **D.** 145 मीटर

E. 160 मीटर

Q.73 A और B मिलकर एक काम को $7\frac{1}{2}$ दिनों में कर सकते हैं। उनके समय का अनुपात क्रमशः 3 : 5 के अनुपात में है, तो A अकेला उस काम को कितने दिनों में कर सकता है?

A. 18 दिन **B.** 20 दिन **C.** 15 दिन **D.** 12 दिन

E. 24 दिन

Q.74 यदि आयत A की लंबाई और चौड़ाई और आयत B की लंबाई और चौड़ाई का क्रमशः $\frac{4}{5}$ और $\frac{1}{2}$ है, तो आयत A का क्षेत्रफल आयत B के क्षेत्रफल के कितने प्रतिशत है?

A. 10% **B.** 20% **C.** 30% **D.** 40%

E. 50%

Ques (75-79):निर्देश: निम्नलिखित बार ग्राफ तीन अलग-अलग वर्षों के दौरान पांच महीने की अवधि में एक परिवार के मासिक व्यय (रुपये में) को दर्शाता है।

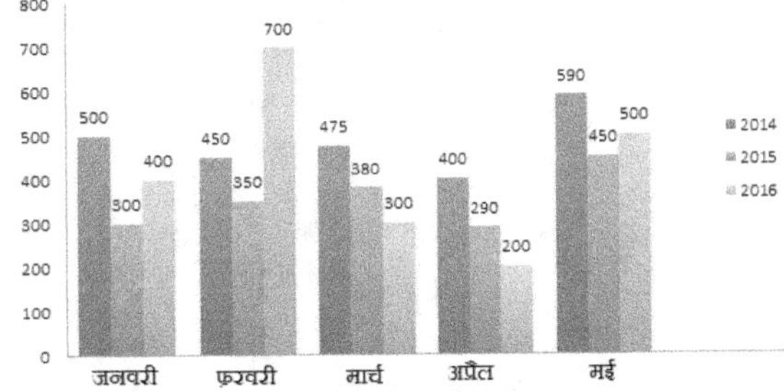

Q.75 वर्ष 2016 में औसत मासिक व्यय ज्ञात कीजिये।

A. 420 **B.** 400 **C.** 300 **D.** 350

E. 677

Q.76

फरवरी 2015 की तुलना में फरवरी 2016 में व्यय में वृद्धि प्रतिशत ज्ञात कीजिये।

A. 45%　　　**B.** 200%　　　**C.** 100%　　　**D.** 300%
E. 150%

Q.77

निम्नलिखित में से कौन सा कथन सही है?

A. 2014 में, जनवरी वह महीना था जिस दौरान वर्ष में व्यय अधिकतम था।

B. 2016 में, फरवरी वह महीना था जिस दौरान वर्ष में व्यय अधिकतम था।

C. 2015 में जनवरी वह महीना था जिस दौरान वर्ष में व्यय न्यूनतम था।

D. 2014 में, जनवरी वह महीना था जिस दौरान वर्ष में व्यय न्यूनतम था।

E. इनमें से कोई नहीं

Q.78

दिए गए वर्षों के कितने महीनो में व्यय लगातार बढ़ रहा है या घट रहा है?

A. 2　　　　　　　　**B.** 4
C. 1　　　　　　　　**D.** 3
E. इनमे से कोई भी नहीं

Q.79

निम्नलिखित विकल्पों में से कौन से महीने में तीन वर्षों का संयुक्त रूप से व्यय अधिकतम है?

A. जनवरी　　　**B.** फ़रवरी　　　**C.** मार्च　　　**D.** अप्रैल
E. मई

Q.80 तीन दोस्त A, B और C ने 5 : 7 : 6 के अनुपात में पैसा निवेश कर कारोबार शुरू किया। 6 महीने बाद C ने अपनी आधी पूंजी निकाल ली। यदि 'A' ने 40,000 रुपये लगाये हैं तो 33,000 रुपये के सालाना लाभ में C का हिस्सा कितना होगा?

A. 10,000 रुपये　　　　　**B.** 12,000 रुपये
C. 11,000 रुपये　　　　　**D.** 9,000 रुपये
E. इनमें से कोई नहीं

// स्मार्ट उत्तर पुस्तिका //

| सही उत्तर | उन छात्रों का प्रतिशत जिन्होंने प्रश्नों का सही उत्तर दिया था। | छोड़ दिया | उन छात्रों का प्रतिशत जिन्होंने प्रश्नों को छोड़ दिया था। |

प्रश्न संख्या	उत्तर	सही उत्तर छोड़ दिया	प्रश्न संख्या	उत्तर	सही उत्तर छोड़ दिया	प्रश्न संख्या	उत्तर	सही उत्तर छोड़ दिया	प्रश्न संख्या	उत्तर	सही उत्तर छोड़ दिया	प्रश्न संख्या	उत्तर	सही उत्तर छोड़ दिया	प्रश्न संख्या	उत्तर	सही उत्तर छोड़ दिया
1	D	19.7 % 21.68 %	15	B	21.67 % 50.74 %	29	C	25.62 % 55.17 %	43	B	4.93 % 64.04 %	57	D	26.11 % 55.66 %	71	A	5.42 % 77.34 %
2	B	10.84 % 55.66 %	16	D	30.54 % 49.76 %	30	A	33.0 % 54.19 %	44	D	5.91 % 65.52 %	58	A	33.0 % 58.13 %	72	C	3.45 % 78.32 %
3	B	11.33 % 60.1 %	17	B	35.47 % 50.24 %	31	C	36.45 % 53.21 %	45	C	7.88 % 60.59 %	59	B	17.73 % 62.07 %	73	D	3.45 % 78.82 %
4	D	13.3 % 59.11 %	18	D	22.66 % 53.2 %	32	C	33.99 % 54.19 %	46	B	13.3 % 60.1 %	60	C	14.78 % 63.55 %	74	D	0.99 % 80.29 %
5	B	11.82 % 59.12 %	19	C	14.78 % 55.17 %	33	A	45.81 % 51.23 %	47	E	8.87 % 64.04 %	61	B	15.76 % 68.97 %	75	A	8.37 % 79.81 %
6	E	18.72 % 50.25 %	20	D	16.26 % 58.12 %	34	C	35.47 % 51.72 %	48	C	11.33 % 63.55 %	62	A	8.37 % 74.88 %	76	C	6.9 % 81.77 %
7	B	26.11 % 49.26 %	21	B	13.79 % 58.13 %	35	B	36.45 % 54.19 %	49	D	11.33 % 65.02 %	63	C	9.85 % 74.39 %	77	B	5.42 % 83.74 %
8	B	19.7 % 52.22 %	22	A	8.87 % 59.6 %	36	C	25.62 % 58.62 %	50	A	10.34 % 66.01 %	64	A	3.45 % 76.35 %	78	C	1.97 % 84.73 %
9	D	35.47 % 43.84 %	23	C	7.88 % 66.01 %	37	D	28.57 % 61.58 %	51	C	11.33 % 65.52 %	65	D	9.85 % 75.86 %	79	E	5.42 % 83.74 %
10	C	34.98 % 45.81 %	24	D	12.32 % 66.99 %	38	B	30.05 % 62.07 %	52	C	9.36 % 65.52 %	66	D	13.3 % 69.46 %	80	D	0 % 100 %
11	D	35.47 % 40.88 %	25	D	9.85 % 67.98 %	39	C	25.12 % 62.56 %	53	C	8.37 % 67.49 %	67	D	3.94 % 71.92 %			
12	B	34.48 % 44.34 %	26	A	10.34 % 69.46 %	40	E	24.63 % 60.59 %	54	A	7.88 % 65.52 %	68	B	6.9 % 74.38 %			
13	E	27.09 % 46.8 %	27	A	4.93 % 67.98 %	41	B	43.35 % 48.28 %	55	E	9.85 % 62.56 %	69	E	1.48 % 77.83 %			
14	A	26.11 % 49.75 %	28	C	32.02 % 50.25 %	42	D	5.42 % 62.07 %	56	A	25.12 % 59.61 %	70	B	2.96 % 76.35 %			

Reasoning

Ques (1-3):निर्देश: नीचे दी गई जानकारी का ध्यानपूर्वक अध्ययन करते हुए उस पर आधारित प्रश्नों के उत्तर दीजिये:

किसी शब्द और अंक व्यवस्था मशीन को जब शब्दों और अंकों की एक इनपुट पंक्ति दी जाती है और वह प्रत्येक चरण में एक विशिष्ट नियम का अनुसरण करते हुए उन्हें पुनर्व्यवस्थित करती है। इनपुट और पुनर्व्यवस्था के चरणों का एक उदाहरण निम्न है। (सभी संख्याओं में दो अंक हैं)

इनपुट: can now 18 16 27 all done 36 insert 49

चरण I: 16 18 can now 27 all done 36 insert 49

चरण II: 16 18 all can now 27 done 36 insert 49

चरण III: 16 18 all can 27 36 now done insert 49

चरण IV: 16 18 all can 27 36 done insert now 49

चरण V: 16 18 all can 27 36 done insert 49 now

तथा चरण V उपरोक्त इनपुट का अंतिम चरण है।

उपरोक्त चरण में अपनाए गए पैटर्न के अनुसार दिये गए इनपुट हेतु प्रत्येक प्रश्न में उचित चरण ज्ञात कीजिये।

इनपुट: 57 19 professor male 28 correct 36 38 47 female doctor 51 study

Q.1 कौन सा पद चरण V में महिला की दाईं तरफ से तीसरे स्थान पर है?

A. 38　　　　　　　　　B. Professor
C. Study　　　　　　　　D. 51
E. male

Q.2 निम्नलिखित में से कौन सा पद चरण III के बाएँ छोर से तीसरा पद है?

A. 38　　　B. 57　　　C. Correct　　　D. Doctor
E. female

Q.3 निम्नलिखित आउटपुट कौन-सी चरण संख्या है?
19 28 correct doctor 36 38 female male 47 51 57 professor study.

A. चरण V
B. चरण VI
C. चरण IV
D. चरण III
E. इस प्रकार का कोई चरण नहीं है

Q.4 शब्द "WORDS" के सभी अक्षरों से क्रमशः R और S से शुरू होने वाले कितने 3 अक्षर वाले अर्थपूर्ण शब्द बनाये जा सकते हैं?

A. 1, 3　　　B. 3, 1　　　C. 2, 3　　　D. 3, 2
E. 2, 2

Q.5 शब्द 'QUEUEING' और 'GATE' के वर्णों को श्रेणीबद्ध करने से प्राप्त शब्द में ऐसे कितने वर्ण हैं जिनमें बाएं से दूसरे स्थान पर तथा दाएं से तीसरे स्थान पर एक स्वर है?

A. एक　　　　　　　　B. दो
C. कोई नहीं　　　　　　D. तीन
E. तीन से अधिक

Ques (6-7):निर्देश: नीचे दिए गए प्रश्न में तीन कथन I, II और III के बाद तीन कथन हैं। आपको दिए गए तीनों कथनों को सत्य मानना है, भले ही वे सामान्यतः ज्ञात तथ्यों से भिन्न प्रतीत होते हों और फिर निर्णय लें कि दिए गए निष्कर्षों में से कौन सा दिए गए निष्कर्षों का सामान्यतः ज्ञात तथ्यों की अवहेलना करने वाले तीन कथनों से तार्किक रूप से अनुसरण करता है।

Q.6 कथन:

I. केवल क्रिकेट, फुटबॉल है।

II. कुछ क्रिकेट, बेसबॉल हैं।

III. केवल कुछ बेसबॉल, गोल्फ हैं।

निष्कर्ष:

I. कुछ क्रिकेट, गोल्फ हो सकता है।

II. कुछ गोल्फ, फुटबॉल है।

III. कुछ बेसबॉल, फुटबॉल है।

A. निष्कर्ष I और निष्कर्ष II दोनों अनुसरण करते हैं।
B. केवल निष्कर्ष I अनुसरण करता है।
C. केवल निष्कर्ष III अनुसरण करता है।
D. कोई भी निष्कर्ष अनुसरण नहीं करता है।
E. या तो निष्कर्ष I या निष्कर्ष II अनुसरण करता है।

Q.7 कथन:

I. कोई थर्मल, ज्वारीय नहीं है।

II. कुछ हवाएँ, ज्वारीय होती हैं।

III. सभी हवाएँ, ऊर्जा हैं।

निष्कर्ष:

I. कुछ ऊर्जा, थर्मल होने की संभावना है।

II. कुछ हवाएँ, थर्मल नहीं हैं।

A. केवल निष्कर्ष I अनुसरण करता है।
B. दोनों निष्कर्ष I और II अनुसरण करते हैं।
C. न तो निष्कर्ष I और न ही II अनुसरण करता है।
D. केवल निष्कर्ष II अनुसरण करता है।
E. या तो निष्कर्ष I या II अनुसरण करता है।

Q.8 निर्देश: नीचे दी गई जानकारी को ध्यानपूर्वक पढ़ते हुए उस पर आधारित प्रश्न के उत्तर दीजिये:

बिन्दु B, बिन्दु A के पश्चिम में 3 मीटर पर है। बिन्दु C, बिन्दु B से उत्तर में 4 मीटर पर है। बिन्दु G, बिन्दु B और बिन्दु C के ठीक मध्य में है। बिन्दु H, बिन्दु C के दक्षिण में 6 मीटर की दूरी पर है। बिन्दु D, बिन्दु C के पश्चिम में 3 मीटर पर है तथा बिन्दु F, बिन्दु D के दक्षिण में 4 मीटर पर है। बिन्दु E, बिन्दु H के पश्चिम में 3 मीटर पर है।

C और A के मध्य की न्यूनतम दूरी कितनी है?

A. 3 मीटर
B. 4 मीटर
C. 5 मीटर
D. 6 मीटर
E. निर्धारित नहीं किया जा सकता

Q.9 एक आदमी 1 किमी पूर्व की ओर चलता है और फिर वह दक्षिण की ओर मुड़ता है और 5 किमी चलता है। फिर से वह पूर्व की ओर मुड़ता है और 2 किमी चलता है। इसके बाद, वह उत्तर की ओर मुड़ता है और 9 किमी चलता है। अब, वह अपने शुरुआती बिंदु से कितनी दूर है?

A. 3 किमी　　　　　　　B. 4 किमी

C. 5 किमी
D. 6 किमी
E. इनमे से कोई भी नहीं

Q.10 उस समूह का पता लगाएं जो समूह से संबंधित नहीं है।

A. LO
B. HS
C. DW
D. JR
E. इनमें से कोई नहीं

Q.11 निम्न में से विषम चुने।

[CLAT UG, 2018]

A. पुलिस स्टेशन
B. रेलवे स्टेशन
C. सुपरमार्केट
D. हवाई अड्डा
E. इनमें से कोई नहीं

Q.12 अल्फ़ाबेट्स के अगले समूह का पता लगाएं।

CFI, DHL, ILO, LPT, ____?

[CLAT UG, 2018]

A. ORU
B. RUW
C. OQT
D. OSV
E. इनमें से कोई नहीं

Q.13 श्रृंखला में आने वाले अगले पद का चयन करें।

HM, EJ, BG, ?

A. YD
B. SC
C. TE
D. YC
E. उपरोक्त में से कोई नहीं

Ques (14-17):निर्देश: नीचे दिए गए प्रश्न में चार कथन दिए गए हैं, इसके बाद चार निष्कर्ष I, II, III और IV हैं। आपको दिए गए कथन को सत्य मानकर चलना है, भले ही वे आमतौर पर ज्ञात तथ्यों से भिन्न हों। सभी निष्कर्षों को पढ़ें और फिर तय करें कि दिए गए निष्कर्षों में से कौन सा निष्कर्ष तार्किक रूप से दिए गए कथनो के सामान्य रूप से ज्ञात तथ्यों को अनदेखा करते हुए अनुसरण करता है।

Q.14 कथन:

कुछ पिता, भाई हैं।
सभी भाई, चाचा हैं।
कोई चाचा, पति नहीं हैं।
कुछ पति, बेटे हैं।

निष्कर्ष:

I. कुछ बेटे, चाचा हैं।
II. कोई पिता, पति नहीं हैं।
III. कुछ चाचा, पिता हैं।
IV. कुछ पति, भाई हैं।

A. केवल निष्कर्ष I अनुसरण करता है।
B. केवल निष्कर्ष II अनुसरण करता है।
C. केवल निष्कर्ष I, II, और III करते हैं।
D. केवल निष्कर्ष III अनुसरण करता है।
E. कोई भी अनुसरण नहीं करता है।

Q.15 कथन:

कुछ पुरुष गायक हैं।
सभी गायक अभिनेता हैं।
कोई अभिनेता शिक्षक नहीं है।
कुछ शिक्षक कलाकार हैं।

निष्कर्ष:

I. कुछ कलाकार अभिनेता हैं।
II. कुछ पुरुष शिक्षक हैं।
III. कुछ अभिनेता पुरुष हैं।
IV. कोई गायक शिक्षक नहीं है।

A. कोई भी अनुसरण नहीं करता है।
B. या तो I या III अनुसरण करता है।
C. केवल III और IV अनुसरण करते हैं।
D. केवल II और III अनुसरण करते हैं।
E. सभी निष्कर्ष अनुसरण करते हैं।

Q.16 कथन:

कुछ ग्रह सितारे हैं।
कुछ सितारे चंद्रमा हैं।
सभी चंद्रमा सूर्य हैं।
कुछ पृथ्वी चंद्रमा हैं।

निष्कर्ष:

I. कुछ ग्रह सूर्य हैं।
II. कुछ पृथ्वी सितारे हैं।
III. कोई सूर्य पृथ्वी नहीं है।
IV. कुछ सूर्य पृथ्वी नहीं हैं।

A. सभी निष्कर्ष अनुसरण करते हैं।
B. या तो I या IV अनुसरण करता है।
C. केवल III और IV अनुरारण करते हैं।
D. केवल I, II और III अनुसरण करते हैं।
E. इनमें से कोई भी अनुसरण नहीं करता है।

Q.17 कथन:

सभी समुद्र महासागर हैं।
कुछ झील नदिया हैं।
सभी नदिया तालाब हैं।
कुछ तालाब समुद्र हैं।

निष्कर्ष:

I. कुछ महासागर नदी हैं।
II. कुछ झील तालाब हैं।
III. कुछ समुद्र झील हैं।
IV. कुछ महासागर के नदी होने की संभवना है।

A. केवल निष्कर्ष I अनुसरण करता है।
B. केवल निष्कर्ष II और III अनुसरण करते हैं।
C. केवल निष्कर्ष I, II, और III अनुसरण करते हैं।
D. केवल निष्कर्ष II और IV अनुसरण करते हैं।
E. सभी अनुसरण करते हैं।

Q.18 निर्देश: नीचे दिए गए प्रश्न में चार कथन दिए गए हैं, इसके बाद चार निष्कर्ष I, II, और III हैं। आपको दिए गए कथन को सत्य मानकर चलना है, भले ही वे आमतौर पर ज्ञात तथ्यों से भिन्न हों। सभी निष्कर्षों को पढ़ें और फिर तय करें कि दिए गए निष्कर्षों में से कौन सा निष्कर्ष तार्किक रूप से दिए गए कथनो के सामान्य रूप से ज्ञात तथ्यों को अनदेखा करते हुए अनुसरण करता है।

कथन:

कुछ L, R हैं।
सभी R, A हैं।
सभी A, F हैं।
कोई भी F, D नहीं हैं।

निष्कर्ष:

I. सभी D, L हैं।
II. कुछ D, A हैं।

III. कोई R, D नहीं हैं।
A. केवल निष्कर्ष I. अनुसरण करता है।
B. केवल निष्कर्ष II. और III. अनुसरण करते हैं।
C. केवल निष्कर्ष I. और II. अनुसरण करते हैं।
D. केवल निष्कर्ष II. और III. अनुसरण करते हैं।
E. केवल निष्कर्ष III. अनुसरण करता है।

Ques (19-21):निर्देश: निम्नलिखित जानकारी का अध्ययन करें तथा नीचे दिए गए प्रश्नों के उत्तर दें।

एक परिवार में, अजय, काव्या, विवेक, ओमकार, श्रुति और काजल छह सदस्य हैं। अजय और काव्या एक विवाहित जोड़े हैं, अजय एक पुरुष सदस्य हैं। ओमकार, विवेक का एकमात्र बेटा है, जो अजय का भाई है। श्रुति, ओमकार की बहन है। काव्या, काजल की बहू है, जिसका पति मर चुका है।

Q.19 काजल, काव्या के साथ कैसे संबंधित है?
A. माँ   B. सास   C. भाभी   D. बहन
E. आंटी

Q.20 परिवार में कितनी महिला सदस्य हैं?
A. एक
B. दो
C. तीन
D. चार
E. निर्धारित नहीं किया जा सकता

Q.21 काजल, श्रुति से कैसे संबंधित है?
A. नानी
B. दादी
C. आंटी
D. सास
E. निर्धारित नहीं किया जा सकता

Ques (22-26):निर्देश: निम्नलिखित जानकारी का ध्यानपूर्वक अध्ययन कीजिए और निम्न प्रश्नों के उत्तर दीजिये:

आठ अलग-अलग रेस्तरां A, B, C, D, E, F, G और H हैं। प्रत्येक रेस्तरां का अपना विशेष व्यंजन है: D1, D2, D3, D4, D5, D6, D7 और D8 जरूरी नहीं कि इसी क्रम में। ये रेस्तरां 4, 6, 7, 9, 11, 12, 13 और 15 किमी की दूरी पर हैं, लेकिन जरूरी नहीं कि इसी क्रम में।

व्यंजन D6 सबसे दूर स्थित रेस्तरां में परोसा जाता है। रेस्तरां E व्यंजन D3 परोसता है और यह रेस्तरां F से 3 किमी अधिक दूर है। रेस्तरां B, D8 व्यंजन परोसता है और यह व्यंजन D1 परोसने वाले रेस्तरां की तुलना में आधी दूरी पर है। रेस्तरां G में व्यंजन D4 परोसा जाता है और यह रेस्तरां D से 4 किमी कम दूरी पर है। रेस्तरां D की दूरी 3 का गुणज है। रेस्तरां A न तो व्यंजन D5 परोसता है और न ही यह 12 किमी दूर है। रेस्तरां H व्यंजन D7 परोसता है और यह रेस्तरां A से 4 किमी दूर है।

Q.22 रेस्तरां A में कौन सा व्यंजन परोसा जाता है?
A. D1   B. D6
C. D2   D. D3
E. इनमे से कोई भी नहीं

Q.23 रेस्तरां C की दूरी क्या है?
A. 11 किमी   B. 13 किमी   C. 7 किमी   D. 12 किमी
E. 9 किमी

Q.24 निम्न में से कौन सा संयोजन सही है?
A. A – D8 – 6 किमी   B. F – D2 – 4 किमी
C. B – D8 – 7 किमी   D. H – D7 – 13 किमी
E. इनमें से कोई भी नहीं

Q.25 जिस रेस्तरां में व्यंजन D5 परोसा जाता है, वह कितनी दूर है?
A. 7 किमी   B. 4 किमी   C. 9 किमी   D. 11 किमी
E. 13 किमी

Q.26 निम्न में से कौन सा सत्य नहीं है?
A. रेस्तरां D, 15 किमी दूर है
B. व्यंजन D5, रेस्तरां F में परोसा जाता है
C. रेस्तरां H, 11 किमी दूर है
D. रेस्तरां B, 6 किमी दूर है
E. सभी सत्य है

Ques (27-28):निर्देश: निम्नलिखित प्रश्न में I, II और III क्रमांकित तीन कथन हैं। तय कीजिये कि कथनों में दी गई जानकारी नीचे दिए गए प्रश्नों के उत्तर देने के लिए पर्याप्त है या नहीं।

Q.27 A, B, C, D, और E एक ही स्कूल में अध्ययन करते हैं, जहां पांच खेल अर्थात् क्रिकेट, वॉलीबॉल, बास्केट बॉल, हॉकी और कबड्डी में से एक खेल खेलना अनिवार्य है। इस स्थिति में कोई भी दो छात्र एक ही खेल नहीं खेलते हैं। A कौन-सा खेल खेलता है?
I. B और C, कबड्डी और बास्केटबॉल खेलते हैं लेकिन एक ही क्रम में जरूरी नहीं है।
II. D या तो क्रिकेट या वॉलीबॉल खेलता है।
III. A वॉलीबॉल नहीं खेलता है और E हॉकी नहीं खेलता है।
A. सभी कथनों की आवश्यकता है
B. केवल I और II पर्याप्त हैं
C. केवल II और III पर्याप्त हैं
D. केवल I और III पर्याप्त हैं
E. अपर्याप्त जानकारी

Q.28 L, M, N, O, P, और Q छह दोस्त हैं जिनकी ऊंचाई अलग- अलग हैं। कितने व्यक्ति P से लम्बे हैं?
I. P, N से छोटा है, जो कम से कम तीन व्यक्तियों से छोटा है।
II. दो व्यक्ति M से लम्बे हैं लेकिन L से छोटे हैं, P उनमें से एक है।
III. कम से कम 2 व्यक्ति Q से छोटे हैं।
A. सभी कथनों की आवश्यकता है
B. केवल I और II पर्याप्त हैं
C. केवल II और III पर्याप्त हैं
D. केवल I और III पर्याप्त हैं
E. अपर्याप्त जानकारी

Q.29 निर्देश: नीचे दिए गए प्रत्येक प्रश्न में एक प्रश्न और I और II से अंकित दो कथन सम्मिलित हैं। आपको यह तय करना होगा कि कथनों में दिया गया विवरण प्रश्न का उत्तर देने के लिए पर्याप्त है या नहीं। दोनों कथनों को पढ़ें और उत्तर दें:

A, B, C, D और E - पांच इमारतों की पंक्ति में कौन सी इमारत मध्य में हैं?
कथन:
I. पंक्ति के दोनों छोर पर इमारत D और B है।
II. इमारत E, इमारत C के दाईं ओर हैं।
A. I अकेले पर्याप्त है जबकि II अकेले पर्याप्त नहीं है
B. II अकेले पर्याप्त है जबकि I अकेले पर्याप्त नहीं है
C. या तो I या II पर्याप्त है
D. न तो I न ही II पर्याप्त है
E. I और II दोनों पर्याप्त हैं

Q.30 निर्देश: निम्नलिखित प्रत्येक प्रश्न में दिए गए कथनों को सत्य मानकर तय कीजिये कि नीचे दिए गए निष्कर्षों में से कौन सा/कौन से निष्कर्ष निश्चित रूप से सत्य है/हैं और उसके अनुसार उत्तर दीजिये।

कथन:

N = C > O ≤ A; A = M < B; N < L = B

निष्कर्ष:

I. O < A

II. C < L

III. M = O

IV. N > B

A. केवल I अनुसरण करता है

B. या तो I या II अनुसरण करता है

C. केवल IV अनुसरण करता है

D. केवल II और या तो I या III अनुसरण करते हैं

E. कोई भी अनुसरण नहीं करता है

Q.31 निम्नलिखित में से कौन से चिन्हों को दिए गए व्यंजक को पूरा करने के लिए रिक्त स्थानों में क्रमानुसार (बाएँ से दाएँ समान क्रम में) भरा जाना चाहिए ताकि 'M > I' निश्चित रूप से सत्य हो?

I _ L _ K _ J _ M

A. =, >, ≤, <

B. =, ≤, =, <

C. ≥, >, =, >

D. ≥, <, =, >

E. इनमें से कोई भी नहीं

Ques (32-34):निर्देश: निम्नलिखित प्रश्नों में, दिए गए कथनों को सत्य मानकर, निर्णय कीजिए कि दिए गए निष्कर्षों में से कौन सा/कौन से निष्कर्ष निश्चित रूप से सही है/हैं और फिर तदानुसार अपना उत्तर दीजिए।

Q.32 कथन:

A ≥ B > C; A < D; F = B; G < H < F

निष्कर्ष:

I. G < C

II. F > C

III. B < G

IV. D > C

A. कोई भी सत्य नहीं है

B. केवल I सत्य है

C. केवल I और III सत्य हैं

D. केवल II और IV सत्य हैं

E. केवल IV सत्य है

Q.33 कथन:

A > Z; Z > D = B; B ≥ F = H; P < H

निष्कर्ष:

I. Z ≤ P

II. A < B

III. P < D

A. केवल III सत्य है

B. केवल I और II सत्य है

C. केवल I सत्य है

D. केवल II सत्य है

E. केवल II और III सत्य है

Q.34 कथन:

R = B > C ≥ D; P > Q ≥ R = S < H

निष्कर्ष:

I. D ≤ R

II. P < B

III. Q < H

A. केवल III सत्य है

B. I और II दोनों सत्य हैं

C. केवल I सत्य है

D. कोई सत्य नहीं है

E. II और III दोनों सत्य हैं

Ques (35-39):निर्देश: दी गई जानकारी का ध्यानपूर्वक अध्ययन कीजिये और नीचे दिए गए निम्न प्रश्नों के उत्तर दीजिये।

सात बॉक्स P, Q, R, S, T, U और V को एक शोरूम में रखा गया था जिसमें विभिन्न ब्रांड्स जैसे नाइकी, एडिडास, प्यूमा, स्केचर्स, हश-पपीज, रीबॉक और क्लार्क्स के जूते हैं लेकिन जरूरी नहीं कि क्रम समान हो। प्रत्येक बॉक्स में नीला, सफ़ेद, काला, गुलाबी, भूरा, नियॉन और ग्रे जैसे विभिन्न रंगों के जूते हैं लेकिन जरूरी नहीं कि क्रम समान हो। जूतों की प्रत्येक जोड़ी की कीमत भिन्न है।

बॉक्स R में ना तो हश-पपीस और ना ही एडिडास के जूते हैं। बॉक्स U में ग्रे रंग के जूते हैं। बॉक्स T में या तो नाइकी या प्यूमा के जूते हैं। प्यूमा के जूते की कीमत बॉक्स R के जूते की कीमत से 2200 रूपये कम है। स्केचर्स के जूते नियॉन रंग के हैं। हश-पपीस के जूते की कीमत 2300 रूपये है। बॉक्स U के जूते की कीमत बॉक्स S के जूते की कीमत से 1800 रूपये अधिक है, लेकिन बॉक्स Q के जूते की कीमत से 800 रूपये अधिक है। बॉक्स V में ना तो भूरे और ना ही नीले रंग के जूते हैं। एडिडास के जूते का रंग सफेद नहीं है। स्केचर्स के जूते की कीमत सबसे ज्यादा है और नाइकी के जूते की कीमत दूसरी सबसे ज्यादा है। बॉक्स Q में ना तो सफेद और ना ही भूरे रंग के जूते हैं। बॉक्स T के जूते की कीमत बॉक्स V के जूते की कीमत से 700 रूपये अधिक है लेकिन बॉक्स Q के जूते की कीमत से 2200 रूपये अधिक है। एडिडास के जूते की कीमत 11 का गुणज है। बॉक्स Q में या तो हश-पपीस या रीबॉक के जूते हैं और इसकी कीमत बॉक्स V के जूते की कीमत का $\frac{8}{11}$ है। काले जूते की कीमत 2300 रूपये है और सफेद जूते की कीमत 3 का गुणज है।

Q.35 किस बॉक्स में भूरे रंग के जूते हैं?

A. U

B. P

C. T

D. Q

E. इनमे से कोई भी नहीं

Q.36 सबसे महंगे जूते का रंग क्या है?

A. भूरा

B. गुलाबी

C. नियॉन

D. ग्रे

E. इनमें से कोई नहीं

Q.37 यदि सभी बॉक्स को जूतों की कीमत के अनुसार ऊपर से नीचे बढ़ते हुए क्रम में पुनः व्यवस्थित किया जाता है, तो किस बॉक्स की स्थिति में कोई बदलाव नहीं होगा?

A. भूरे जूतों वाला बॉक्स

B. काले जूतों वाला बॉक्स

C. सफ़ेद जूतों वाला बॉक्स

D. नियॉन जूतों वाला बॉक्स

E. इनमें से कोई नहीं

Q.38 क्लार्क्स और एडिडास के जूतों की कीमत के बीच क्या अंतर है?

A. 2400

B. 3000

C. 2300

D. 2500

E. इनमे से कोई भी नहीं

Q.39 निम्नलिखित में से कौन-सा संयोजन सही नहीं है?

A. R - स्केचर्स - 7000

B. T - नाइकी - 6200

C. V - एडिडास - 4800

D. P - हश-पपीस - 2300

E. इनमें से कोई नहीं

Q.40 एक व्यक्ति बिंदु A से चलना प्रारंभ करता है। वह पश्चिम की ओर 15 किमी चलता है, फिर बायें मुड़ता है और 20 किमी चलता है। वह फिर से बायें मुड़ता है 25 किमी चलता है। वह पुनः बायें मुड़ता है और 20 किमी चलता है। अब वह अपने प्रारंभिक बिंदु से कितनी दूर और किस दिशा में है?

A. 12 किमी – पूर्व

B. 10 किमी – पूर्व

C. 15 किमी – पूर्व
D. 14 किमी – पश्चिम
E. 20 किमी – पश्चिम

Quantitative Aptitude

Ques (41-45):निर्देशः नीचे दी गयी जानकारी के आधार पर प्रश्नों के उत्तर दीजिये।

छह कर्मचारी - अभिषेक, बाबू चिंकी, दिनेश, ईशान और फारूक - जिओसिस टेक्नोलॉजी में विभिन्न पदों पर काम कर रहे हैं। पहला वृत्त आलेख सकल वेतन के विश्लेषित विवरण को दर्शाता है और दूसरा वृत्त आलेख इन छह कर्मचारियों के कर के रूप में कटौती किए गए सकल वेतन के प्रतिशत के वितरण को दर्शाता है।

सकल वेतन

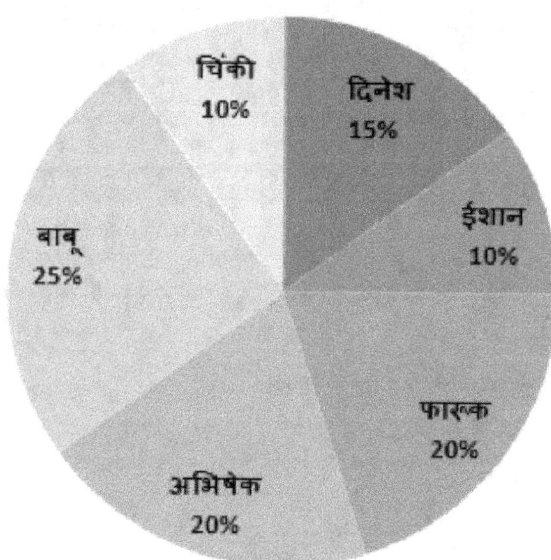

संबंधित सकल वेतन के प्रतिशत के रूप में भुगतान किया गया कर

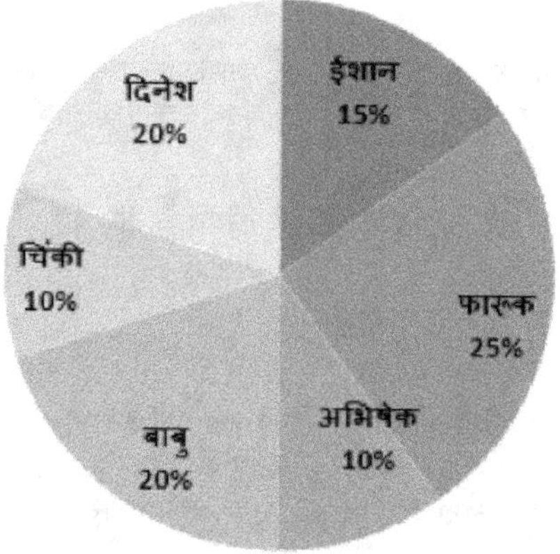

शुद्ध वेतन = सकल वेतन - कर कटौती

Q.41 यदि फारूक कर के रूप में 2,000 रूपये चुकाता है, तो अभिषेक का कुल वेतन क्या है?

A. 5000 रूपये
B. 10000 रूपये
C. 6000 रूपये
D. 8000 रूपये

E. इनमें से कोई नहीं

Q.42 सभी छह कर्मचरियों के कुल सकल वेतन और उनके शुद्ध वेतन का अनुपात क्या है?

A. 41 : 32
B. 8 : 5
C. 40 : 33
D. निर्धारित नहीं किया जा सकता है
E. इनमे से कोई भी नहीं

Q.43 अभिषेक, बाबू और चिंकी द्वारा दिए गये कर और दिनेश, ईशान और फारूक द्वारा दिए गए कर का अनुपात क्या है?

A. 19 : 17
B. 17 : 19
C. 19 : 16
D. 16 : 19
E. इनमे से कोई भी नहीं

Q.44 निम्नलिखित में से किस जोड़े के लिए शुद्ध वेतन का अंतर न्यूनतम है?

A. चिंकी और बाबू
B. फारूक और बाबू
C. फारूक और दिनेश
D. फारूक और ईशान
E. दिनेश और अभिषेक

Q.45 बाबू के शुद्ध वेतन का प्रतिशत सभी छह कर्मचारी के कुल शुद्ध वेतन का कितना प्रतिशत है?

A. 24.24%
B. 46.25%
C. 61.3%
D. 26%
E. 40%

Ques (46-48):निम्न प्रश्न में प्रश्न चिन्ह (?) के स्थान पर क्या अनुमानित मान आएगा? (आपसे सटीक मान की गणना करने की अपेक्षा नहीं है)

Q.46 $(27.89)^2 − (21.78)^2 + (2345.68 + 154.23) ÷ ? = 350$
A. 36
B. 45
C. 50
D. 65
E. 55

Q.47 $\{(16.99)^2 + (23.01)^2\} ÷ ? = 2.01$
A. 409
B. 41
C. 19
D. 10
E. इनमे से कोई भी नहीं

Q.48 $\left\{ \sqrt[3]{(274.9 + 66.01)} \times (9.02)^2 \right\} ÷ 3.1 = ?$
A. 21
B. 189
C. 217
D. 45
E. इनमे से कोई भी नहीं

Q.49 यदि 25, 28, 31, 34, _______ है, तो कौन सा पद 142 के बराबर है?
A. 41
B. 43
C. 40
D. 50
E. 60

Q.50 एक व्यवसाय सम्मेलन के अंत में सभी दस लोग उपस्थित होते हैं, सभी एक बार एक दूसरे से हाथ मिलाते हैं। एक साथ कितने हैंडशेक होंगे?
A. 20
B. 45
C. 55
D. 90
E. 60

Q.51 5 न्यायाधीशों के समूह से 3 न्यायाधीशों का एक पैनल कितने तरीकों से बनाया जा सकता है?
A. 12
B. 15
C. 24
D. 10
E. 84

Q.52 किसी कार्य को पूरा करने के लिए A, B की तुलना में 50% अधिक समय लेता है। यदि दोनों को कार्य पूरा करने में 18 दिन लगते हैं, तो B को इसे करने में कितना समय लगेगा?

A. 30 दिन	**B.** 35 दिन
C. 40 दिन	**D.** 45 दिन
E. इनमें से कोई नहीं	

Q.53 यदि 10 पुरुष या 20 लड़के, 20 दिनों में 260 मैट बना सकते हैं, तो 20 दिनों में 8 पुरुषों और 4 लड़कों द्वारा कितने मैट बनाए जाएंगे?

A. 260   **B.** 240   **C.** 280   **D.** 520
E. 652

Ques (54-58): निम्नलिखित संख्या श्रृंखला में प्रश्न चिह्न '?' के स्थान पर क्या आना चाहिए?

Q.54 11, 20, 29, 38, ?

A. 45   **B.** 49   **C.** 47   **D.** 41
E. 53

Q.55 3, 7, 16, 36, 78, 144, 222, ?

A. 272   **B.** 312
C. 322   **D.** 324
E. इनमे से कोई भी नहीं

Q.56 2, 4, 10, 28, 82, 244, ?

A. 580   **B.** 680
C. 730   **D.** 880
E. इनमे से कोई भी नहीं

Q.57 0, 2, 15, 92, ?

A. 235   **B.** 698   **C.** 595   **D.** 453
E. 150

Q.58 100, 50.5, 51.5, 78.75, ?

A. 205.5   **B.** 95.5   **C.** 125.675   **D.** 159.5
E. 180.75

Q.59 नेहा 25 दिनों में एक प्रोजेक्ट पूरा कर सकती है और सुनीता इसे 30 दिनों में पूरा कर सकती है। नेहा, सुनीता और प्रिया एक साथ प्रोजेक्ट को $\frac{600}{59}$ दिनों में पूरा कर सकते हैं। यदि कंपनी द्वारा परियोजना के लिए भुगतान की गई कुल राशि 70,800 रु है और यह राशि उनके द्वारा उनके काम के अनुपात में साझा की जाती है, फिर सुनीता का हिस्सा (रु में) है-

A. 24,000   **B.** 20,000
C. 28,000   **D.** 18,000
E. इनमें से कोई नहीं

Q.60 यदि वृत्त का व्यास 56 सेमी है, तो वृत्त का क्षेत्रफल (सेमी² में) ज्ञात कीजिए?

A. 1484   **B.** 2484   **C.** 2464   **D.** 2684
E. 2685

Q.61 यदि वृत्त की परिधि 176 सेंमी है, तो वृत्त की त्रिज्या (सेंमी में) क्या है?

A. 24
B. 28
C. 32
D. 36
E. निर्धारित नही किया जा सकता है

Q.62 यदि समान मूलधन पर 2 वर्षों में 15% प्रति वर्ष की दर से और एक वर्ष में 40% प्रति वर्ष की दर से कुल चक्रवृद्धि ब्याज 28900 रुपये है, तब दोनों सौदों को सम्मिलित करते हुए कुल मूलधन ज्ञात कीजिये। (ब्याज की गणना वार्षिक रूप से की जाती है)

A. 65000 रुपये   **B.** 65000 रुपये

C. 80000 रुपये   **D.** 45000 रुपये
E. 50000 रुपये

Q.63 एक दुकानदार पहले साल में 25% का लाभ कमाता है, वह दूसरे वर्ष और तीसरे वर्ष में क्रमशः 20% और 10% का नुकसान उठाता है। तीन वर्ष के बाद उसे प्राप्त कुल राशि और उसके द्वारा शुरू में निवेश की गई राशि में कितना अंतर है, यदि शुरू में निवेश की गई धनराशि 50000 रुपए है?

A. 4000 रुपए   **B.** 4500 रुपए
C. 5000 रुपए   **D.** 8500 रुपए
E. इनमें से कोई नहीं

Q.64 निर्देश: नीचे दी गई मात्राओं के नाम A और B हैं। दी गई जानकारी के आधार पर, आपको दोनो मात्राओं के बीच संबंध निर्धारित करना है। आपको दिए गए संभावित उत्तरों में से सही का चयन करने के लिए दी गई जानकारी और अपने गणित के ज्ञान का उपयोग करना चाहिए।

ओडिन ने अपने दोनों बेटों थोर और लोकी के बीच 1301 रूपये का बंटवारा किया। उसने इस प्रकार विभाजित किया, ताकि 7 साल के बाद थोर की राशि 9 साल के बाद लोकी की राशि के बराबर हो जाये, जो सालाना 4% प्रतिवर्ष की दर से संयोजित होती है।

मात्रा A: थोर का हिस्सा
मात्रा B: लोकी का हिस्सा

A. मात्रा A ≥ मात्रा B   **B.** मात्रा A ≤ मात्रा B
C. मात्रा A > मात्रा B   **D.** मात्रा A < मात्रा B
E. मात्रा A = मात्रा B

Q.65 A की आयु का 15%, B की आयु के 25% के बराबर है। C की वर्तमान आयु B की आयु की दो-तिहाई है। 5 वर्ष बाद, A और B की आयु का अनुपात 10 : 7 होगा। वर्तमान से 6 वर्ष बाद, B और C की आयु का अनुपात क्या होगा?

A. 4 : 3   **B.** 8 : 7   **C.** 7 : 6   **D.** 6 : 5
E. 5 : 4

Q.66 30 लीटर स्प्रिट को 150 लीटर व्हिस्की के साथ मिलाया गया, इस मिश्रण के 30 लीटर की बिक्री हुई और व्हिस्की और स्प्रिट की कुछ अतिरिक्त मात्रा 5 : 6 के सम्बंधित अनुपात में मिला दी गई। यदि व्हिस्की की अंतिम मात्रा, स्प्रिट की प्रारंभिक मात्रा की 500% थी, तो मिलाई गई स्प्रिट की मात्रा कितनी थी?

A. 30 लीटर   **B.** 34 लीटर
C. 28 लीटर   **D.** 52 लीटर
E. इनमें से कोई नहीं

Q.67 एक कार का मूल्य प्रति वर्ष 3.2% की दर से कम हो जाता है। इसका वर्तमान मूल्य 735000 रुपये है। यदि कार 5 साल पहले लॉन्च की गई थी, तो इसका वास्तविक मूल्य क्या था?

A. 750000 रु   **B.** 895000 रु
C. 775000 रु   **D.** 875000 रु
E. 633620 रु

Q.68 शुद्ध शक्कर की कीमत 100 रुपये प्रति किग्रा है। 50 रुपये प्रति किग्रा नमक के साथ इसकी मिलावट करने के पश्चात्, एक दुकानदार इस मिश्रण को 96 रुपये प्रति किग्रा पर बेचता है, जिससे कि उसे 20% का लाभ प्राप्त होता है। दोनों वस्तुओं को वह किस अनुपात में मिलाता है?

A. 2 : 3   **B.** 3 : 2   **C.** 1 : 2   **D.** 1 : 3
E. 3 : 5

Q.69 एक व्यक्ति ने 3 क्लिप प्रति एक रुपये और 2 क्लिप प्रति एक रुपये की दर से बराबर संख्या में खरीदी। 20% का लाभ प्राप्त करने के लिए उसे इन्हें प्रति दर्जन किस कीमत पर बेचना चाहिए?

A. 4 रुपये   **B.** 5 रुपये   **C.** 6 रुपये   **D.** 7 रुपये
E. 8 रुपये

Q.70 3 वर्ष के लिए 250000 रुपये की राशि जमा की जाती है, जो पहले, दूसरे और तीसरे वर्ष के लिए क्रमशः 4%, 5% और 6% सालाना होती है। तीन वर्ष के अंत में राशि क्या होगी?

A. 301,400 रुपये

B. 256,590 रुपये

C. 325,680 रुपये

D. 289,380 रुपये

E. इनमे से कोई भी नहीं

Q.71 जब पंकज एक निश्चित कार्य पूरा करता है, तो उसे कुल वेतन 90 रु. मिलता है। जब कमल उसी कार्य को पूरा करता है, तो उसे कुल वेतन 105 रु. मिलता है। पंकज और कमल की दैनिक मजदूरी क्रमशः 4.5 रु. और 3.5 रु. है। यदि वे दोनों इसे एक साथ करते हैं, तो कार्य की लागत कितनी है?

A. 120 रु

B. 84 रु

C. 108 रु

D. 96 रु

E. इनमें से कोई नहीं

Q.72 एक बॉक्स में विभिन्न रंगों के 50 पत्थर हैं अर्थात् बैंगनी, गुलाबी और नीला। बॉक्स में गुलाबी पत्थर की संख्या ज्ञात कीजिए, यदि बैंगनी पत्थर उठाने की प्रायिकता $\frac{3}{5}$ है और बैंगनी या गुलाबी मार्बल चुनने की प्रायिकता $\frac{4}{5}$ है।

A. 6

B. 8

C. 5

D. 10

E. इनमे से कोई भी नहीं

Q.73 एक 450 मीटर लंबी ट्रेन 118.8 किमी/घंटा की औसत गति से चल रही है, वह एक प्लेटफार्म को 20 सेकंड में पार करती है। एक आदमी उसी प्लेटफॉर्म को 15 सेकंड में पार करता है। आदमी की गति क्या है?

A. 15 मीटर/सेकंड

B. 16 मीटर/सेकंड

C. 17 मीटर/सेकंड

D. निर्धारित नहीं किया जा सकता

E. इनमें से कोई नहीं

Ques (74-76):निर्देश: नीचे दिए गए बार चार्ट में वर्ष 2011 से 2015 तक 2 कंपनियों X और Y की बिक्री (लाख में) दर्शाता है।

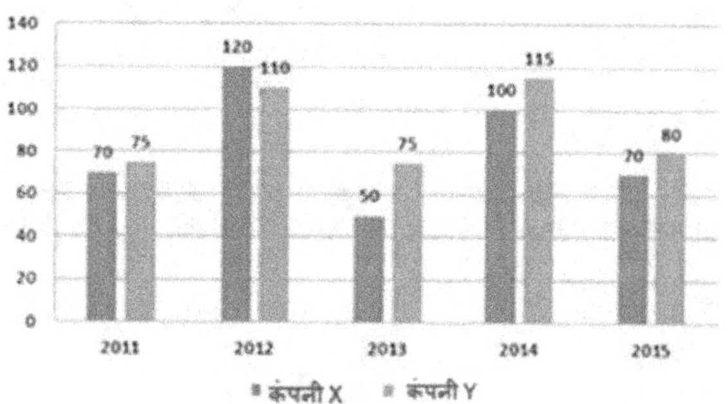

Q.74 कितने वर्षों में कंपनी X की बिक्री कंपनी Y की तुलना में अधिक थी?

A. 2

B. 5

C. 1

D. 3

E. 8

Q.75 वर्ष 2013 से 2015 तक कंपनी X की बिक्री में बदलाव प्रतिशत ज्ञात कीजिये।

A. 30

B. 80

C. 40

D. 60

E. 50

Q.76 वर्ष 2011 से 2015 तक कंपनी Y की औसत बिक्री (लाख में) ज्ञात कीजिये।

A. 104

B. 0.125

C. 170.5

D. 140

E. 91

Q.77 1 से 20 नंबर वाले टिकटों को मिलाया जाता है और फिर एक टिकट यादृच्छिक रूप से तैयार किया जाता है। क्या संभावना है कि निकाले गए टिकट में एक संख्या है जो कि 3 या 5 से अधिक है?

A. $\frac{1}{2}$

B. $\frac{2}{5}$

C. $\frac{8}{15}$

D. $\frac{9}{20}$

E. इनमें से कोई नहीं

Q.78 एक बॉक्स में, 8 लाल, 7 नीले और 6 हरे रंग की गेंद होती हैं। एक गेंद को बेतरतीब ढंग से उठाया जाता है। क्या संभावना है कि यह न तो लाल है और न ही हरा है?

A. $\frac{1}{3}$

B. $\frac{3}{4}$

C. $\frac{7}{19}$

D. $\frac{8}{21}$

E. $\frac{9}{21}$

Q.79 दो भिन्नों का म.स.प. और ल.स.प. $\frac{1}{35}$ और $\frac{15}{1}$ है, यदि एक भिन्न $\frac{3}{5}$ है, तो दूसरा भिन्न ज्ञात कीजिए:

A. $\frac{3}{7}$

B. $\frac{7}{3}$

C. $\frac{5}{7}$

D. $\frac{7}{5}$

E. इनमें से कोई नहीं

Q.80 $X = \frac{(1^2 - 2^2 + 3^2 - 4^2 \ldots\ldots + 19^2 - 20^2)}{(1^3 - 2^3 + 3^3 - 4^3 \ldots\ldots + 19^3 - 20^3)}$. X का मान ज्ञात करें?

A. $\frac{11}{230}$

B. $\frac{84}{430}$

C. $\frac{10}{830}$

D. $\frac{21}{430}$

E. $\frac{12}{230}$

// स्मार्ट उत्तर पुस्तिका //

सही उत्तर — उन छात्रों का प्रतिशत जिन्होंने प्रश्नों का सही उत्तर दिया था।   **छोड़ दिया** — उन छात्रों का प्रतिशत जिन्होंने प्रश्नों को छोड़ दिया था।

प्रश्न संख्या	उत्तर	सही उत्तर / छोड़ दिया	प्रश्न संख्या	उत्तर	सही उत्तर / छोड़ दिया	प्रश्न संख्या	उत्तर	सही उत्तर / छोड़ दिया	प्रश्न संख्या	उत्तर	सही उत्तर / छोड़ दिया	प्रश्न संख्या	उत्तर	सही उत्तर / छोड़ दिया	प्रश्न संख्या	उत्तर	सही उत्तर / छोड़ दिया
1	D	24.56 % / 71.01 %	15	C	69.41 % / 30.04 %	29	D	67.11 % / 30.96 %	43	D	61.53 % / 30.64 %	57	C	69.64 % / 30.07 %	71	D	47.87 % / 31.15 %
2	C	30.75 % / 67.64 %	16	E	51.55 % / 40.45 %	30	D	66.97 % / 31.91 %	44	C	60.48 % / 38.11 %	58	D	52.67 % / 34.73 %	72	D	64.0 % / 32.39 %
3	A	27.79 % / 69.34 %	17	D	62.82 % / 32.14 %	31	B	64.86 % / 32.02 %	45	A	40.61 % / 50.41 %	59	A	61.03 % / 33.28 %	73	E	50.02 % / 33.63 %
4	E	57.18 % / 34.39 %	18	E	67.8 % / 31.97 %	32	D	62.34 % / 36.41 %	46	C	58.8 % / 35.31 %	60	C	87.07 % / 11.13 %	74	C	45.13 % / 50.01 %
5	A	45.06 % / 37.33 %	19	B	40.19 % / 42.89 %	33	A	50.51 % / 44.71 %	47	A	65.09 % / 33.07 %	61	B	77.18 % / 22.6 %	75	C	66.98 % / 32.88 %
6	B	50.59 % / 42.92 %	20	C	59.43 % / 31.34 %	34	D	40.53 % / 32.1 %	48	B	41.6 % / 34.37 %	62	C	18.05 % / 79.37 %	76	E	60.42 % / 37.29 %
7	B	40.18 % / 30.59 %	21	B	66.97 % / 30.38 %	35	C	46.56 % / 42.24 %	49	C	42.85 % / 51.4 %	63	C	25.11 % / 73.79 %	77	D	45.53 % / 48.55 %
8	C	47.08 % / 36.94 %	22	C	20.38 % / 74.9 %	36	C	43.6 % / 43.1 %	50	B	65.38 % / 34.23 %	64	C	11.13 % / 68.98 %	78	A	52.61 % / 40.42 %
9	C	62.66 % / 36.77 %	23	D	11.16 % / 78.95 %	37	B	44.74 % / 54.92 %	51	D	63.69 % / 32.79 %	65	E	40.14 % / 39.59 %	79	C	66.44 % / 31.06 %
10	D	43.43 % / 43.9 %	24	D	67.44 % / 31.76 %	38	D	61.27 % / 30.07 %	52	A	41.11 % / 55.34 %	66	A	55.64 % / 37.81 %	80	D	52.28 % / 34.45 %
11	A	55.98 % / 39.02 %	25	B	25.22 % / 69.54 %	39	C	49.59 % / 49.18 %	53	A	61.47 % / 37.01 %	67	D	63.78 % / 35.37 %			
12	A	62.43 % / 35.26 %	26	C	13.4 % / 71.22 %	40	B	68.08 % / 31.64 %	54	C	63.01 % / 30.21 %	68	B	45.5 % / 36.07 %			
13	A	63.38 % / 35.63 %	27	A	64.6 % / 32.49 %	41	D	67.52 % / 30.36 %	55	D	50.27 % / 37.17 %	69	C	44.16 % / 49.81 %			
14	D	53.05 % / 42.33 %	28	B	51.33 % / 45.03 %	42	C	54.94 % / 37.65 %	56	C	46.42 % / 47.99 %	70	D	45.9 % / 31.29 %			

Reasoning

Ques (1-4):निर्देश: निम्न प्रश्न में तीन कथन और उसके बाद I, II और III से अंकित तीन निष्कर्ष दिए गये हैं। आपको दिए गये कथनों को सत्य मानना है, भले ही वे ज्ञात तथ्यों से अलग प्रतीत होते हों। सभी निष्कर्षों को पढ़िए और फिर निर्णय कीजिए कि दिये गये निष्कर्षों में से कौन-सा/कौन-से निष्कर्ष ज्ञात तथ्यों को नजरअंदाज करने पर कथनों का तार्किक रूप से अनुसरण करता है/करते हैं।

Q.1 कथन:

सभी सेब चीकू हैं।

केवल संतरे चीकू हैं।

कोई भी सेब कीवी नहीं है।

निष्कर्ष:

I. कोई भी संतरा कीवी नहीं है।

II. सभी संतरों के चीकू होने की संभावना है।

III. कुछ संतरे चीकू हैं।

A. केवल I और III अनुसरण करते हैं

B. केवल II और III अनुसरण करते हैं

C. केवल I और II अनुसरण करते हैं

D. सभी अनुसरण करते हैं

E. इनमें से कोई नहीं

Q.2 कथन:

I. सभी घड़ियां डिजिटल हैं।

II. सभी डिजिटल कैमरा हैं।

III. कोई कैमरा स्वचालित नहीं है।

निष्कर्ष:

I.सभी घड़ी कैमरा हैं।

II. कोई डिजिटल स्वचालित नहीं है।

III. कोई घड़ी स्वचालित नहीं है।

A. केवल I अनुसरण करता है।

B. केवल II अनुसरण करता है

C. केवल III अनुसरण करता है

D. II और III दोनों अनुसरण करते हैं

E. सभी अनुसरण करते हैं

Q.3 कथन:

I. कोई बैग बॉक्स नहीं है।

II. कुछ बॉक्स वर्ग हैं।

III. सभी वर्ग वृत्त हैं।

निष्कर्ष:

I. कुछ वृत्त बॉक्स हैं।

II. कोई बॉक्स वर्ग नहीं है।

III. कुछ वर्ग के बैग होने की संभावना है।

A. केवल I अनुसरण करता है

B. I और II दोनों अनुसरण करते हैं

C. I और III दोनों अनुसरण करते हैं

D. II और III दोनों अनुसरण करते हैं

E. सभी अनुसरण करते हैं

Q.4 कथन:

सभी टीवी फ्रिज हैं।

कुछ कम्प्यूटर टीवी हैं।

सभी AC कम्प्यूटर हैं।

निष्कर्ष:

I. कुछ AC फ्रिज हैं।

II. कुछ फ्रिज कम्प्यूटर हैं।

III. सभी टीवी कम्प्यूटर हैं।

A. केवल I अनुसरण करता है।

B. केवल II अनुसरण करता है।

C. केवल III अनुसरण करता है।

D. दोनों I और III अनुसरण करते हैं।

E. दोनों II और III अनुसरण करते हैं।

Q.5 "CREDIBILITY" शब्द में अक्षरों के ऐसे कितने जोड़े हैं जिनके बीच में उतने ही अक्षर हैं जितने अंग्रेजी वर्णमाला में उनके बीच होते हैं?

A. एक

B. दो

C. तीन

D. चार

E. पांच से अधिक

Ques (6-10):निर्देश: निम्नलिखित जानकारी को ध्यानपूर्वक पढ़िए और नीचे दिए गए प्रश्नों का उत्तर दीजिये।

तौकीर ने एक वर्ष में जनवरी, फरवरी, अप्रैल, जून, सितंबर, अक्टूबर और नवंबर के सात अलग-अलग महीनों में सात अलग-अलग स्थानों का दौरा किया। वह एक महीने में केवल एक ही स्थान पर गया। उसने विक्टोरिया मेमोरियल और इंडिया गेट के बीच एक से अधिक स्थानों का दौरा किया। उसने लाल किले का दौरा, लोटस टेम्पल की यात्रा से ठीक पहले लेकिन उस महीने में किया जिसमें 30 से कम दिन नहीं हैं। वह चार मीनार 31 दिनों वाले महीने में गया। उसने कुतुब मीनार का दौरा, चार मिनार के ठीक बाद किया। उसने विक्टोरिया मेमोरियल का दौरा 31 दिनों के महीने में किया। उसने ताजमहल का दौरा चार मीनार से पहले किया।

Q.6 तौकीर ने जून के महीने में निम्नलिखित में से किस स्थान का दौरा किया?

A. कुतुब मीनार

B. इंडिया गेट

C. लोटस टेम्पल

D. चार मीनार

E. ताजमहल

Q.7 उसने किस महीने में इंडिया गेट का दौरा किया?

A.सितंबर　　**B.**नवंबर　　**C.**अप्रैल　　**D.**जनवरी

E. अक्टूबर

Q.8 लाल किले का दौरा करने के बाद उसने कितने स्थानों पर दौरा किया?

A.दो　　**B.**तीन　　**C.**चार　　**D.**पांच

E. एक

Q.9 फरवरी के महीने में, उसने ______ का दौरा किया।

A. इंडिया गेट

B. विक्टोरिया मेमोरियल

C. कुतुब मीनार

D. चार मीनार

E. उपर्युक्त में से कोई नहीं

Q.10 निम्नलिखित में से कौन-सा कथन सत्य नहीं है?

A. उसने ताजमहल का दौरा, लोटस टेम्पल के दौरे के बाद किया।

B. उसने कुतुब मीनार का दौरा उस महीने में किया जिसमें 30 से कम

दिन हैं।

C. उसने इंडिया गेट का दौरा जून के महीने में किया।

D. केवल 2) और 3)

E. उपर्युक्त सभी

Q.11 निर्देश: निम्नलिखित प्रश्न में, उस विकल्प का चयन कीजिए जो अन्य तीन विकल्पों से अलग है।

A. GED **B.** TRQ

C. QPO **D.** VTS

E. इनमे से कोई भी नहीं

Ques (12-15):निर्देश: निम्नलिखित प्रश्न में दिए गए कथनों को सत्य मानकर तय कीजिये कि नीचे दिये गए निष्कर्षों में से कौन सा/कौन से निष्कर्ष पूरी तरह से सत्य है/हैं और उसके अनुसार उत्तर दीजिये।

Q.12 कथन:

$Q = X < R < G; G \geq T < Y; O > X$

निष्कर्ष:

I. $O > Q$

II. $O > G$

III. $Q = Y$

A. केवल III सत्य है **B.** केवल I सत्य है

C. केवल I और II सत्य हैं **D.** या तो I या III सत्य है

E. केवल II सत्य है

Q.13 कथन:

$A > T, E \leq M, F \leq T, E < A$

निष्कर्ष:

I. $A > M$

II. $F < E$

A. केवल निष्कर्ष I सत्य है

B. केवल निष्कर्ष II सत्य है

C. निष्कर्ष I या II में से कोई एक सत्य है

D. न तो निष्कर्ष I और न ही II सत्य है।

E. निष्कर्ष I और II दोनों सत्य हैं

Q.14 कथन:

$W \geq Z, E > O, O < Z, E \leq M$

निष्कर्ष:

I. $W > E$

II. $O < W$

A. केवल निष्कर्ष I सत्य है

B. केवल निष्कर्ष II सत्य है

C. निष्कर्ष I या II में से कोई एक सत्य है

D. निष्कर्ष I या II में से कोई भी सत्य नहीं है

E. निष्कर्ष I और II दोनों सत्य हैं

Q.15 कथन: $M > A \geq N = L \geq U > T; Q = N < S$

निष्कर्ष:

I. $M > Q$

II. $U \leq A$

III. $T < S$

A. केवल III सत्य है **B.** केवल I सत्य है

C. II और III दोनों सत्य हैं **D.** I और III दोनों सत्य हैं

E. सभी सत्य हैं

Ques (16-18):निर्देश: निम्नलिखित जानकारी सावधानीपूर्वक पढ़ें और दिए गए प्रश्नों का उत्तर दें।

एक निश्चित कूट भाषा में:

'very large risk associated ' को 'nu ta ro gl' के रूप में लिखा गया है,

'risk is very low' को 'gl se nu mi' के रूप में लिखा गया है,

'is that also associated' को 'ta mi po fu' के रूप में लिखा गया है और

'inherent risk also damaging' को 'fu nu di yu' के रूप में लिखा गया है।

Q.16 'inherent large risk' का कूट क्या होगा?

A. fu gl nu **B.** ta di nu **C.** ro fu nu **D.** ro nu di

E. yu ro di

Q.17

कूट भाषा में 'associated' के लिए निम्नलिखित में से कौन सा कूट है?

A. ta **B.** mi **C.** se **D.** ro

E. gl

Q.18

'that damaging' के लिए कूट क्या होगा?

A. po mi **B.** yu di

C. di po **D.** yu po

E. या तो (C) या (D)

Ques (19-20):निर्देश: दी गई जानकारी का ध्यानपूर्वक अध्ययन कीजिये और दिए गए प्रश्नों के उत्तर दीजिये।

M, N की माँ है। N, O की बहन है। P, O का बेटा है। Q, P का भाई है। R, Q की माँ है। S, M की पोती/नवासी है। T की N और O केवल दो संतानें हैं।

Q.19 S की माँ कौन है?

A. O **B.** N

C. R **D.** या तो N या R

E. Either O or R

Q.20 O, Q के साथ कैसे संबंधित है?

A. पिता

B. बेटा

C. माँ

D. कज़न भाई

E. निर्धारित नहीं किया जा सकता

Q.21 निर्देश: प्रश्न में दो कथन, एक तर्क और एक कारण शामिल हैं। छात्र को यह निर्धारित करना है कि प्रत्येक कथन सत्य है या नहीं और फिर कारण तर्क के लिए सत्य है या नहीं।

तर्क(A): समय के साथ लोहे पर जंग लग जाता है।

कारण(R): जब लोहे को लंबे समय तक ऑक्सीजन और नमी के संपर्क में रखा जाता है, तो यह जंग का निर्माण करता है।

A. A और R दोनों सत्य हैं और R, A का सही स्पष्टीकरण है।

B. A और R दोनों सत्य हैं और R, A का सही स्पष्टीकरण नहीं हैं।

C. A सत्य है लेकिन R असत्य है।

D. A असत्य है लेकिन R सत्य है।

E. A और R दोनों सत्य हैं।

Ques (22-25):निर्देश: जानकारी को ध्यानपूर्वक पढ़िए और निम्न दिए गए प्रश्नों के उत्तर दीजिए।

आठ व्यक्ति A, B, C, D, E, F, G, H एक वृत्ताकार मेज के आसपास बैठे हैं और वह सभी बाहर के सम्मुख हैं। उनमें से प्रत्येक ने विभिन्न रंगो सफेद, काली, लाल, बैंगनी, पीली, इंडिगो, भूरी और नीली कमीज पहनी है लेकिन आवश्यक रूप समाने क्रम में नहीं। G जिसने न तो नीली और न ही भूरी

कमीज पहनी है, वह E के विपरीत बैठा है। A, B के दाईं ओर से दूसरे स्थान पर बैठा है, जोकि C और G का निकटतम पड़ोसी नहीं है। लाल रंग की कमीज वाला व्यक्ति A के निकटतम दाईं ओर बैठा है, जिसने कि पीली कमीज पहनी है। सफेद और नीली कमीज वाले व्यक्तियों के मध्य केवल तीन व्यक्ति बैठे हैं। काली कमीज वाला व्यक्ति, सफेद कमीज वाले व्यक्ति और G के मध्य बैठा है। A और D के मध्य केवल एक व्यक्ति बैठा है जिसने कि नीली कमीज नहीं पहनी है। E, C के दाईं ओर से तीसरे स्थान पर बैठा है, जिसने कि इंडिगो रंग की कमीज पहनी है। H और भूरी कमीज वाले व्यक्ति के मध्य केवल दो व्यक्ति बैठे हैं।

Q.22 भूरी कमीज किसने पहनी है?

A. B

B. G

C. D

D. E

E. इनमे से कोई भी नहीं

Q.23 लाल कमीज वाले व्यक्ति के दाईं ओर से दूसरे स्थान पर कौन बैठा है?

A. G **B.** C **C.** B **D.** H

E. A

Q.24

C और F के मध्य कितने व्यक्ति बैठे हैं जब C की गणना वामा व्रत दिशा में हो रही है?

A. कोई नहीं

B. 4

C. 6

D. 5

E. इनमे से कोई भी नहीं

Q.25 B के विपरीत कौन बैठा है?

A. E

B. D

C. वह व्यक्ति जिसने काला रंग पहना है

D. वह व्यक्ति जिसने नीला रंग पहना है

E. दोनों (B) और (C)

Ques (26-27):निर्देश: निम्न वर्ण अनुक्रम का अध्ययन कीजिये और प्रश्नों के उत्तर दीजिये।

A B C D E F G H I J K L M N O P Q R S T U V W X Y Z

Q.26 ऊपर दिये वर्णमाला अनुक्रम में, यदि F से शुरू होकर प्रत्येक अक्षर को उस साल जनवरी से शुरू होने वाले महीने से दर्शाया जाता है, तब दाहिने से पहली बार आने वाले जून की स्थिति क्या है?

A. चौथा

B. छठा

C. सांतवा

D. पांचवा

E. इनमें से कोई नहीं

Q.27 पाँच में से चार विकल्प किसी प्रकार समान हैं, इसलिए एक समूह बनाते हैं| कौनसा विकल्प समूह से सम्बंधित नहीं है?

A. BAB **B.** FCD **C.** JEF **D.** DBD

E. HDE

Ques (28-30):निर्देश: नीचे दी गई जानकारी का ध्यानपूर्वक अध्ययन कीजिये और उसके बाद प्रश्नों के उत्तर दीजिये।

शान स्थान P से चलना शुरू करता है, 4 किमी पूर्व की ओर चलता है और स्थान Q पर पहुंचता है। स्थान Q पर, वह बाएं मुड़ता है और 4 किमी चलने के बाद स्थान R पर पहुंचता है। स्थान R पर पहुंचने के बाद, वह दाएं मुड़ता है और स्थान S तक पहुंचने के लिए 4 किमी चलता है। आगे, वह दाएं मुड़ने के बाद 7 किमी चलता है और स्थान T पर पहुंचता है। वह आगे बाएं मुड़ता है, स्थान U तक पहुंचने के लिए 4 किमी की दूरी तक चलता है। अंततः वह बाएं मुड़ने के बाद 5 किमी की दूरी तय करता है और स्थान V तक पहुंचता है।

Q.28 अपने प्रारंभिक स्थान के संबंध में शान के अंतिम स्थान की दिशा क्या है?

A. उत्तर

B. उत्तर-पश्चिम

C. दक्षिण-पश्चिम

D. उत्तर-पूर्व

E. दक्षिण-पूर्व

Q.29 स्थान Q और T के बीच की सबसे छोटी दूरी क्या है?

A. 3 किमी **B.** 5 किमी **C.** 15 किमी **D.** 4 किमी

E. 8 किमी

Q.30 शान द्वारा तय की गई कुल दूरी क्या है?

A. 17 किमी **B.** 19 किमी **C.** 38 किमी **D.** 28 किमी

E. 10 किमी

Ques (31-35):निर्देश: दिए गए प्रश्नों के उत्तर देने के लिए निम्नलिखित जानकारी को ध्यानपूर्वक अध्ययन कीजिए।

सात छात्र P, Q, R, S, T, U और V एक पंक्ति में बैठे हैं। वे सभी दक्षिण दिशा के सम्मुख हैं। दो छात्रों के बीच समान दूरी है। उनमें से प्रत्येक की आयु अलग - अलग है अथार्त 9 वर्ष, 11 वर्ष, 16 वर्ष, 17 वर्ष, 18 वर्ष, 19 वर्ष और 20 वर्ष।

U के पड़ोसियों के बीच आयु का अंतर 9 वर्ष है। सबसे छोटा व्यक्ति पंक्ति के किसी भी एक अंतिम छोर पर बैठा है। V, 17 वर्ष की आयु वाले व्यक्ति का निकटतम पड़ोसी नहीं है। V, S और Q से बड़ा है लेकिन सबसे बड़ा नहीं है। Q, V के बाईं ओर से चौथे स्थान पर बैठा है। P, R और S के बीच बैठा है। R केवल U और T से बड़ा है।

Q.31 निम्नलिखित में से कौन पंक्ति के अंतिम छोरो में से किसी एक पर बैठा है?

A. R

B. U

C. V

D. P

E. इनमे से कोई भी नहीं

Q.32

P और U के बीच कितने व्यक्ति हैं?

A. एक

B. दो

C. चार

D. चार से अधिक

E. तीन

Q.33

यदि V और S के बीच की दूरी 12 मीटर है, तो R और Q के बीच की दूरी ज्ञात कीजिए।

A. 16 मीटर

B. 8 मीटर

C. 12 मीटर

D. 4 मीटर

E. इनमें से कोई नहीं

Q.34

तीसरे सबसे छोटे और Q के बीच कितने पद हैं?

A. एक

B. दो

C. तीन

D. कोई नहीं

E. कहा नहीं जा सकता

Q.35

निम्नलिखित में से कौन 17 वर्ष की आयु वाले व्यक्ति के दाईं ओर तीसरा बैठा है?

A. V

B. P

C. Q

D. T

E. इनमे से कोई भी नहीं

Ques (36-40):निर्देश: दिए गए प्रश्न का उत्तर देने के लिए निम्नलिखित जानकारी का ध्यानपूर्वक अध्ययन करें:

विभिन्न बैंकों से आठ व्यक्ति अर्थात् यूको बैंक, सिंडिकेट बैंक, केनरा बैंक, पीएनबी, देना बैंक, ओरिएंटल बैंक ऑफ कॉमर्स, इंडियन बैंक और बैंक ऑफ महाराष्ट्र दो समानांतर पंक्तियों में बैठे हैं, जिनमें प्रत्येक में चार लोग हैं, इस प्रकार आसन्न व्यक्तियों के बीच समान दूरी है। पंक्ति 1 में: A, B, C और D बैठे हैं और उन सभी का मुख दक्षिण की ओर है। पंक्ति 2 में: P, Q, R और S बैठे हैं और उन सभी का मुख उत्तर की ओर है। इसलिए, दी गई बैठने की व्यवस्था में एक पंक्ति में बैठे प्रत्येक सदस्य का मुख दूसरी पंक्ति के अन्य सदस्य की ओर है। (उपरोक्त सभी जानकारी आवश्यक रूप से अंतिम व्यवस्था के अनुसार बैठने के क्रम का प्रतिनिधित्व नहीं करती है)।

- C, बैंक ऑफ महाराष्ट्र के व्यक्ति के दायें से दूसरे स्थान पर बैठा है। R उस व्यक्ति का निकटतम पड़ोसी है जिसका मुख बैंक ऑफ महाराष्ट्र के व्यक्ति की ओर है।

- पीएनबी बैंक से सम्बंधित व्यक्ति और R के बीच केवल एक व्यक्ति बैठा है। पीएनबी से संबंधित व्यक्ति के निकटतम पड़ोसी का मुख केनरा बैंक के व्यक्ति के सामने है.

- यूको बैंक के व्यक्ति का मुख ओरिएंटल बैंक ऑफ कॉमर्स के व्यक्ति की ओर है। R ओरिएंटल बैंक ऑफ कॉमर्स से नहीं है। P, पीएनबी से नहीं है। P का मुख बैंक ऑफ महाराष्ट्र के व्यक्ति के सामने नहीं है

- Q, देना बैंक के व्यक्ति की ओर उन्मुख है। वह व्यक्ति जिसका मुख S की ओर है, A के ठीक बायें बैठा है।

- B पंक्ति के किसी भी अंतिम छोर पर नहीं बैठा है। बैंक ऑफ महाराष्ट्र के व्यक्ति का मुख सिंडिकेट बैंक के व्यक्ति के सामने नहीं है।

Q.36 निम्नलिखित पांच में से चार दी गई बैठने की व्यवस्था के आधार पर एक निश्चित तरीके से समान हैं और इस प्रकार एक समूह से, वह कौन सा है जो उस समूह से संबंधित नहीं है?
A. केनरा बैंक
B. R
C. सिंडिकेट बैंक
D. Q
E. ओरिएंटल बैंक ऑफ कॉमर्स

Q.37 P, देना बैंक से उसी प्रकार संबंधित है जिस प्रकार B दी गई व्यवस्था के आधार पर पीएनबी से संबंधित है। निम्नलिखित में से किससे D समान पैटर्न का अनुसरण करने से संबंधित है?
A. सिंडिकेट बैंक
B. केनरा बैंक
C. बैंक ऑफ महाराष्ट्र
D. इंडियन बैंक
E. ओरिएंटल बैंक ऑफ कॉमर्स

Q.38 निम्नलिखित में से कौन पंक्तियों के अंतिम छोर पर बैठा है?
A. D और पीएनबी का व्यक्ति
B. भारतीय बैंक और यूको बैंक का व्यक्ति
C. देना बैंक का व्यक्ति और P
D. सिंडिकेट बैंक का व्यक्ति और P
E. C, Q

Q.39 R और पीएनबी से संबंधित व्यक्ति के बीच में कौन बैठा है?
A. ओरिएंटल बैंक ऑफ कॉमर्स का व्यक्ति
B. P
C. Q
D. सिंडिकेट बैंक का व्यक्ति

E. S

Q.40 A के संबंध में निम्नलिखित में से कौन सा सत्य है?
A. यूको बैंक के व्यक्ति का मुख A की ओर है
B. बैंक ऑफ महाराष्ट्र का व्यक्ति A का निकटतम पड़ोसी है
C. A का मुख उस व्यक्ति की ओर है जो R के दायें से दूसरे स्थान पर बैठा है
D. A ओरिएंटल बैंक ऑफ कॉमर्स से है
E. A पंक्ति के किसी एक अंतिम छोर पर बैठा है

Quantitative Aptitude

Ques (41-45):निर्देश: निम्न वृत्त आलेख एक हवाई अड्डे विभिन्न एयरलाइनों के सभी हवाईजहाजों का प्रतिशत दर्शाता है। एक महीने में हवाईअड्डे से उड़ानों की कुल संख्या 2500 है। वृत्त आलेख का ध्यानपूर्वक अध्ययन कीजिए और प्रश्नों के उत्तर दीजिए।

कुल फ्लाइट्स का प्रतिशत

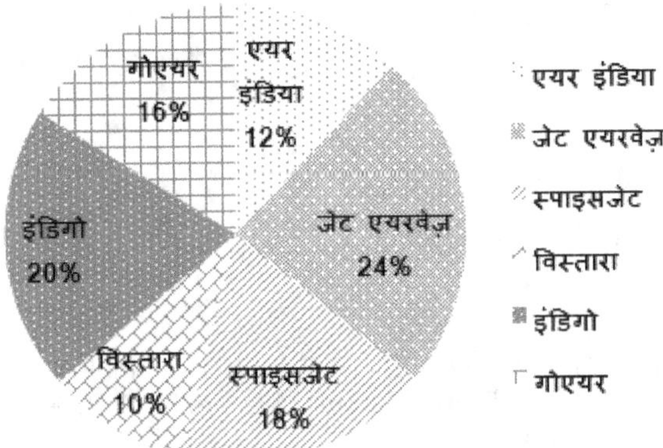

Q.41 विस्तारा की 30% फ्लाइट्स अंतरराष्ट्रीय फ्लाइट्स हैं और जेट एयरवेज़ की 60% फ्लाइट्स घरेलू फ्लाइट्स हैं तो विस्तारा और जेट एयरवेज़ की कुल घरेलू फ्लाइट की संख्या ज्ञात कीजिए।
A. 485   B. 475   C. 535   D. 510
E. 525

Q.42
संयुक्त रूप से एयर इंडिया और गो एयर की फ्लाइट्स की संख्या तथा संयुक्त रूप से इंडिगो और स्पाइस जेट की फ्लाइट्स की संख्या का अंतर ज्ञात कीजिए।
A. 250   B. 500   C. 375   D. 175
E. 400

Q.43
यदि इंडिगो अपनी सेवाएं उस हवाईअड्डे पर रोक देती है तो कुल फ्लाइट्स में गो एयर फ्लाइट का बदला हुआ प्रतिशत क्या होगा?
A. 18%   B. 30%   C. 25%   D. 20%
E. 22.5%

Q.44
यदि एयर इंडिया की 15% फ्लाइट्स और स्पाइस जेट की 10% फ्लाइट्स अंतरराष्ट्रीय फ्लाइट्स हैं। एयर इंडिया और स्पाइस जेट की अंतरराष्ट्रीय फ्लाइट्स का अनुपात ज्ञात कीजिए।
A. 1 : 2   B. 1 : 1   C. 2 : 3   D. 3 : 4
E. 4 : 5

Q.45

जेट एयरवेज़ फ्लाइट्स की संख्या गो एयर फ्लाइट्स की संख्या से कितने प्रतिशत अधिक हैं?

A. 40% **B.** 100% **C.** 33.34% **D.** 66.67%
E. 50%

Ques (46-50):निर्देश: निम्नलिखित श्रृंखला में प्रश्न चिह्न '?' के स्थान पर क्या आना चाहिए?

Q.46 1, 5, 14, 39, 88, ?
A. 169 **B.** 209 **C.** 224 **D.** 175
E. 189

Q.47 6, 40, 84, 143, 222, ?
A. 234 **B.** 315 **C.** 326 **D.** 290
E. 345

Q.48 154, 54, 254, -146, ?
A. 456 **B.** 946 **C.** 654 **D.** 564
E. -946

Q.49 23, ?, 38, 53, 73, 98

[SBI Apprentice, 2021]

A. 30 **B.** 28
C. 25 **D.** 32
E. इनमें से कोई नहीं

Q.50 13, 14, 30, ?, 376, 1885
A. 93 **B.** 75 **C.** 15 **D.** 55
E. 65

Ques (51-55):निर्देश: निम्न सारणी 5 मित्रों द्वारा 6 विभिन्न दिनों में तय की यात्रा दूरी (किमी में) दर्शाती है। डेटा का ध्यानपूर्वक अध्ययन कीजिए और प्रश्नों के उत्तर दीजिए।

	A	B	C	D	E
सोमवार	180	150	200	160	240
मंगलवार	240	200	160	240	320
बुधवार	300	250	180	320	300
गुरुवार	320	180	220	180	200
शुक्रवार	160	220	140	280	150
शानिवार	120	150	150	260	180

Q.51 यदि मंगलवार को C गति D की गुरुवार की गति से 20% अधिक थी तो मंगलवार को C और गुरुवार को D द्वारा यात्रा में लिए गए समय का अनुपात ज्ञात कीजिए।

A. 20 : 27 **B.** 14 : 13 **C.** 3 : 2 **D.** 6 : 5
E. 10 : 9

Q.52
B के एकसाथ छः दिनों में तय की दूरी का औसत अनुपात क्या है?

A. 166.67 किमी **B.** 206.67 किमी
C. 187.5 किमी **D.** 191.67 किमी
E. 195 किमी

Q.53
यदि बुधवार को A की औसत गति 37.5 किमी/घंटा थी और शुक्रवार को C की औसत गति 35 किमी/घंटा थी तो बुधवार को A और शुक्रवार को C द्वारा लिए गए समय का अंतर ज्ञात कीजिए।

A. 3 घंटे **B.** 4 घंटे **C.** 4.5 घंटे **D.** 5 घंटे
E. 2.5 घंटे

Q.54
यदि E द्वारा सोमवार और मंगलवार को संबंधित दूरी तक पहुंचने में लगे समय का अनुपात 5 : 8 है तो सोमवार और मंगलवार को E की गति का अंतर ज्ञात कीजिए।

A. 10
B. 8
C. 12
D. 6
E. निर्धारित नहीं किया जा सकता

Q.55
यदि D शनिवार को 6.5 घंटे लेता है और बुधवार को E गति शनिवार को D की गति से 25% अधिक थी तो बुधवार को E द्वारा दूरी तय करने में लगा समय ज्ञात कीजिए।

A. 5 घंटे **B.** 4.5 घंटे **C.** 6 घंटे **D.** 8 घंटे
E. 4 घंटे

Ques (56-60):निर्देश: निम्नलिखित प्रश्न में, चर x और y से अंकित दो समीकरण दिए गये हैं। आपको दोनों समीकरणों को हल करना है और x और y के बीच संबंध ज्ञात करना है। फिर उसके तदनुसार उत्तर दीजिये।

Q.56 I. $3x^2 + 8x - 35 = 0$
II. $3y^2 - 23y + 42 = 0$
A. यदि x > y
B. यदि x < y
C. यदि x ≥ y
D. यदि x ≤ y
E. यदि x = y है या संबंध स्थापित नहीं किया जा सकता है

Q.57 I. $3x^2 - 10x + 8 = 0$
II. $3y^2 - 22y + 35 = 0$
A. यदि x > y
B. यदि x < y
C. यदि x ≥ y
D. यदि x ≤ y
E. यदि x = y है या संबंध स्थापित नहीं किया जा सकता है

Q.58 I. $2x^2 - 13x + 18 = 0$
II. $2y^2 + 3y - 9 = 0$
A. यदि x > y
B. यदि x < y
C. यदि x ≥ y
D. यदि x ≤ y
E. यदि x = y है या संबंध स्थापित नहीं किया जा सकता है

Q.59 I. $x^2 - 41x + 148 = 0$
II. $y2 - y - 132 = 0$
A. यदि x > y
B. यदि x < y
C. यदि x ≥ y
D. यदि x ≤ y
E. यदि x = y है या संबंध स्थापित नहीं किया जा सकता है

Q.60 I. $2x^2 - 15x + 27 = 0$
II. $3y^2 - 11y + 6 = 0$
A. यदि x > y
B. यदि x < y
C. यदि x ≥ y

D. यदि x ≤ y
E. यदि x = y है या संबंध स्थापित नहीं किया जा सकता है

Ques (61-65):निर्देश: एक विद्यालय में 5 विभिन्न विषयों जैसे गणित, अंग्रेजी, विज्ञान, हिंदी और इतिहास के कुल 20 अध्यापक हैं। निम्न रेखा आलेख प्रत्येक विषय के अध्यापकों की संख्या को दर्शाता है। जानकारी का ध्यानपूर्वक अध्ययन कीजिये और प्रश्नों के उत्तर दीजिये।

पांच विषयों के अध्यापकों की संख्या

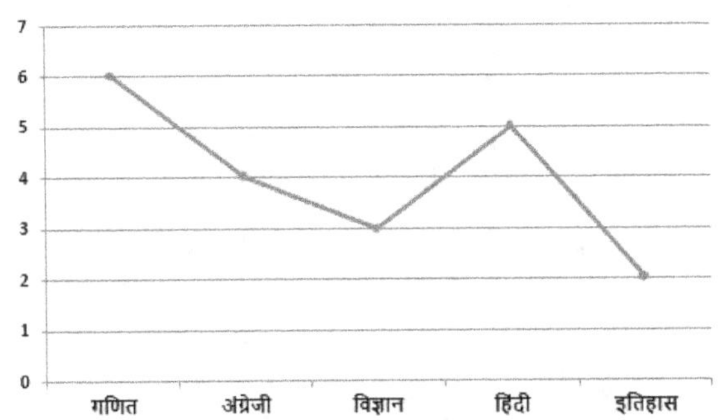

Q.61 कितने तरीकों से, या तो हिंदी या अंग्रेजी पढ़ाने के लिए 4 अध्यापकों का चयन किया जा सकता है कि 4 चयनित में से, एक निश्चित अंग्रेजी अध्यापक निश्चित है और प्रत्येक विषय के लिए कम से कम एक अध्यापक होना चाहिए।

A. 60 B. 80 C. 120 D. 50
E. 40

Q.62
गणित और विज्ञान के अध्यापकों में से 6 अध्यापकों की एक समिति का चयन किया जाना है। इसे कितने तरीकों से किया जा सकता है यदि समिति में कम से कम 4 गणित के अध्यापक होने चाहिए।

A. 64 B. 48 C. 63 D. 49
E. 60

Q.63
एक पंक्ति में अध्यापकों को कितने तरीकों से बैठाया जा सकता है कि समान विषय के अध्यापक साथ में हों।

A. 6! × 4! × 3! × 5! × 2! × 4!
B. 6! × 4! × 3! × 5! × 2! × 5!
C. 6! × 4! × 3! × 5! × 2!
D. 6! × 4! × 3! × 5! × 2! × 6!
E. इनमें से कोई नहीं

Q.64
यदि 5 अध्यापकों की एक समिति का गठन इस प्रकार किया जाना है कि इसमें प्रत्येक विषय के कम से कम एक अध्यापक हों। इसे कितने तरीकों से किया जा सकता है?

A. 360 B. 840 C. 120 D. 720
E. 600

Q.65
यदि विज्ञान और हिंदी के अध्यापकों को सीटों (1 – 8 तक संख्यांकित) वाली एक पंक्ति में बैठना है, तब उन्हें कितने तरीकों से बैठाया जा सकता है यदि विज्ञान के अध्यापक केवल सम क्रमांकित सीट पर बैठते हैं।

A. 3! × 5!   B. $^4C_2$ × 3! × 5!
C. $^4C_3$ × 3!   D. 3! × 5! × 2!
E. $^4C_3$ × 3! × 5!

Q.66 सार्व अंतर 5 और पहला पद 1.5 वाली ज्यामितीय श्रेणी में पहली चार संख्याओं का औसत क्या है?

A. 58.5 B. 25 C. 96.5 D. 93.6
E. 48.6

Q.67 एक शहर में पुरुष और महिलाओं की संख्या क्रमशः 150 और 100 है। पुरुष और महिला दोनों में शामिल बच्चों का प्रतिशत x% है। यदि बच्चों की कुल संख्या 30 है, तो वयस्क महिलाओं की कुल संख्या ज्ञात कीजिए।

A. 88 B. 78 C. 82 D. 94
E. 76

Q.68 P, Q और R की आय का अनुपात is 3 : 7 : 4 है और उनके व्यय का अनुपात 4 : 3 : 5 है। यदि P अपनी आय के $14\frac{2}{7}\%$ भाग की बचत करता है, तब P, Q और R द्वारा की गई बचत का अनुपात ज्ञात कीजिए।

A. 4 : 5 : 1   B. 6 : 71 : 11
C. 8 : 61 : 13   D. 7 : 45 : 12
E. इनमे से कोई भी नहीं

Q.69 3 वर्ष पहले, A और B की आयु का अनुपात 1 : 3 है और B और C की वर्तमान आयु का अनुपात 2 : 7 है। यदि A और B की वर्तमान आयु का योग 34 वर्ष हैं तो 3 वर्ष के बाद C की आयु ज्ञात कीजिये।

A. 81 वर्ष B. 87 वर्ष C. 78 वर्ष D. 89 वर्ष
E. 85 वर्ष

Q.70 A एक व्यापार में 3000 रुपये का निवेश करता है और 6 महीने के बाद B की साझेदारी, x रुपये का निवेश करता है और C भी कुछ राशि B को देकर साझेधारी बन जाता है। यदि वर्ष के अंत में लाभ में A का हिस्सा 2000 रुपये है, तो वह राशि ज्ञात कीजिये जो B ने निवेश की है?

A. 2000 रुपये
B. 2500 रुपये
C. 3500 रुपये
D. 4000 रुपये
E. निर्धारित नहीं किया जा सकता है

Q.71 यदि कुर्सी का विक्रय मूल्य बट्टे की पेशकश का 5 गुना है और बट्टा प्रतिशत लाभ प्रतिशत के समान है तो कुर्सी के क्रय मूल्य पर दिए गए बट्टे का अनुपात ज्ञात कीजिये।

A. 6 : 30 B. 7 : 30 C. 7 : 35 D. 6 : 35
E. 5 : 25

Q.72 पहली ट्रेन की लंबाई 300 मीटर है और इसकी गति 25 किमी/घंटा है और दूसरी ट्रेन की लंबाई 200 मीटर है और दोनों ट्रेनें एक दूसरे की ओर दौड़ रही हैं। यदि एक उच्च गति ट्रेन 45 सेकंड में कम गति वाली ट्रेन को पार करती है, तो किमी/घंटा में दूसरी ट्रेन की गति ज्ञात कीजिए।

A. 12 किमी/घंटा   B. 10 किमी/घंटा
C. 15 किमी/घंटा   D. 22 किमी/घंटा
E. 18 किमी/घंटा

Q.73 एक नाव 4 घंटे में 36 किमी धारा की दिशा में और 6 घंटे में 18 किमी धारा की विपरीत दिशा में तय कर सकती है। नाव की चाल ज्ञात कीजिए।

A. 12 किमी/घंटा   B. 9 किमी/घंटा
C. 6 किमी/घंटा   D. 5 किमी/घंटा
E. 3 किमी/घंटा

Q.74 A एक कार्य 20 दिन में कर सकता है। $\frac{1}{4}$ कार्य खतम करने के बाद A, B को बुलाता है और शेष कार्य 9 दिन में पूरा होता है। B अकेले कार्य कितने दिन में कर सकता है?

A. 24   B. 27
C. 32   D. 35

E. इनमे से कोई भी नहीं

Q.75 14 सेमी व्यास के बेलन का आयतन 2310 सेमी³ है, तो बेलन का वक्र पृष्ठीय क्षेत्रफल क्या है?

A. 330 सेमी² **B.** 440 सेमी² **C.** 550 सेमी² **D.** 660 सेमी²
E. 770 सेमी²

Ques (76-80):निर्देश: निम्नलिखित प्रश्न में प्रश्न चिह्न (?) के स्थान पर क्या आना चाहिए?

Q.76 $\sqrt{6084} \div \sqrt{169} \times 24^2 + (66 \div 3)^2 = ?$

A. 3940

B. 9144

C. 7844

D. 8644

E. इनमे से कोई नहीं

Q.77 $383 \div 255 \times 25.5 + 12 = ?$

A. 50.3

B. 222.14

C. 68.30

D. 124.24

E. इनमे से कोई भी नहीं

Q.78 $15^2 + 24^2 \div (3 \times 2^2) + 98 \div 14 = ?$

A. 250 **B.** 360 **C.** 420 **D.** 280
E. 160

Q.79 27 का 18% + 207 का 2% = $(?)^2$

A. 3

B. 5

C. 7

D. 6

E. इनमे से कोई नहीं

Q.80 $4003 \times 77 - 22175 = ? \times 116$

A. 2477

B. 2478

C. 2467

D. 2466

E. इनमे से कोई भी नहीं

// स्मार्ट उत्तर पुस्तिका //

सही उत्तर — उन छात्रों का प्रतिशत जिन्होंने प्रश्नों का सही उत्तर दिया था। **छोड़ दिया** — उन छात्रों का प्रतिशत जिन्होंने प्रश्नों को छोड़ दिया था।

प्रश्न संख्या	उत्तर	सही उत्तर / छोड़ दिया	प्रश्न संख्या	उत्तर	सही उत्तर / छोड़ दिया	प्रश्न संख्या	उत्तर	सही उत्तर / छोड़ दिया	प्रश्न संख्या	उत्तर	सही उत्तर / छोड़ दिया	प्रश्न संख्या	उत्तर	सही उत्तर / छोड़ दिया	प्रश्न संख्या	उत्तर	सही उत्तर / छोड़ दिया
1	B	41.38 % 2.3 %	15	E	51.15 % 36.78 %	29	B	23.56 % 61.5 %	43	D	10.34 % 61.5 %	57	B	29.89 % 56.89 %	71	B	1.72 % 78.17 %
2	E	54.02 % 33.34 %	16	D	40.8 % 40.81 %	30	D	20.69 % 63.79 %	44	B	20.69 % 59.77 %	58	A	29.31 % 57.47 %	72	C	2.87 % 78.74 %
3	C	46.55 % 34.48 %	17	A	53.45 % 41.38 %	31	C	2.3 % 69.54 %	45	E	20.69 % 61.49 %	59	E	21.26 % 59.2 %	73	C	5.17 % 76.44 %
4	B	39.66 % 35.05 %	18	E	40.23 % 42.53 %	32	B	4.6 % 75.29 %	46	B	17.24 % 55.17 %	60	C	22.99 % 60.92 %	74	E	4.02 % 76.44 %
5	E	46.55 % 36.21 %	19	D	33.33 % 43.68 %	33	C	3.45 % 77.01 %	47	C	20.11 % 59.78 %	61	B	1.72 % 72.42 %	75	D	3.45 % 78.16 %
6	C	21.84 % 47.7 %	20	A	41.95 % 45.41 %	34	B	2.3 % 78.16 %	48	C	12.64 % 60.92 %	62	A	1.72 % 73.57 %	76	A	18.39 % 72.41 %
7	A	25.29 % 52.3 %	21	A	9.77 % 64.94 %	35	A	1.72 % 75.87 %	49	B	18.97 % 62.64 %	63	B	1.15 % 73.56 %	77	A	16.67 % 74.13 %
8	C	19.54 % 52.3 %	22	A	4.6 % 68.39 %	36	D	0.57 % 96.56 %	50	A	12.07 % 63.22 %	64	D	1.15 % 76.44 %	78	D	10.92 % 77.59 %
9	E	28.74 % 51.72 %	23	D	2.87 % 74.72 %	37	D	0.57 % 97.13 %	51	A	5.75 % 63.79 %	65	E	1.72 % 76.44 %	79	A	14.94 % 77.01 %
10	E	17.82 % 52.87 %	24	C	2.87 % 72.99 %	38	D	0.57 % 97.71 %	52	D	22.41 % 62.07 %	66	A	4.6 % 71.26 %	80	D	8.05 % 77.01 %
11	C	47.7 % 40.23 %	25	E	3.45 % 70.11 %	39	E	0.57 % 98.28 %	53	B	8.05 % 67.24 %	67	A	5.75 % 72.99 %			
12	B	53.45 % 37.35 %	26	A	7.47 % 64.94 %	40	B	1.15 % 97.13 %	54	E	4.02 % 67.24 %	68	B	2.87 % 74.14 %			
13	D	48.85 % 36.78 %	27	D	21.84 % 60.92 %	41	C	18.97 % 60.34 %	55	C	4.6 % 68.39 %	69	B	2.3 % 75.29 %			
14	B	54.02 % 36.78 %	28	D	18.39 % 62.64 %	42	A	26.44 % 58.04 %	56	B	22.41 % 55.18 %	70	E	2.3 % 77.01 %			

Reasoning

Ques (1-5):निर्देश: निम्नलिखित जानकारी का ध्यानपूर्वक अध्ययन कीजिए तथा दिए गए प्रश्न का उत्तर दीजिये।

एक शब्द और संख्या व्यवस्था यंत्र को इनपुट दिया जाता है, तब वह इस इनपुट को निम्नलिखित आधार पर पुनःव्यवस्थित कर देता है। नीचे इसका एक उदाहरण दिया गया है| (सभी संख्याएं दो अंकीय संख्याएँ हैं)।

इनपुट: 76 toy high 12 wish 98 10 flag link dig 54 87 58

चरण I: dig 76 toy high 12 wish 98 flag link 54 87 58 10

चरण II: flag dig 76 toy high wish 98 link 54 87 58 12 10

चरण III: high flag dig 76 toy wish 98 link 87 58 54 12 10

चरण IV: link high flag dig toy wish 98 87 76 58 54 12 10

चरण V: toy link high flag dig wish 98 87 76 58 54 12 10

चरण VI: wish toy link high flag dig 98 87 76 58 54 12 10

और चरण VI ऊपर दिए गए इनपुट का अंतिम चरण है, इस प्रकार वांछित व्यवस्था प्राप्त की जाती है।

उपरोक्त चरणों में जिस तरह से नियमों का अनुसरण किया गया है, दिए गए इनपुट के लिए निम्न प्रश्न में से उपयुक्त चरण ज्ञात कीजिये (सभी संख्याएं दो अंकीय संख्याएँ हैं)।

इनपुट: height math 23 98 11 ugly and 54 owl 20 67 queen fish 32

Q.1 चरण V में "height" का क्या स्थान है?
A. दायीं ओर से चौथा
B. दायीं ओर से तीसरा
C. दायीं ओर से बाहरवां
D. दायीं ओर से दसवां
E. इनमें से कोई नहीं

Q.2 सभी व्यवस्थाओं के बाद अंतिम चरण कौन सा है?
A. V
B. VII
C. IX
D. VIII
E. IV

Q.3 तीसरे चरण में 98 का कौन सा स्थान होगा?
A. बाईं ओर से पांचवा
B. दाईं ओर से पांचवा
C. दाईं ओर से सातवां
D. बाईं ओर से आठवां
E. इनमें से कोई नहीं

Q.4 चरण IV कौन सा होगा?
A. math height fish and 98 ugly owl 67 queen 54 32 23 20 11
B. queen owl math height fish and ugly 98 67 54 32 23 20 11
C. ugly queen owl math height fish and 98 67 54 32 23 20 11
D. height fish and math 98 ugly 54 owl 67 queen 32 23 20 11
E. owl math height fish and 98 ugly queen 67 54 32 23 20 11

Q.5 अंतिम चरण में "fish" का क्या स्थान है?
A. दाईं ओर से आठवां
B. बाईं ओर से पांचवां
C. बाईं ओर से छठवां
D. दाईं ओर से सातवां
E. इनमें से कोई नहीं

Ques (6-9):निर्देश: दी गई जानकारी का अध्ययन कीजिए और प्रश्नों के उत्तर दीजिए।

परिवार में 8 सदस्य - सुधा, रवि, शार्दुल, साक्षी, तेजू, रामू दीपक और राम्या अपनी गर्मियों की छुट्टियों में शिमला गए। परिवार में 2 जोड़े हैं। रामू के चार बच्चे हैं। उनमें से, केवल एक ही शादीशुदा है। रामू के विवाहित बेटे की एक बेटी है जिसका नाम साक्षी है। सुधा, साक्षी की ग्रैंडमदर है। साक्षी की मां शार्दुल की पत्नी हैं, जिनकी एक ही बहन है जिसका नाम राम्या है। रवि, शार्दुल का छोटा भाई है जो सबसे बड़ा नहीं है । तेजू रवि के भाई की पत्नी है। रामू एक पुरुष है।

Q.6
रामू की पत्नी कौन है?
A. तेजू
B. सुधा
C. राम्या
D. साक्षी
E. अपर्याप्त जानकारी

Q.7 साक्षी का रवि से कैसे संबंध है?
A. बहन
B. बेटी
C. सिस्टर-इन-लॉ
D. नीस
E. पत्नी

Q.8 इस परिवार में तेजू कौन है?
A. रवि की बहन
B. सुधा की सास
C. दीपक की पत्नी
D. शार्दुल की बेटी
E. रवि की सिस्टर-इन-लॉ

Q.9
शार्दुल का बड़ा भाई कौन है?
A. रामू
B. रवि
C. दीपक
D. निर्धारित नहीं किया जा सकता
E. उपरोक्त में से कोई नहीं

Q.10 संख्या 689324 में अंकों के कितने युग्म हैं जिनके बीच में उतनी ही संख्याएँ है जितनी प्राकृत संख्याओं की श्रृंखला में पीछे और आगे दोनों दिशाओं में हैं?
A. पांच
B. चार
C. तीन
D. पांच से अधिक
E. इनमें से कोई नहीं

Q.11 निर्देश: निम्नलिखित प्रत्येक प्रश्न में दिए गए कथनों को सत्य मानकर तय कीजिये कि नीचे दिए गए निष्कर्षों में से कौन सा/कौन से निष्कर्ष निश्चित रूप से सत्य है/हैं और उसके अनुसार उत्तर दीजिये।

कथन:
C ≤ I > B = S; C ≥ L = E; K = R > E

निष्कर्ष:
I. I > L
II. E = I
III. K ≥ L
IV. R > S
A. या तो I या II अनुसरण करता है
B. II और IV अनुसरण करते हैं

C. केवल IV अनुसरण करता है
D. II और III अनुसरण करते हैं
E. या तो I या III अनुसरण करता है

Q.12 निम्नलिखित में से कौन से चिन्हों को दिए गए व्यंजक को पूरा करने के लिए रिक्त स्थानों में क्रमानुसार (बाएँ से दाएँ समान क्रम में) भरा जाना चाहिए ताकि 'R > T' निश्चित रूप से असत्य हो?

R _ S _ Q _ P _ T

A. >, =, >, ≥
B. <, >, =, ≥
C. <, ≤, =, <
D. =, <, =, >
E. इनमें से कोई भी नहीं

Q.13 निर्देश: निम्नलिखित प्रत्येक प्रश्न में दिए गए कथनों को सत्य मानकर तय कीजिये कि नीचे दिए गए निष्कर्षों में से कौन सा/कौन से निष्कर्ष निश्चित रूप से सत्य है/हैं और उसके अनुसार उत्तर दीजिये।

कथन:

q < P ≤ R = T; Q ≤ p = T; t > r < Q

निष्कर्ष:

I. q > Q
II. P ≥ p
III. R > r
IV. T < t

A. केवल I और IV सत्य हैं
B. या तो II या III सत्य है
C. केवल III सत्य है
D. केवल I और या तो II या III सत्य हैं
E. इनमें से कोई भी नहीं

Ques (14-18):निर्देश: निम्नलिखित जानकारी का ध्यानपूर्वक अध्ययन कीजिये और नीचे दिए गए प्रश्नों के उत्तर दीजिये।

छह व्यक्ति रविवार को छोड़कर एक सप्ताह के विभिन्न दिनों में एक इमारत में विभिन्न कार्यों के लिए जाते हैं। A, B, C, D, E और F छह व्यक्ति हैं जो फर्श साफ़ करना, सामान पहुँचाना, खिड़कियों की धुलाई, कूड़ा उठाना, नल की मरम्मत और प्रौद्योगिकीय खामियों की जाँच करने का काम करते हैं, लेकिन अनिवार्य रूप से समान क्रम में नहीं। B सप्ताह के पहले तीन दिनों में से किसी एक दिन जाता है और सामान नहीं पहुंचाता है। फर्श की सफाई A द्वारा की जाती है और वह या तो सोमवार या फिर बृहस्पतिवार को जाता है। C और D के बीच दो व्यक्ति जाते हैं। खिड़की की सफाई का काम बृहस्पतिवार के बाद किसी दिन किया जाता है। D शुक्रवार को मरम्मत का काम करता है। F ना तो बृहस्पतिवार और ना ही शनिवार को जाता है और कूड़ा उठाता है। प्रौद्योगिकीय खामियों की जाँच सोमवार को की जाती है।

Q.14 B के द्वारा कौन सा काम किया जाता है?
A. फर्श की सफाई
B. सामान पहुँचाना
C. प्रौद्योगिकीय खामियों की जाँच
D. नलों की मरम्मत
E. कूड़ा उठाना

Q.15 सामान पहुँचाने का काम कौन करता है?
A. A
B. B
C. C
D. E
E. F

Q.16 अंतिम कार्य-दिवस पर कौन जाता है?
A. A
B. B
C. E
D. F
E. C

Q.17 "व्यक्ति-दिन" का कौन सा संयोजन सही नहीं है?
A. सोमवार-B
B. बृहस्पतिवार-A
C. शुक्रवार-D
D. बुधवार-F
E. मंगलवार-E

Q.18 इमारत से A के जाने के बाद और E के आने से पहले कौन सा काम किया जाता है?
A. फर्श की सफाई
B. सामान पहुँचाना
C. प्रौद्योगिकीय खामियों की जाँच
D. नलों की मरम्मत
E. कूड़ा उठाना

Ques (19-21):निर्देश: निम्नलिखित जानकारी का ध्यानपूर्वक अध्ययन कीजिये और निम्नलिखित प्रश्नों के उत्तर दीजिए।

A # B का अर्थ है कि A, B के पिता है।

A + B का अर्थ है कि A, B की मां है।

A - B का अर्थ है कि A, B का भाई है।

A * B का अर्थ है कि A, B की बहन है।

Q.19 यदि U – V * X # Z है, तब U, Z से किस प्रकार संबंधित है?
A. बहन
B. चाची
C. दादी
D. चाचा
E. निर्धारित नहीं किया जा सकता

Q.20 निम्नलिखित में से कौन दर्शाता है कि A, E की दादी है?
A. A – B + C # D * E
B. A * B # C * D – E
C. A # B * C + D – E
D. A + B – C * D # E
E. A + B * C - D * E

Q.21
यदि W + X * Y # Z है, तब Z, W से किस प्रकार संबंधित है?
A. बेटी
B. पोती
C. बेटा
D. पोता
E. निर्धारित नहीं किया जा सकता

Ques (22-26):निर्देश: निम्नलिखित जानकारी का ध्यानपूर्वक अध्ययन कीजिये और नीचे दिए गए प्रश्नों के उत्तर दीजिये।

आठ मित्र H, I, J, K, L, M, N और O एक पंक्ति में उत्तर के सम्मुख बैठे हैं। उन सभी को अलग अलग रंग जैसे - लाल, गुलाबी, नारंगी, हरा, पीला, काला, बैंगनी, और नीला पसंद हैं।

- J और बैंगनी रंग पसंद करने वाले व्यक्ति के बीच में केवल एक व्यक्ति है। N ना ही J का निकटतम पड़ोसी है और ना ही उसे हरा रंग पसंद है। H, बैंगनी रंग पसंद करने वाले व्यक्ति के बाएं चौथे स्थान पर बैठा है लेकिन उसे गुलाबी रंग पसंद नहीं है। काला रंग पसंद करने वाला व्यक्ति हरा रंग पसंद करने वाले व्यक्ति के दायें तीसरे स्थान पर बैठा है और H के निकटतम दायें बैठा है।

- हरा रंग पसंद करने वाला व्यक्ति पंक्ति के एक छोर पर बैठा है। I को हरा रंग पसंद नहीं है। M, N और J दोनों का निकटतम पड़ोसी है। O पंक्ति के एक छोर पर बैठा है लेकिन उसे हरा रंग पसंद नहीं है। नीला रंग पसंद करने वाला व्यक्ति नारंगी रंग पसंद करने वाले व्यक्ति के दायें दूसरे स्थान पर बैठा है। काला और गुलाबी रंग पसंद करने वाले व्यक्ति निकटतम पड़ोसी हैं। L, J के बाएं तीसरे स्थान पर बैठा है और उसे पीला रंग पसंद है।

पीला और काला रंग पसंद करने वाले व्यक्तियों के बीच केवल एक व्यक्ति बैठा है।

Q.22 I और N के बीच में कितने व्यक्ति हैं?

A. एक
B. दो
C. तीन
D. चार
E. इनमें से कोई नहीं

Q.23 गुलाबी रंग पसंद करने वाले व्यक्ति के दायें तीसरे स्थान पर निम्नलिखित में से कौन बैठा है?

A. नीला रंग पसंद करने वाला व्यक्ति
B. काला रंग पसंद करने वाला व्यक्ति
C. लाल रंग पसंद करने वाला व्यक्ति
D. हरा रंग पसंद करने वाला व्यक्ति
E. इनमें से कोई नहीं

Q.24 निम्नलिखित में से किसे नारंगी रंग पसंद है?

A. O
B. N
C. M
D. L
E. इनमें से कोई नहीं

Q.25 N को निम्नलिखित में से कौन सा रंग पसंद है?

A. लाल
B. काला
C. हरा
D. बैंगनी
E. इनमें से कोई नहीं

Q.26 लाल रंग पसंद करने वाले व्यक्ति के निकटतम पड़ोसी कौन हैं?

A. L और I
B. L और N
C. J और H
D. L और K
E. इनमें से कोई नहीं

Ques (27-31):निर्देश: निम्नलिखित जानकारी का ध्यानपूर्वक अध्ययन कीजिये और नीचे दिए गए प्रश्नों के उत्तर दीजिये।

M4, L6, U4 को "tell your name" के रूप में लिखा जाता है

E8, K8, R2 को "marks are obtained" के रूप में लिखा जाता है

U4, E8, V4 को "give your number" के रूप में लिखा जाता है

H4, E8, S10 को "she secured highest" के रूप में लिखा जाता है।

Q.27 "Tell your number" को ___ के रूप में कूटबद्ध किया जाता है?

A. L6, V4, E10
B. U4, E8, L6
C. E8, V4, L4
D. V4, E10, L6
E. उपर्युक्त में से कोई भी नहीं

Q.28 "highest marks secured" के लिए क्या कूट है?

A. E8, K6, S12
B. K8, E6, S10
C. E8, K8, S10
D. S8, K6, E8
E. उपर्युक्त में से कोई भी नहीं

Q.29 वाक्य "All are intelligent" को डिकोड कीजिये।

A. L2, R4, N12
B. R4, L6, N10
C. N8, L6, R8
D. N14, R2, L4
E. इनमें से कोई भी नहीं

Q.30 "obtained" के लिए क्या कूट है?

A. E10

B. B6
C. E8
D. B10
E. उपर्युक्त में से कोई भी नहीं

Q.31 "M4, N4, E8" को ___के रूप में लिखा जाता है

A. Name or Place
B. Number and Place
C. Name and Number
D. Place and Name
E. उपर्युक्त में से कोई भी नहीं

Ques (32-35):निर्देश: निम्नलिखित जानकारी का ध्यानपूर्वक अध्ययन करें और नीचे दिए गए प्रश्नों के उत्तर दें।

P, Q, R, S, T, U, V और W एक परिवार के आठ सदस्य हैं। सदस्य तीन अलग-अलग पीढ़ियों के हैं। 8 सदस्यों में से तीन विवाहित जोड़े हैं। सभी सदस्य केंद्र के सामने एक गोलाकार टेबल के चारों ओर बैठे हैं, लेकिन उसी क्रम में नहीं।

1. एस और यू शादीशुदा जोड़े हैं। U की पत्नी S, अपने पति के बाईं ओर दूसरे स्थान पर है

2. R और P, S की संतान हैं। P, अपनी माँ का तत्काल पड़ोसी नहीं है

3. केवल एक व्यक्ति R और उसकी भतीजी V के बीच बैठा है, लेकिन वह व्यक्ति V का पिता नहीं है

4. T अपने चाचा P के दायें से तीसरे स्थान पर बैठता है, लेकिन न तो इसके विपरीत और न ही अपने पिता के तत्काल बाईं ओर

5. V अपनी चाची का तत्काल पड़ोसी नहीं है। कोई भी तीन महिलाएं एक साथ नहीं बैठती हैं

6. आर और उसकी भाभी तत्काल पड़ोसी हैं।

Q.32 निम्नलिखित में से कौन V का पिता है?

A. U
B. P
C. W
D. Q
E. निर्धारित नहीं किया जा सकता

Q.33 परिवार में महिलाओं की संख्या की गणना करें?

A. एक
B. तीन
C. पाँच
D. निर्धारित नहीं किया जा सकता
E. इनमें से कोई नहीं

Q.34 अपनी पोती के संबंध में S की स्थिति क्या है?

A. दूसरा अधिकार
B. चौथा बचा
C. दायीं ओर तीसरा
D. दूसरा छोड़ दिया
E. इनमें से कोई नहीं

Q.35 निम्नलिखित में से कौन अपनी पत्नी के साथ बैठा है?

A. U
B. R
C. P
D. T
E. कोई नहीं

Q.36 निर्देश: एक कथन के बाद दो निष्कर्ष I और II दिए गए हैं। आपको कथन को सत्य मानना है, भले ही यह सामान्य रूप से ज्ञात तथ्यों से भिन्न हो। आपको यह तय करना है कि दिए गए कथन में से कौन सा निष्कर्ष निश्चित रूप से निकाला जा सकता है।

कथन:

लोग आजकल यह चाहते हैं कि उनके बच्चे शास्त्रीय संगीत और नृत्य के विषम में जानें।

निष्कर्ष:

I) बच्चे एक मजबूत भविष्य के आधार स्तंभ हैं।

II) हमारी समृद्ध पारंपरिक और सांस्कृतिक जड़ें जीवित रहेंगी।

A. केवल निष्कर्ष I अनुसरण करता है

B. केवल निष्कर्ष II अनुसरण करता है

C. दोनों निष्कर्ष I और II अनुसरण करते हैं

D. न तो निष्कर्ष I और न ही II अनुसरण करता है

E. उपरोक्त में से कोई नहीं

Q.37 निम्न प्रश्न में एक कथन और उसके बाद दो तर्क I और II दिए गये हैं। आपको दिए गये कथन को सत्य मानना है, भले ही वे ज्ञात तथ्यों से अलग प्रतीत होते हों। आपको तय करना है कि, निम्नलिखित तर्कों में से कौनसे तर्क सबल हैं और कौनसे तर्क दुर्बल हैं।

कथन:

क्या कलम तलवार से शक्तिशाली है?

तर्क:

I. हाँ, लेखक व्यक्तियों की सोच को प्रभावित कर सकते हैं, जो कि एक तलवार नहीं कर सकती।

II. नहीं, तलवार के साथ, एक व्यक्ति युद्ध लड़ सकता है और किसी भी चीज को जीत सकता है।

A. केवल तर्क I प्रबल है

B. केवल तर्क 'II' प्रबल है

C. या तो तर्क 'I' या तर्क 'II' प्रबल है

D. दोनों तर्क प्रबल हैं

E. कोई तर्क प्रबल नहीं है

Q.38 निर्देश: दो कथन दिए गये हैं, जो अभिकथन (A) और कारण (R) के रूप में चिह्नित हैं। दोनों कथनों को ध्यान से पढ़ें और सही विकल्प चुनें।

अभिकथन (A): हमें ऊर्जा के पारंपरिक स्रोतों को बढ़ावा देना चाहिए।

कारण (R): पारंपरिक स्रोत 50-60 वर्षों तक टिकेंगे।

A. A और R दोनों सत्य हैं और R, A का सही विवरण है

B. A और R दोनों सत्य हैं और R, A का सही विवरण नहीं है

C. A सत्य है लेकिन R असत्य है

D. A असत्य है लेकिन R सत्य है

E. A और R दोनों असत्य हैं

Ques (39-40):निर्देश: निम्नलिखित प्रश्न में तीन कथन हैं, सुनिश्चित कीजिये कि कथन/कथनों में दी गई जानकारी नीचे दिए गए प्रश्न का उत्तर देने के लिए पर्याप्त है या नहीं और तदनुसार अपना उत्तर दीजिये।

Q.39 उत्तर दिशा में मुख किये छह व्यक्ति P, Q, R, S, T और U में से P के तुरंत बाएं कौन है?

I. R, Q के बाएं से चौथे स्थान पर है और Q किसी भी एक छोर पर नहीं है।

II. Q P और U के बीच में है जो कि दाएं छोर पर है। T, R के तुरंत दाएं है।

A. केवल कथन I में दिया गया डाटा प्रश्न का उत्तर देने के लिए पर्याप्त है, जबकि कथन II में दिया गया डाटा प्रश्न का उत्तर देने के लिए पर्याप्त नहीं है।

B. केवल कथन II में दिया गया डाटा प्रश्न का उत्तर देने के लिए पर्याप्त है, जबकि कथन I में दिया गया डाटा प्रश्न का उत्तर देने के लिए पर्याप्त नहीं है।

C. केवल कथन I या केवल कथन II में दिया गया डाटा प्रश्न का उत्तर देने के लिए पर्याप्त है।

D. कथन I और II दोनों में दिया गया डाटा मिलाकर प्रश्न का उत्तर देने के लिए आवश्यक है।

E. कथन I और II दोनों में दिया गया डाटा मिलाकर भी प्रश्न का उत्तर देने के लिए आवश्यक नहीं है।

Q.40 P के संबंध में O का स्थान क्या है?

I. M, N के दक्षिण में है।

II. N, O के पूर्व में और P, M के पश्चिम में है।

III. Q, O के दक्षिण पश्चिम में है।

A. सभी कथनों की आवश्यकता हैं

B. केवल I और II पर्याप्त हैं

C. केवल II और III पर्याप्त हैं

D. केवल I और III पर्याप्त हैं

E. अपर्याप्त जानकारी

Quantitative Aptitude

Ques (41-45):निर्देश: रेखा आरेख एक माह में विभिन्न घरों द्वारा बिजली की खपत के आंकड़े किलोवॉट (KW) में प्रस्तुत करता है, जबकि तालिका घरों में विभिन्न साधनों पर लगी लागत के आंकड़ें प्रदान करती है। आरेख से संबंधित प्रश्नों को पढ़िए और उनके उत्तर दीजिए।

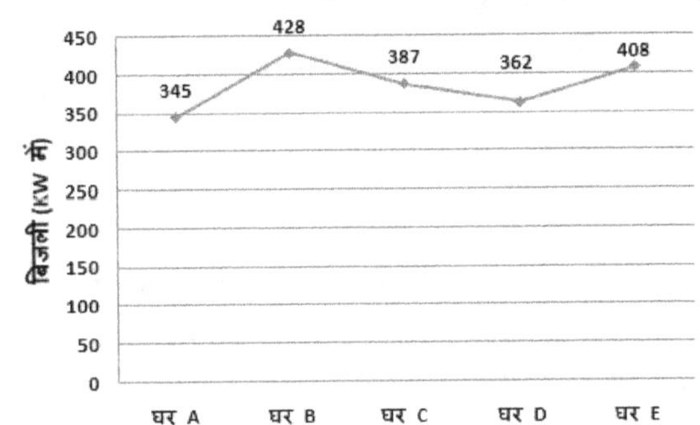

	किराया (रु.)	इंटरनेट	भोजन	विविध
घर A	20,000	6000	12,500	15,000
घर B	22,250	4500	8500	9500
घर C	25,000	8000	13,000	11,500
घर D	21,750	5500	9585	9000
घर E	18,000	6000	9500	11,000

Q.41 यदि 1 KW बिजली की खपत का मूल्य 15 रु है, तो B घर का कुल बिजली का बिल ज्ञात कीजिए।

A. 6400 रु.

B. 6420 रु.

C. 6450 रु.

D. 6500 रु.

E. उपरोक्त में से कोई नहीं

Q.42

जब घर C की घर E से तुलना की जाती है तो घर C का रहने का मूल्य लगभग कितने प्रतिशत अधिक था?

A. 25%

B. 20%

C. 28%

D. 31%

E. इनमे से कोई नहीं

Q.43

यदि बिजली का मूल्य विविध का हिस्सा नहीं है और 1 KW बिजली का मूल्य 20 रु. है, तो किस घर के व्यक्ति सबसे शानदार जीवन जी रहे हैं?

A. घर A   **B.** घर B   **C.** घर C   **D.** घर D

E. घर E

Q.44

कितने घरों का किराया औसत मान से अधिक है?

A. 1   **B.** 2
C. 3   **D.** 4
E. इनमे से कोई भी नहीं

Q.45
अगले माह के लिए, यदि घर C के लिए बिजली का मूल्य 10500 रु. है, तो उन्हें अपने व्यय को पिछले माह के समान रखने के लिए वह कुल खर्चों में से कितना विविध मूल्य घटाना चाहिए? (1KW = 25 रु.)

A. 10675 रु.   **B.** 11500 रु.   **C.** 1000 रु.   **D.** 825 रु.
E. 1050 रु.

Ques (46-48):निर्देश: इनमें से प्रत्येक प्रश्न में एक संख्या श्रृंखला दी गयी है। प्रत्येक श्रृंखला में केवल एक संख्या गलत है। तो गलत संख्या ज्ञात कीजिये।

Q.46 4620, 4909, 5134, 5303, 5424, 5505, 5530
A. 5530   **B.** 5424   **C.** 4620   **D.** 5134
E. 5505

Q.47 4, 5, 7, 11, 24, 35, 67
A. 5   **B.** 24   **C.** 67   **D.** 35
E. 7

Q.48 3, 5, 14, 48, 196, 1010, 6072
A. 14   **B.** 1010   **C.** 6072   **D.** 196
E. 5

Ques (49-50):निर्देश: निम्नलिखित श्रृंखला में प्रश्न चिन्ह '?' के स्थान पर क्या आएगा?

Q.49 29, 31, ?, 39, 46, 57
A. 33   **B.** 36
C. 34   **D.** 32
E. इनमें से कोई नहीं

Q.50 47, 23.5, ?, 47, 188, 1504
A. 23   **B.** 35
C. 25   **D.** 23.5
E. इनमें से कोई नहीं

Ques (51-55):निर्देश: नीचे दी गई जानकारी का अध्ययन कीजिए और निम्नलिखित प्रश्नों के उत्तर दीजिए:

पांच दुकानों के ग्राहकों की कुल संख्या = 3000

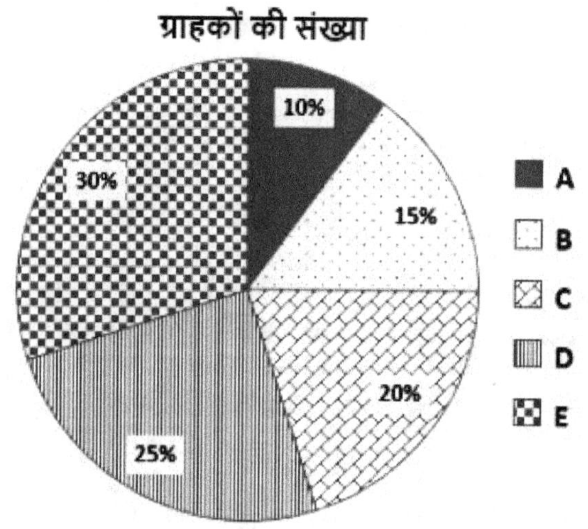

Q.51 दुकान A और C के औसत ग्राहक ज्ञात कीजिए।
A. 300   **B.** 350   **C.** 450   **D.** 500
E. 600

Q.52 दुकान E और B के ग्राहकों की संख्या के बीच अंतर ज्ञात कीजिए।
A. 550   **B.** 300   **C.** 250   **D.** 400
E. 450

Q.53 दुकान D के ग्राहकों की कुल संख्या, दुकान E के ग्राहकों की कुल संख्या से लगभग कितने प्रतिशत कम है?
A. 12%   **B.** 19%   **C.** 14%   **D.** 20%
E. 16.66%

Q.54 दुकान A और B के ग्राहकों के डिग्री प्रतिशत के बीच अनुपात ज्ञात कीजिए।
A. 2:5   **B.** 5:3   **C.** 2:3   **D.** 5:2
E. 4:5

Q.55 दुकान B के ग्राहकों की संख्या, दुकान D के ग्राहकों की संख्या का लगभग कितने प्रतिशत है?
A. 30%   **B.** 20%   **C.** 45%   **D.** 60%
E. 50%

Ques (56-60):निर्देश: नीचे दिए गये प्रश्न में दो कथन I और II दिए गये हैं। आपको यह निश्चित करना है कि दी गयी जानकारी प्रश्न का उत्तर देने के लिए पर्याप्त है या नहीं। आपको दी गयी जानकारी और अपने गणितीय ज्ञान के आधार पर उत्तम सम्भावित उत्तर का चयन करना है।

Q.56 कंपनी में कर्मचारी की संख्या ज्ञात कीजिए।
कथन I: पुरुष और महिला के बीच का अनुपात 9: 11 है
कथन II: कुल पुरुषों में से 20% एचआर टीम से संबंधित हैं और 20% महिलाएं मार्केटिंग टीम से संबंधित हैं।
A. केवल कथन I ही पर्याप्त है
B. केवल कथन II पर्याप्त है
C. कथन I और II दोनों पर्याप्त हैं
D. उपरोक्त कथन में से कोई भी पर्याप्त है
E. कोई भी कथन अकेले या किसी के साथ पर्याप्त नहीं है

Q.57 एक बैंक में जमा 8000 रु. की राशि पर ब्याज दर क्या होगी?
कथन I: 3 वर्षों के लिए साधारण ब्याज 2400 है।
कथन II: साधारण ब्याज और चक्रवृद्धि ब्याज के बीच 2 साल का अंतर 80 है।
A. केवल कथन I ही पर्याप्त है
B. केवल कथन II पर्याप्त है
C. कथन I और II एक साथ पर्याप्त हैं
D. उपरोक्त कथन में से कोई भी पर्याप्त है
E. कोई भी कथन अकेले या किसी के साथ पर्याप्त नहीं है

Q.58 कुर्सी का अंकित मूल्य क्या है?
कथन I: क्रय मूल्य से 40% अधिक कुर्सी का मान अंकित किया गया है।
कथन II: 60% की छूट दी गई थी जिसके कारण 20% की हानि हुई थी। कुर्सी का क्रय मूल्य 800 रूपए है।
A. केवल कथन I ही पर्याप्त है
B. केवल कथन II पर्याप्त है
C. कथन I और II दोनों पर्याप्त हैं
D. उपरोक्त कथन में से कोई भी अकेला पर्याप्त है
E. कोई भी कथन अकेले या किसी के साथ पर्याप्त नहीं है

Q.59 लगातार 5 विषम संख्याएँ दी गई हैं, सबसे बड़ी संख्या ज्ञात कीजिए।
कथन I: लगातार 5 विषम संख्याओं का औसत 15 है।

कथन ॥: उच्चतम और निम्नतम संख्या का अंतर 8 है
A. केवल कथन । ही पर्याप्त है
B. केवल कथन ॥ पर्याप्त है
C. कथन । और ॥ एक साथ पर्याप्त हैं
D. उपरोक्त कथन में से कोई भी पर्याप्त है
E. एक साथ या अकेले बयान में से कोई भी पर्याप्त नहीं है

Q.60 अमित की उम्र कितनी है?

कथन ।: अनीता और अमित की वर्तमान आयु का अनुपात 3: 5 है।

कथन ॥: रमन की उम्र अनीता से दोगुनी है। 6 वर्ष इसलिए उनकी आयु 7: 4 के अनुपात में होगी।
A. केवल कथन । ही पर्याप्त है
B. केवल कथन ॥ पर्याप्त है
C. कथन । और ॥ दोनों पर्याप्त हैं
D. उपरोक्त कथन में से कोई भी पर्याप्त है
E. कोई भी कथन अकेले या किसी के साथ पर्याप्त नहीं है

Ques (61-65):निर्देश: निम्न प्रश्न में प्रश्न चिह्न '?' के स्थान पर कौन सा अनुमानित मान आएगा?

Q.61 33.33% of 659.9 + 25% of 220.31 - 14.28% of 98 = ?
A. 261
B. 240
C. 260
D. 235
E. इनमें से कोई नहीं

Q.62 (69.987 × 2 - 27.872 × ? = 0)
A. 3
B. 5
C. 7
D. 8
E. 9

Q.63 $(36.09\% \text{ of } 950 - 34 × 3.93 + 10)^{1/3} = ?$
A. 8
B. 7
C. 5
D. 6
E. इनमें से कोई नहीं

Q.64 25.01% of 976.22 × 4.96 = ?
A. 3990
B. 3890
C. 4070
D. 3730
E. इनमें से कोई नहीं

Q.65 $\left\{\dfrac{2}{5} \text{ का } 40.06\% + \dfrac{1}{5} \text{ का } 59.97\%\right\} × 10^3 + ? = 10^4$
A. 9330
B. 9720
C. 8270
D. 8000
E. इनमें से कोई नहीं

Q.66 यदि एक संख्या में 10% की वृद्धि की जाती है और फिर 50% की कमी की जाती है, और फिर से 50% की वृद्धि की जाती है, तो परिणामी संख्या मूल संख्या के कितने प्रतिशत होगी?
A. 80%
B. 82.5%
C. 85%
D. 90%
E. 125%

Q.67 निहारिका एक वस्तु 600 रुपए में और दूसरी वस्तु को 9000 रुपए में खरीदती है। वह पहली वस्तु पर 5% विक्रय कर और दूसरी वस्तु पर 12.5% विक्रय कर देती है। निहारिका द्वारा औसत कितने प्रतिशत कर दिया जाता है यदि दोनों वस्तुएं साथ में खरीदी जाती हैं?
A. 7%
B. 8.75%
C. 12%
D. 12.5%
E. 17.5%

Q.68 एक कार्यालय में पुरुष का महिला कर्मचारियों से अनुपात 1 : 2 था। जब 2 पुरुष और 2 महिलाएं काम छोड़ देते हैं, नया अनुपात 1 : 3 हो जाता है। पुरुष और महिला कर्मचारियों की नयी संख्या ज्ञात कीजिये।
A. 4, 12
B. 4, 8
C. 5, 1
D. 2, 6
E. इनमे से कोई नहीं

Q.69 एक मिश्रण में दूध और पानी 5 : 2 के अनुपात में है। यदि इसमें 3 लीटर पानी मिलाया जाता है, तो दूध और पानी का अनुपात 31 : 13 हो जाता है। तो मिश्रण में दूध की मूल मात्रा ज्ञात कीजिये।
A. 160 लीटर
B. 155 लीटर
C. 185 लीटर
D. 215 लीटर
E. इनमें से कोई नहीं

Q.70 11000 रूपये की राशि को समान रूप से विभाजित कर ब्याज के दो अलग-अलग दरों पर निवेश किया जाता है। 3 वर्ष के बाद प्राप्त ब्याज के बीच का अंतर 300 रूपये है। ब्याज दरों के बीच क्या अंतर है?
A. 1.82%
B. 1.75%
C. 1.69%
D. 1.32%
E. इनमे से कोई भी नहीं

Q.71 एक कार मरम्मत कराये बिना 50 किमी प्रति घंटे की गति से चलती है और मरम्मत कराने के बाद 70 किमी प्रति घंटे की गति से चलती है। मरम्मत कराने के बाद कार एक निश्चित दूरी को 4 घंटे में तय करती है। तो मरम्मत कराये बिना समान दूरी को तय करने के लिए कार को कितना समय लगेगा?
A. 5.8 घंटे
B. 6.5 घंटे
C. 5.6 घंटे
D. 5.2 घंटे
E. इनमें से कोई नहीं

Q.72 एक वर्गाकार कमरे में 3 मीटर की समान चौड़ाई का एक बरामदा है। बरामदे का क्षेत्रफल 288 वर्ग मीटर है। यदि फ़र्श बिछाने की क़ीमत 15 रुपए प्रति वर्ग मी है, तो कमरे में फ़र्श बिछाने की क़ीमत ज्ञात कीजिए।
A. 6615 रुपए
B. 8640 रुपए
C. 4320 रुपए
D. 3307 रुपए
E. इनमें से कोई नहीं

Q.73 तीन पासों को एक साथ उछाला गया। तीनों पासों पर एक ही संख्या प्राप्त होने की प्रायिकता क्या है?
A. $\dfrac{1}{6}$
B. $\dfrac{1}{36}$
C. $\dfrac{1}{72}$
D. $\dfrac{1}{44}$
E. $\dfrac{1}{216}$

Q.74 एक रिलायंस फ्रेश का खुदरा विक्रेता अपने सामानों को लागत मूल्य पर बेचने का दावा करता है लेकिन वह 1 किलो वजन के बजाय 920 ग्राम वजन का उपयोग करता है। उसका लाभ प्रतिशत ज्ञात कीजिए?
A. 8.6956%
B. 8.6356%
C. 8.3484%
D. 7.6596%
E. 7.2556%

Q.75 यदि A तीन घंटे काम करता है और फिर B दो घंटे काम करता है तो आधा कार्य पूरा हो सकता है। यदि A और B संयुक्त रूप से 4.8 घंटों में कार्य पूरा करते हैं तो 4500 रुपयों में से B का हिस्सा ज्ञात कीजिए।
A. 2700 रुपये
B. 1800 रुपये
C. 3000 रुपये
D. 1500 रुपये
E. 2000 रुपये

Ques (76-80):निर्देश: प्रत्येक प्रश्न में दो समीकरण। और ॥ दिए गये हैं। इन समीकरणों के आधार पर x और y के बीच संबंध ज्ञात कीजिये।

Q.76 I. $3x^2 + 13x + 12 = 0$

II. $2y^2 + 15y + 27 = 0$
A. x > y

B. x ≥ y

C. x < y

D. x ≤ y

E. x = y या संबंध स्थापित नहीं किया जा सकता

Q.77 I. $2x^2 + 11x + 14 = 0$

II. $2y^2 + 17y + 33 = 0$

A. x > y

B. x ≥ y

C. x < y

D. x ≤ y

E. x = y या संबंध स्थापित नहीं किया जा सकता

Q.78 I. $x^2 + 3x - 18 = 0$

II. $5y^2 + 7y + 2 = 0$

A. यदि x < y

B. यदि x ≤ y

C. यदि x > y

D. यदि x ≥ y

E. यदि x = y या संबंध स्थापित नहीं किया जा सकता है

Q.79 I. $x^2 - 7x + 12 = 0$

II. $2y^2 - 19y + 44 = 0$

A. x < y

B. x ≤ y

C. x > y

D. x ≥ y

E. x = y या कोई भी सम्बन्ध प्राप्त नहीं हो सकता है

Q.80 I. $x^2 + 11x + 30 = 0$

II. $y^2 + 12y + 36 = 0$

A. यदि x > y

B. यदि x ≥ y

C. यदि < y

D. यदि x ≤ y

E. यदि x = y या x और y के बीच सम्बंध ज्ञात नहीं किया जा सकता है

// स्मार्ट उत्तर पुस्तिका //

सही उत्तर — उन छात्रों का प्रतिशत जिन्होंने प्रश्नों का सही उत्तर दिया था। **छोड़ दिया** — उन छात्रों का प्रतिशत जिन्होंने प्रश्नों को छोड़ दिया था।

प्रश्न संख्या	उत्तर	सही उत्तर / छोड़ दिया
1	C	10.0 % / 23.08 %
2	B	11.54 % / 58.46 %
3	A	9.23 % / 59.23 %
4	A	6.92 % / 57.7 %
5	C	7.69 % / 60.77 %
6	B	13.08 % / 56.15 %
7	D	14.62 % / 58.46 %
8	E	12.31 % / 59.23 %
9	C	12.31 % / 60.77 %
10	A	5.38 % / 60.0 %
11	A	37.69 % / 41.54 %
12	C	15.38 % / 37.7 %
13	C	37.69 % / 39.23 %
14	C	31.54 % / 45.38 %

प्रश्न संख्या	उत्तर	सही उत्तर / छोड़ दिया
15	C	31.54 % / 46.92 %
16	C	34.62 % / 48.46 %
17	E	30.77 % / 49.23 %
18	D	29.23 % / 50.0 %
19	D	41.54 % / 42.31 %
20	D	26.92 % / 45.39 %
21	E	37.69 % / 45.39 %
22	B	23.08 % / 53.07 %
23	A	20.0 % / 56.92 %
24	C	21.54 % / 59.23 %
25	D	22.31 % / 58.46 %
26	A	22.31 % / 55.38 %
27	B	23.08 % / 53.07 %
28	C	26.15 % / 53.85 %

प्रश्न संख्या	उत्तर	सही उत्तर / छोड़ दिया
29	D	22.31 % / 53.84 %
30	C	26.92 % / 55.39 %
31	C	28.46 % / 55.39 %
32	B	9.23 % / 67.69 %
33	E	3.85 % / 70.77 %
34	C	5.38 % / 70.77 %
35	B	3.08 % / 70.77 %
36	C	6.92 % / 70.0 %
37	A	5.38 % / 70.77 %
38	D	4.62 % / 73.84 %
39	D	5.38 % / 74.62 %
40	E	3.85 % / 73.07 %
41	B	33.85 % / 51.53 %
42	E	10.77 % / 56.15 %

प्रश्न संख्या	उत्तर	सही उत्तर / छोड़ दिया
43	C	10.77 % / 63.85 %
44	C	19.23 % / 58.46 %
45	D	6.15 % / 66.93 %
46	A	12.31 % / 56.92 %
47	B	26.92 % / 53.85 %
48	D	16.15 % / 60.77 %
49	C	19.23 % / 60.77 %
50	D	9.23 % / 61.54 %
51	C	13.08 % / 65.38 %
52	E	13.08 % / 67.69 %
53	E	9.23 % / 68.46 %
54	C	13.85 % / 68.46 %
55	D	13.08 % / 67.69 %
56	E	21.54 % / 54.61 %

प्रश्न संख्या	उत्तर	सही उत्तर / छोड़ दिया
57	D	15.38 % / 56.16 %
58	B	16.92 % / 60.77 %
59	A	16.15 % / 56.16 %
60	C	23.85 % / 54.61 %
61	A	35.38 % / 49.24 %
62	B	40.77 % / 48.46 %
63	D	41.54 % / 48.46 %
64	E	33.08 % / 50.0 %
65	B	31.54 % / 50.0 %
66	B	12.31 % / 66.15 %
67	C	7.69 % / 66.16 %
68	D	10.0 % / 59.23 %
69	B	20.77 % / 61.54 %
70	A	6.15 % / 67.7 %

प्रश्न संख्या	उत्तर	सही उत्तर / छोड़ दिया
71	C	13.08 % / 68.46 %
72	A	3.85 % / 71.53 %
73	B	6.92 % / 70.77 %
74	A	6.92 % / 70.0 %
75	A	2.31 % / 72.31 %
76	B	29.23 % / 60.0 %
77	E	23.85 % / 62.3 %
78	E	26.15 % / 60.77 %
79	B	26.15 % / 62.31 %
80	B	21.54 % / 63.08 %

Quantitative Aptitude

Q.1 निम्नलिखित श्रृंखला में प्रश्न चिन्ह '?' के स्थान पर क्या आएगा?

2, 9, 39, 161, ?, 2613

A. 643   **B.** 651   **C.** 661   **D.** 673

E. 649

Q.2 निम्नलिखित श्रृंखला में प्रश्न चिन्ह '?' के स्थान पर क्या आएगा?

9, 6, 15, 12, ?, 18

A. 15   **B.** 24   **C.** 21   **D.** 22

E. 25

Q.3 निम्नलिखित श्रृंखला में प्रश्न चिन्ह '?' के स्थान पर क्या आएगा?

5, 9, 16, ?, 54, 103

A. 21   **B.** 24   **C.** 27   **D.** 29

E. 31

Q.4 निम्नलिखित श्रृंखला में प्रश्न चिन्ह '?' के स्थान पर क्या आएगा?

28, 30, 27, 37, 22, ?, 13

A. 48   **B.** 46   **C.** 38   **D.** 44

E. 36

Q.5 निम्नलिखित श्रृंखला में प्रश्न चिन्ह '?' के स्थान पर क्या आएगा?

29, 33, 58, ?, 243, 439

A. 139   **B.** 158   **C.** 107   **D.** 117

E. 122

Ques (6-10):निर्देश: निम्नलिखित ग्राफ को ध्यान से पढ़ें और निम्नलिखित प्रश्नों के उत्तर दीजिये:

पांच शहरों की कुल जनसंख्या = 78000

शहर A, B, C, D और E की जनसँख्या का अनुपात 5 : 7 : 8 : 9 : 10 है।

साक्षर जनसँख्या का प्रतिशत

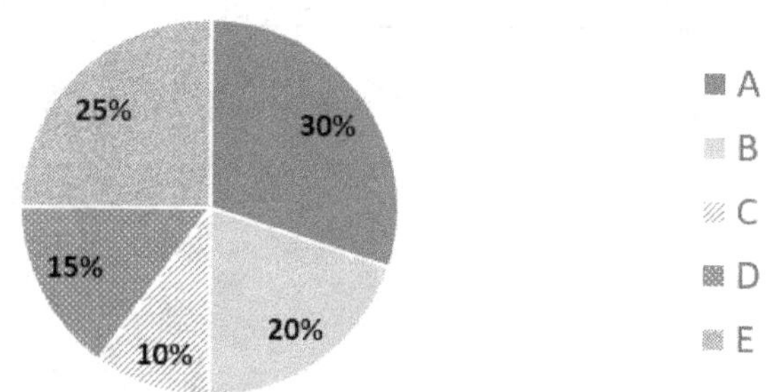

Q.6 शहर A और शहर B की साक्षर जनसँख्या की संख्या के मध्य अंतर है -

A. 250   **B.** 300   **C.** 150   **D.** 200

E. 100

Q.7 शहर D और शहर C की निरक्षर जनसंख्या के मध्य अनुपात ज्ञात कीजिए।

A. 8 : 11   **B.** 21 : 25   **C.** 19 : 22   **D.** 15 : 17

E. 17 : 16

Q.8 शहर A की साक्षर जनसंख्या, शहर E की कुल साक्षर जनसंख्या का कितना प्रतिशत है?

A. 60%   **B.** 50%   **C.** 66.67%   **D.** 75%

E. 80%

Q.9 शहर C, D और E की निरक्षर जनसँख्या की औसत संख्या ज्ञात कीजिए।

A. 14700   **B.** 15100   **C.** 14900   **D.** 15300

Q.10 शहर D की साक्षर जनसंख्या, शहर A की साक्षर जनसंख्या से कितने प्रतिशत कम है?

A. 15%   **B.** 12%   **C.** 5%   **D.** 10%

E. 20%

Q.11 एक पोशाक का विक्रय मूल्य 75% और 70% की दो क्रमिक छूट देने के बाद 7,500 रुपये है। अंकित मूल्य ज्ञात कीजिये।

A. 100000 रु   **B.** 75000 रु

C. 200000 रु   **D.** 90000 रु

E. 50000 रु

Q.12 दो वर्षों के बाद एक निश्चित मूलधन पर, एक निश्चित दर से साधारण ब्याज और चक्रवृद्धि ब्याज का मान क्रमशः 2400 रुपए और 2544 रुपए है। मूलधन का मान ज्ञात कीजिए।

A. 12000 रु   **B.** 8000 रु   **C.** 9000 रु   **D.** 10000 रु

E. 15000 रु

Q.13 मनोज शांत जल में 108 किमी/घंटा की गति से नाव चला सकता है और वह इसी दूरी की यात्रा को प्रतिप्रवाह और अनुप्रवाह में पूरा करता है, जहाँ धारा का प्रवाह 5 मी/से है। पूरी यात्रा की औसत गति ज्ञात कीजिये।

A. 90 किमी/घंटा   **B.** 100 किमी/घंटा

C. 102 किमी/घंटा   **D.** 105 किमी/घंटा

E. इनमें से कोई नहीं

Q.14 एक ही क्षमता के दो बर्तनों P और Q में पेट्रोल और पानी क्रमशः 2 : 5 और 6 : 1 के अनुपात में है। वह अनुपात ज्ञात कीजिए जिसमें इन दोनों को एक साथ मिलाने पर प्राप्त पेट्रोल और पानी का अनुपात 7 : 3 हो।

A. 11 : 29   **B.** 12 : 29   **C.** 13 : 31   **D.** 17 : 39

E. 11 : 21

Q.15 आज से तीन वर्ष बाद अभय की उम्र उसके पिता की उम्र का 62.5% होगी। यदि उनके वर्तमान उम्र का योग 98 वर्ष है, तो अभय की वर्तमान उम्र ज्ञात कीजिए।

A. 37 वर्ष   **B.** 35 वर्ष

C. 33 वर्ष   **D.** 31 वर्ष

E. इनमे से कोई नहीं

Q.16 दिए गए प्रश्न में, I और II से अंकित दो समीकरण दिए गए हैं। आपको दोनों समीकरणों को हल करना है और सही उत्तर चिह्नित करना है-

I. $x^2 - 35x + 306 = 0$

II. $y^2 - 25y + 144 = 0$

A. $x > y$

B. $x < y$

C. $x \geq y$

D. $x \leq y$

E. $x = y$ या x और y के बीच सम्बन्ध स्थापित नहीं किया जा सकता

Q.17 दिए गए प्रश्न में, I और II से अंकित दो समीकरण दिए गए हैं। आपको दोनों समीकरणों को हल करना है और सही उत्तर चिह्नित करना है-

I. $x^2 + 31x + 240 = 0$

II. $5y^2 + 60y + 135 = 0$

A. $x > y$

B. $x < y$

C. $x \geq y$

D. $x \leq y$

E. x = y या x और y के बीच सम्बन्ध स्थापित नहीं किया जा सकता

Q.18 दिए गए प्रश्न में, I और II से अंकित दो समीकरण दिए गए हैं। आपको दोनों समीकरणों को हल करना है और सही उत्तर चिह्नित करना है।

I. $x^2 + 22x + 120 = 0$

II. $10y^2 + 23y + 12 = 0$

A. $x > y$

B. $x < y$

C. $x \geq y$

D. $x \leq y$

E. x = y या x और y के बीच सम्बन्ध स्थापित नहीं किया जा सकता

Q.19 दिए गए प्रश्न में, I और II से अंकित दो समीकरण दिए गए हैं। आपको दोनों समीकरणों को हल करना है और सही उत्तर चिह्नित करना है-

I. $x^2 - 37x + 330 = 0$

II. $y^2 - 28y + 195 = 0$

A. $x > y$

B. $x < y$

C. $x \geq y$

D. $x \leq y$

E. x = y या x और y के बीच सम्बन्ध स्थापित नहीं किया जा सकता

Q.20 दिए गए प्रश्न में, I और II से अंकित दो समीकरण दिए गए हैं। आपको दोनों समीकरणों को हल करना है और सही उत्तर चिह्नित करना है-

I. $x^2 + 20x + 64 = 0$

II. $y^2 + 27y + 110 = 0$

A. $x > y$

B. $x < y$

C. $x \geq y$

D. $x \leq y$

E. x = y या x और y के बीच सम्बन्ध स्थापित नहीं किया जा सकता

Ques (21-25):निर्देश: नीचे दिए गये दंड आलेख में वस्तुओं की उपलब्ध कुल इकाइयों की संख्या और वस्तुओं की बाजार में ऑनलाइन और ऑफलाइन विक्रय प्रतिशत को दर्शाया गया है।

ऑनलाइन और ऑफलाइन बेची गयी कुल इकाइयों की संख्या

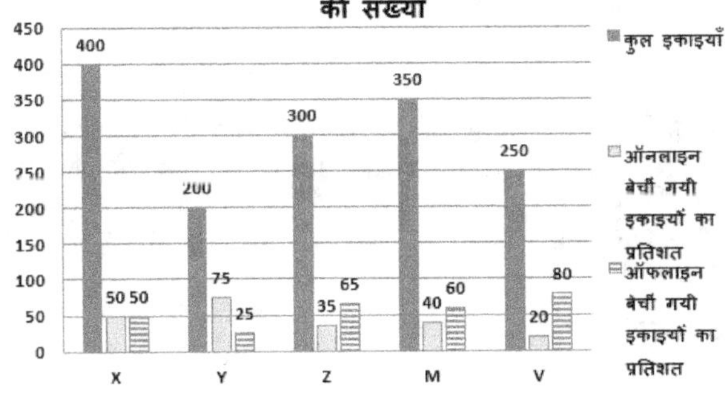

Q.21 ऑफलाइन बेची गयी कुल इकाइयों की संख्या ज्ञात कीजिये।

A. 120

B. 230

C. 855

D. 900

E. 810

Q.22 ऑनलाइन बेची गयी कुल इकाइयों की संख्या ज्ञात कीजिये।

A. 600

B. 800

C. 200

D. 645

E. 125

Q.23 ऑफलाइन किस वस्तु की अधिकतम संख्या में बिक्री हुई है?

A. X

B. Y

C. Z

D. M

E. V

Q.24 ऑनलाइन किस वस्तु की न्यूनतम संख्या में बिक्री हुई है?

A. X

B. Y

C. Z

D. M

E. V

Q.25 X की कुल बेची गयी इकाइयों की संख्या का Y की कुल बेची गयी इकाइयों की संख्या से क्या अनुपात है?

A. 1 : 6

B. 2 : 1

C. 1 : 3

D. 2 : 5

E. 5 : 2

Ques (26-30):निर्देश: निम्नलिखित समीकरण में प्रश्नवाचक चिह्न '?' के स्थान पर क्या आएगा?

Q.26 $(44.5 \times 4 \div 2 + 23.45) = ? - 34.55$

A. 136

B. 147

C. 123

D. 150

E. 154

Q.27 (65 का 20% × 50 का 26%) = ? + 23

A. 150

B. 192

C. 146

D. 155

E. 165

Q.28 $(\sqrt{7056} \div 4 \text{ का } 21 \times \sqrt{?}) + 38 = 54$

A. 4

B. 256

C. 38

D. 32

E. 100

Q.29 $(7 \text{ का } \sqrt{2401} \div \sqrt[3]{343} \times \sqrt[3]{?} = 67 + 31$

A. 8

B. 2

C. 4

D. 16

E. 22

Q.30 $[992 \div 32 \times 5 + (360 \div 45)] = ?$

A. 160

B. 173

C. 150

D. 163

E. 168

Q.31 A, B और C एकसाथ मिलकर 6 दिनों में 1080 रूपये कमाता है। A और C, 5 दिनों में 600 रूपये कमा सकता है। B और C 7 दिनों में 910 रूपये कमा सकता है। प्रति दिन C कितनी राशि कमा सकता है?

A. 40 रूपये

B. 80 रूपये

C. 60 रूपये

D. 90 रूपये

E. 70 रूपये

Q.32 एक थैले में 26 पर्ची हैं। प्रत्येक पर्ची पर अंग्रेजी अक्षर (A से Z) लिखे गये हैं। यादृच्छिक रूप से एक पर्ची निकाली जाती है। इसके स्वर होने की प्रायिकता क्या है?

A. $\frac{7}{52}$

B. $\frac{9}{52}$

C. $\frac{5}{26}$

D. $\frac{7}{26}$

E. $\frac{3}{26}$

Q.33 हिरेन, किशन और पार्थ 2 : 1 : 5 के लाभ-विभाजन अनुपात में एक व्यवसाय में एक व्यवसाय साझेदार हैं। व्यवसाय में 168000 रुपए का लाभ अर्जित होता है और गलती से वे लाभ को एकसमान रूप से वितरित करते हैं। तो पार्थ क्या करेगा?

A. पार्थ हिरेन से 14000 रुपए और किशन से 35000 रुपए लेगा

B. पार्थ हिरेन को 14000 रुपए और किशन को 35000 रुपए देगा

C. पार्थ किशन से 14000 रुपए और हिरेन से 35000 रुपए लेगा

D. पार्थ किशन को 14000 रुपए और हिरेन को 35000 रुपए देगा

E. पार्थ किशन को 20000 रुपए और हिरेन को 15000 रुपए देगा

Q.34 जब एक एक्सप्रेस रेलगाड़ी एक मिनट में 300 मीटर लंबे प्लेटफॉर्म को पार करती है, तो वहां खड़ा एक यात्री एक आवारा कुत्ते को 15 मीटर/सेकंड की गति से विपरीत दिशा में दौड़ता हुआ देखता है। कुत्ता रेलगाड़ी को 1/3 मिनट में पार करता है। रेलगाड़ी की गति कितनी है?

A. 1200 मीटर/सेकंड **B.** 600 मीटर/सेकंड

C. 15 मीटर/सेकंड **D.** 30 मीटर/सेकंड

E. इनमें से कोई नहीं

Ques (35-39):निर्देश: निम्नलिखित तालिका को ध्यान से पढ़ें और निम्नलिखित प्रश्नों के उत्तर दीजिये:

निम्न तालिका नौकरियों के लिए पुरुषों और महिलाओं के आवेदनों की संख्या और चयनित पुरुषों और महिलाओं के प्रतिशत को दर्शाती है।

वर्ष	आवेदन		चयकित प्रतिशत	
	पुरुष	महिला	पुरुष	महिला
2008	4000	6000	40	60
2009	6000	7000	50	55
2010	7000	8000	60	45
2011	9000	12000	55	70
2012	10000	11000	70	75

Q.35 पाँचों वर्षों में चयनित पुरुषों की औसत संख्या ज्ञात कीजिए।

A. 4250 **B.** 4050 **C.** 4150 **D.** 4350

E. 3950

Q.36 पाँचों वर्षों में चयनित महिलाओं की संख्या और पाँच वर्षों में अस्वीकृत महिलाओं की कुल संख्या के मध्य अंतर ज्ञात कीजिए।

A. 10800 **B.** 12200 **C.** 9600 **D.** 13200

E. 11400

Q.37 वर्ष 2008 में और वर्ष 2012 में क्रमशः अस्वीकृत पुरुषों और महिलाओं की कुल संख्या के मध्य अनुपात ज्ञात कीजिये।

A. 84: 95 **B.** 96: 115 **C.** 102: 125 **D.** 114: 135

E. 67: 75

Q.38 2009 और 2012 में अस्वीकृत पुरुषों की संख्या, 2008 और 2011 में अस्वीकृत महिलाओं की कुल संख्या का कितना प्रतिशत है?

A. 100% **B.** 80% **C.** 120% **D.** 125%

E. 75%

Q.39 2010 और 2012 में चयनित पुरुषों की संख्या, 2010 और 2011 में चयनित महिलाओं की संख्या से कितने प्रतिशत कम है?

A. 5% **B.** 6.67% **C.** 10% **D.** 8%

E. 3.33%

Q.40 एक व्यक्ति Jio मोबाइल फोन का उपयोग करता है। उसका अप्रैल माह का शुल्क 1500 रुपये है और वह केवल 7 घंटे/दिन के लिए उस फोन के साथ इंटरनेट का उपयोग करता है। किसी कारण से, उसका फोन नवम्बर में 5 दिनों के लिए बंद रहता है। नवम्बर माह में अप्रैल माह के समान मासिक शुल्क रहने के लिए उसे कितने घंटे/दिन मोबाइल का उपयोग करना होगा?

A. 6 घंटे/दिन **B.** 10 घंटे/दिन

C. $9\frac{2}{5}$ घंटे/दिन **D.** 8.4 घंटे/दिन

E. इनमें से कोई नहीं

Reasoning

Ques (41-45):आठ व्यक्ति A, B, C, D, E, F, G और H एक वृत्त (सर्कल) में आग के आसपास बैठे हैं। उनमें से सभी के पास 1 से 8 तक संगमरमर के पत्थरों की एक अनूठी संख्या है। उनमें से सभी को आग का सामना करना पड़ रहा है।

इसके अलावा, निम्नलिखित जानकारी ज्ञात है:

- 7 पत्थर वाले व्यक्ति और 8 पत्थर वाले व्यक्ति के बीच 2 व्यक्ति बैठे हैं।

- सबसे अधिक संख्या में पत्थर वाले व्यक्ति के निकट सबसे कम पत्थरों वाले व्यक्ति के बैठे हैं।

- दूसरी सबसे बड़ी संख्या में पत्थर वाले व्यक्ति, सबसे कम पत्थरों वाले व्यक्ति के विपरीत और दूसरे सबसे कम संख्या में पत्थर के साथ व्यक्ति के समीप बैठे हैं।

- सबसे ज्यादा संख्या में पत्थर वाले व्यक्ति के पड़ोसियों में से किसी के भी पास सम संख्या में पत्थर नहीं है।

- वह व्यक्ति जो 3 पत्थर वाले व्यक्ति के विपरीत बैठा है, के पास 6 पत्थर हैं। उनमें से कोई भी व्यक्ति सबसे अधिक पत्थर वाले व्यक्ति के नजदीक नहीं है।

- A ,7 पत्थर वाला व्यक्ति है। B, 8 पत्थर वाला व्यक्ति है। H और C, B के पड़ोसियों में से हैं। C के पास सबसे कम पत्थर नहीं हैं। जिस के पास 4 पत्थर हैं, 5 पत्थर वाले व्यक्ति के विपरीत बैठे हैं। D,H के एक पड़ोसी हैं। G उस व्यक्ति के विपरीत बैठता है जिसके पास सबसे अधिक पत्थर है। F के पास पत्थर की एक विषम संख्या है।

Q.41 6 पत्थर किसके पास है?

A. G **B.** C **C.** D **D.** H

E. F

Q.42 5 पत्थर किसके पास है?

A. G **B.** C **C.** D **D.** H

E. F

Q.43 सबसे कम संख्या वाले पत्थर वाले व्यक्ति के पड़ोसियों के पत्थरों का योग क्या है

A. 15 **B.** 13 **C.** 10 **D.** 14

E. 9

Q.44 G के पास कितने पत्थर हैं?

A. 5 **B.** 2 **C.** 6 **D.** 3

E. 1

Q.45 हम कितने व्यक्तियों के पत्थर की संख्या स्पष्ट रूप से निर्धारित कर सकते हैं?

A. 8 **B.** 6 **C.** 5 **D.** 3

E. 4

Ques (46-47):निर्देश: निम्न प्रश्न में तीन कथन और उसके बाद I और II से अंकित दो निष्कर्ष दिए गये हैं। आपको दिए गये कथनों को सत्य मानना है, भले ही वें सामान्य ज्ञात तथ्यों से भिन्न प्रतीत होते हों। सभी निष्कर्षों को पढ़िए और फिर निर्णय कीजिए कि दिये गए निष्कर्षों में से कौन सा/कौन से निष्कर्ष ज्ञात तथ्यों को नजरअंदाज करने पर कथनों का तार्किक रूप से अनुसरण करता है/करते हैं।

Q.46 कथन:

कोई पुरुष सुंदर नहीं है।

कुछ सुंदर लोग हैं।

सभी लोग पागल हैं।

निष्कर्ष:

I. सभी पुरूषों के पागल होने की संभावना है।

II. कोई पुरूष लोग नहीं है।

A. केवल निष्कर्ष I अनुसरण करता है

B. केवल निष्कर्ष II अनुसरण करता है

C. या तो I या II अनुसरण करता है

D. न तो I न ही I अनुसरण करता है

E. निष्कर्ष I और II दोनों अनुसरण करते हैं

Q.47 कथन:

कुछ एडिडास, लावा हैं।

कुछ लावा, आयरन हैं।

कुछ आयरन, सैमसंग हैं।

कुछ सैमसंग, छड़ हैं।

निष्कर्ष:

I. कुछ लावा, एडिडास हैं।

II. कुछ सैमसंग, लावा हैं।

[SBI Clerk, 2021]

A. कोई भी अनुसरण नहीं करता है

B. केवल I अनुसरण करता है

C. या तो I या फिर II अनुसरण करता है

D. I तथा II दोनों अनुसरण करते हैं

E. इनमें से कोई नहीं

Ques (48-50):निर्देश: नीचे दी गई जानकारी का ध्यानपूर्वक अध्ययन करें और आने वाले प्रश्नों के उत्तर दें।

सारा मार्केट से 10 किमी दक्षिण की ओर जाती है, दाएं मुड़ती है और करन से मिलने के लिए 24 किमी जाती है। वह फिर 15 किमी उत्तर में जाती है और शान से मिलती है। वह फिर दाईं ओर मुड़ती है और पारुष से मिलने 30 किमी जाती है। वह अपने घर तक पहुँचने के लिए 9 किमी दक्षिण की ओर जाती है और वहीं रुक जाती है।

Q.48 बाज़ार और करन के बीच की न्यूनतम दूरी क्या है?

A. 26 किमी

B. 25 किमी

C. $26\sqrt{2}$ किमी

D. $28\sqrt{2}$ किमी

E. 27 किमी

Q.49 शान और सारा के घर के बीच न्यूनतम दूरी क्या है?

A. $3\sqrt{105}$ किमी

B. $2\sqrt{109}$ किमी

C. $3\sqrt{107}$ किमी

D. $3\sqrt{109}$ किमी

E. $2\sqrt{107}$ किमी

Q.50 बाजार से पारुष किस दिशा में है?

A. दक्षिण पश्चिम

B. उत्तर पूर्व

C. दक्षिण पूर्व

D. पूर्व

E. उत्तर-पश्चिम

Ques (51-53):निर्देश: नीचे दिए गए प्रश्न में कुछ कथन और उसके बाद कुछ निष्कर्ष दिए गए हैं। आपको दिए गए कथनों को सत्य मानना है, भले ही वे सर्वज्ञात तथ्यों से भिन्न प्रतीत होते हों। सभी निष्कर्षों को पढ़ें और फिर तय करें कि दिए गए निष्कर्षों में से कौन सा निष्कर्ष सामान्य रूप से ज्ञात तथ्यों की परवाह किए बिना दिए गए कथनों का तार्किक रूप से अनुसरण करता है।

Q.51 कथन:

सभी पुष्प सफ़ेद हैं।

कुछ सफ़ेद सुन्दर हैं।

निष्कर्ष:

I. सभी पुष्प सुन्दर होने की सम्भावना है।

II. कम से कम कुछ सफ़ेद, पुष्प न होने की सम्भावना है।

A. केवल निष्कर्ष I अनुसरण करता है

B. केवल निष्कर्ष II अनुसरण करता है

C. या तो निष्कर्ष I या फिर निष्कर्ष II अनुसरण करता है

D. दोनों निष्कर्ष I और निष्कर्ष II अनुसरण करते हैं।

E. ना तो निष्कर्ष I और ना ही निष्कर्ष II अनुसरण करता है

Q.52 कथन:

10% जनसंख्या संक्रमित है

40% संक्रमित ठीक हुए हैं

निष्कर्ष:

1) कुछ जनसंख्या ठीक हो गयी है

2) 5% संक्रमित जनसंख्या ठीक हो गयी है

3) कुछ ठीक हुए संक्रमित है

A. केवल निष्कर्ष 1 अनुसरण करता है

B. निष्कर्ष 1 और 2 दोनों अनुसरण करते हैं

C. केवल 3

D. 1 और 3 दोनों

E. कोई अनुसरण नहीं करता है

Q.53 कथन:

कुछ पत्ते खंभे नहीं हैं।

कुछ बर्तन खंभे हैं।

केवल कुछ पेड़ बर्तन हैं।

सभी बर्तन शाखाएं हैं।

निष्कर्ष:

I. कुछ बर्तन पेड़ नहीं हैं।

II. कुछ शाखाओं के पत्तियां होने की संभावना है।

III. कुछ पेड़ बर्तन नहीं हैं।

A. केवल II अनुसरण करता है

B. II और III अनुसरण करते हैं

C. I और II अनुसरण करते हैं

D. सभी I, II और III अनुसरण करते हैं

E. कोई भी अनुसरण नहीं करते हैं

Ques (54-56):निर्देश: दिए गए प्रश्नों का उत्तर देने के लिए निम्नलिखित जानकारी को ध्यानपूर्वक पढ़िए:

चरण 1: विषम संख्याएँ, जो एक पूर्ण वर्ग हैं, अवरोही क्रम में दाएं सिरे पर लिखिए।

चरण 2: चरण 1 को पूर्ण करने के बाद, व्यंजन को वर्णमाला के क्रम में उसके अगले अक्षर से प्रतिस्थापित कीजिये।

चरण 3: चरण 2 को पूर्ण करने के बाद, स्वरों को A से प्रतिस्थापित कीजिये।

C → K 5 R ÷ 6 N (G © 9 F 4 U T 8) µ M F #

Q.54 चरण 1 के बाद कितने व्यंजनों के बाद प्रतीक आते हैं?

A. 5

B. 4

C. 6

D. 7

E. इनमें से कोई नहीं

Q.55 चरण 3 के बाद कितने पूर्ण वर्ग से पहले एक प्रतीक आता है?

A. 2

B. 3

C. 0

D. 1

E. 4

Q.56 चरण 2 के बाद, दाएं सिरे से बीसवें तत्व के दाएं चौथा तत्व कौन-सा है?

A. O **B.** S **C.** O **D.** ÷
E. 6

Ques (57-61):निर्देश: निम्नलिखित जानकारी का ध्यानपूर्वक अध्ययन कीजिये और नीचे दिये गए प्रश्नों के उत्तर दीजिये।

A, B, C, D, E, F, G, और H एक वर्गाकार मेज़ के चारो तरफ केंद्र से बाहर सम्मुख इस प्रकार बैठे हैं कि उनमें से चार व्यक्ति मेज़ के चारों कोनों पर हैं, जबकि शेष चार व्यक्ति मेज़ की चारों भुजाओं के मध्य में बैठे हैं। A और F के मध्य केवल तीन व्यक्ति बैठे हैं। C, A के दाईं ओर से तीसरे स्थान पर बैठा है। F, C और D का निकटतम पड़ोसी। H, A के दाईं ओर से दूसरे स्थान पर बैठा है। H, G का निकटतम पड़ोसी नहीं है। A और F दोनों मेज़ के मध्य में बैठे हैं। A, B का निकटतम पड़ोसी नहीं है।

Q.57 E का संबंध B से है। ठीक इसी प्रकार किसका संबंध D से है?

A. A **B.** H
C. F **D.** G
E. इनमें से कोई नहीं

Q.58 निम्नलिखित में से चार एक समान हैं। कौन सा एक विकल्प इस समूह से संबन्धित नहीं है?

A. C **B.** E **C.** D **D.** B
E. G

Q.59 F के दाईं ओर से चौथे स्थान पर कौन बैठा है?

A. E **B.** A **C.** G **D.** B
E. E

Q.60 B के बाईं ओर से गणना करने पर, B और F के बीच में कितने व्यक्ति बैठे हैं?

A. कोई नहीं **B.** दो **C.** चार **D.** तीन
E. एक

Q.61 G के संबंध में E किस दिशा में है?

A. दाईं ओर से चौथे स्थान पर
B. बाईं ओर से पांचवें स्थान पर
C. दाईं ओर से दूसरे स्थान पर
D. बाईं ओर से दूसरे स्थान पर
E. दाईं ओर से तीसरे स्थान पर

Ques (62-63):निर्देश: निम्नलिखित प्रश्न में दिए गए कथनों को सही मानकर ज्ञात कीजिये कि, दिए गए तीन निष्कर्षों में से कौन सा निष्कर्ष निश्चित रूप से सही हैं और उसके अनुसार उत्तर दें।

Q.62 कथन:

X > Y > Z > R; P > Q > R

निष्कर्ष:

I. X > Q

II. R < Y

III. Z = Q

A. केवल I और II सही है
B. केवल II सही है
C. केवल III सही है
D. सभी निष्कर्ष सही हैं
E. कोई भी निष्कर्ष सही नहीं हैं

Q.63 कथन:

A = B = C > D > E, C < P < Q

निष्कर्ष:

I. A > E

II. E < B

III. Q < D

A. सिर्फ I सही है
B. सिर्फ I और II सही है
C. सिर्फ I और III सही है
D. सिर्फ I और II या III में से एक ही सही है
E. इनमें से कोई नहीं

Ques (64-68):निर्देश: निम्नलिखित जानकारी का अध्ययन कीजिए और दिए गए प्रश्नों के उत्तर दीजिये:

नौ व्यक्ति सोनू, राजू, मोनू टोनी, टीटू, संजू, मोहन, सोहन और रोहन उत्तर दिशा की ओर सम्मुख एक पंक्ति में बैठे हैं। मोहन पंक्ति के ठीक मध्य में बैठा है। दो व्यक्ति मोहन और राजू के मध्य में बैठते हैं। रोहन, राजू के निकटतम दाईं ओर बैठता है। सोहन पंक्ति के अंतिम सिरों में से एक पर बैठता है। एक व्यक्ति सोहन और टोनी के मध्य में बैठता है। टीटू, मोहन और राजू का निकटतम पड़ोसी नहीं है। मोनू, टोनी का निकटतम पड़ोसी है। सोनू, मोहन का निकटतम पड़ोसी नहीं है और पंक्ति के अंत में नहीं बैठा है।

Q.64 रोहन और मोनू के मध्य में कितने व्यक्ति बैठे हैं?

A. 4 **B.** 5
C. 6 **D.** 1
E. इनमें से कोई भी नहीं है

Q.65 राजू के संबंध में टोनी की स्थिति क्या है?

A. बाईं ओर से छठा **B.** बाईं ओर से चौथा
C. दाईं ओर से पाँचवा **D.** बाईं ओर से पाँचवा
E. इनमें से कोई भी नहीं है।

Q.66 सोहन के दाईं ओर से तीसरे स्थान पर कौन बैठता है?

A. टोनी **B.** मोनू
C. मोहन **D.** सोनू
E. इनमें से कोई भी नहीं है

Q.67 मोहन और सोनू के मध्य में कौन बैठा है?

A. टोनी **B.** सोहन
C. संजू **D.** रोहन
E. इनमें से कोई भी नहीं है

Q.68 निम्नलिखित में से कौन सी स्थिति टीटू के संबंध में सत्य है?

A. मोनू का निकटतम पड़ोसी है
B. मोहन के दाईं ओर से तीसरा
C. सोहन और टोनी का निकटतम पड़ोसी
D. संजू के दाईं ओर से चौथा
E. इनमें से कोई भी नहीं है

Ques (69-70):निर्देश: दी गई जानकारी का ध्यानपूर्वक अध्ययन कीजिए और निम्नलिखित प्रश्नों के उत्तर दीजिये।

सोनू, अमू की माँ है, जो चैन की इकलौती बहन है। जॉन, दीया का एकमात्र पुत्र है, जो राज की पत्नी है। चैन, बालू का इकलौता बेटा है, जो राज का भाई है। लता, बालू की बहन है।

Q.69 लता, दीया से किस प्रकार संबंधित है?

A. भाई **B.** माँ
C. सिस्टर-इन-लॉ **D.** पत्नी
E. भतीजा

Q.70 अमू लता से किस प्रकार संबंधित है?

A. भाई   B. भतीजी   C. पिता   D. पत्नी
E. भतीजा

Ques (71-75):निर्देश: जानकारी को ध्यान से पढ़ें और नीचे दिए गए प्रश्न का उत्तर दें।

A, B, C, D, F, G, H, I और J परिवार के सदस्य हैं। परिवार में तीन पीढ़ियां हैं। प्रत्येक सदस्य विभिन्न शहरों जैसे आगरा, हरिद्वार, दिल्ली, मुंबई, बड़ौदा, पटना, वाराणसी, कोलकाता, पुणे और हैदराबाद में विवाह समारोह के लिए जाता है लेकिन जरूरी नहीं कि इसी क्रम में हो। वे अलग-अलग महीनों यानी जनवरी, फरवरी, मार्च, अप्रैल और मई में प्रत्येक महीने की 7 या 14 तारीख को समारोह में भाग लेते हैं। एक व्यक्ति एक दी गई तारीख को समारोह में शामिल होता है लेकिन जरूरी नहीं कि इसी क्रम में हो।

परिवार में पुरुष और महिला की संख्या समान है। परिवार में, B और H को छोड़कर प्रत्येक महिला सदस्य की दो बहनें और एक अविवाहित भाई है। B की कोई भाभी नहीं है। I, F का ससुर है और 30 दिनों वाले महीने में शादी के लिए बड़ौदा जाता है। कोई पुरुष सदस्य शादी के लिए हैदराबाद, हरिद्वार और वाराणसी नहीं जाता है।

I और G के बीच तीन व्यक्ति शादी में शामिल होते हैं। G जो पटना जाता है, B का दामाद है। C की माँ G से ठीक पहले शादी के लिए हरिद्वार जाती है। D आगरा जाता है। E की अविवाहित बहन है, जो कम से कम दिनों वाले महीने में शादी में शामिल होती है। E शादी के लिए कोलकाता नहीं जाता है। C, F की भाभी है, विषम संख्या वाली तारीख में अपने पिता के बाद शादी में शामिल होती है लेकिन हैदराबाद नहीं जाती है।

E, G का जीजा है। B का पिता H का पति है और वह H से ठीक पहले शादी में शामिल होता है लेकिन पुणे नहीं जाता है। C, A की विवाहित बहन है, जो विषम संख्या वाली तारीख को शादी में शामिल होती है। D, A के पति से पहले शादी में शामिल होता है। दादा-दादी शादी के लिए पुणे और दिल्ली के अलावा कोई दूसरा शहर नहीं जाते।

Q.71 निम्नलिखित में से कौन शादी के लिए पुणे जाता है?

A. H   B. B   C. C   D. A

Q.72 A की अविवाहित बहन किस दिन शादी में शामिल होती है?

A. 7 अप्रैल   B. 14 अप्रैल   C. 7 जनवरी   D. 14 जनवरी

Q.73 निम्नलिखित में से कौन सा संयोजन C के संबंध में सत्य है?

A. 7 अप्रैल - वाराणसी   B. 7 मई – आगरा
C. 7 जनवरी- हैदराबाद   D. 7 मई - वाराणसी

Q.74 E, 7 मार्च को शादी में शामिल होने वाले व्यक्ति से किस प्रकार संबंधित है?

A. बेटा   B. दामाद   C. पोता   D. दादा

Q.75
सभी एक निश्चित तरीके से समान हैं और इस प्रकार एक समूह बनाते हैं। निम्नलिखित में से कौन समूह से संबंधित नहीं है?

A. B   B. E   C. H   D. G

Ques (76-80):निर्देश: निम्नलिखित जानकारी का ध्यानपूर्वक अध्ययन कीजिये और उसके बाद प्रश्नों के उत्तर दीजिये।

NIC कंपनी में आठ व्यक्ति हैं- शाम, रामू, विग्रेश, विवेक, मौनिका, अग्रवाल, गुप्ता और मिश्रा। प्रत्येक व्यक्ति अलग-अलग पद पर है जैसे - तकनीकी निदेशक, वैज्ञानिक E, वैज्ञानिक D, वैज्ञानेक C, वैज्ञानिक B, वैज्ञानिक अधिकारी, तकनीकी सहायक B, और तकनीकी सहायक A। तकनीकी निदेशक सभी में वरिष्ठ है और तकनीकी सहायक A सबसे कनिष्ठ है।

इन सब में सबसे ऊंचे पद पर मौनिका है। मौनिका और अग्रवाल के बीच केवल एक व्यक्ति के पास पद है। मिश्रा सभी में सबसे निचले पद पर हैं। विग्रेश केवल दो व्यक्तियों से वरिष्ठ है। गुप्ता और शाम के बीच में दो व्यक्तियों के पद हैं। विवेक से वरिष्ठ व्यक्तियों की संख्या, गुप्ता से कनिष्ठ

व्यक्तियों की संख्या के समान है, जो वैज्ञानिक D और वैज्ञानिक B का पड़ोसी है। गुप्ता, विवेक से वरिष्ठ है, जो तकनीकी सहायक B नहीं है।

Q.76 वैज्ञानिक C कौन है?

A. मौनिका   B. गुप्ता   C. राम   D. शाम

Q.77 वैज्ञानिक अधिकारी कौन है?

A. शाम   B. विवेक   C. विग्रेश   D. मिश्रा

Q.78 निम्नलिखित में से कौन सी व्यवस्था सत्य है?

A. वैज्ञानिक अधिकारी, विवेक
B. वैज्ञानिक B, विग्रेश
C. वैज्ञानिक E, रामू
D. तकनीकी सहायक B, मिश्रा

Q.79 सर्वोच्च पद किसका है?

A. मौनिका   B. शाम   C. विग्रेश   D. गुप्ता

Q.80 निम्नतम पद किसका है?

A. रामू   B. गुप्ता   C. शाम   D. मिश्रा

// स्मार्ट उत्तर पुस्तिका //

सही उत्तर उन छात्रों का प्रतिशत जिन्होंने प्रश्नों का सही उत्तर दिया था।　　**छोड़ दिया** उन छात्रों का प्रतिशत जिन्होंने प्रश्नों को छोड़ दिया था।

प्रश्न संख्या	उत्तर	सही उत्तर / छोड़ दिया	प्रश्न संख्या	उत्तर	सही उत्तर / छोड़ दिया	प्रश्न संख्या	उत्तर	सही उत्तर / छोड़ दिया	प्रश्न संख्या	उत्तर	सही उत्तर / छोड़ दिया	प्रश्न संख्या	उत्तर	सही उत्तर / छोड़ दिया	प्रश्न संख्या	उत्तर	सही उत्तर / छोड़ दिया
1	B	6.34 % / 67.32 %	15	A	2.44 % / 90.73 %	29	A	2.44 % / 92.19 %	43	D	11.22 % / 70.73 %	57	A	0.98 % / 92.19 %	71	A	0.49 % / 98.05 %
2	C	7.8 % / 89.76 %	16	A	4.39 % / 90.73 %	30	D	3.9 % / 93.17 %	44	B	11.71 % / 70.24 %	58	D	4.88 % / 92.68 %	72	B	0.49 % / 98.53 %
3	D	3.9 % / 89.76 %	17	B	3.9 % / 91.71 %	31	E	0.98 % / 93.17 %	45	A	11.22 % / 72.19 %	59	B	4.88 % / 92.68 %	73	D	0.49 % / 99.02 %
4	A	0.98 % / 89.75 %	18	B	3.9 % / 92.2 %	32	C	3.9 % / 93.66 %	46	A	3.9 % / 92.2 %	60	E	4.39 % / 92.68 %	74	C	0.49 % / 99.02 %
5	E	3.9 % / 89.76 %	19	C	3.9 % / 92.2 %	33	A	0.49 % / 93.66 %	47	B	6.34 % / 92.2 %	61	C	4.39 % / 92.68 %	75	D	0 % / 100 %
6	D	3.9 % / 89.76 %	20	E	3.9 % / 92.2 %	34	C	1.95 % / 94.15 %	48	A	2.93 % / 92.19 %	62	B	4.88 % / 92.68 %	76	B	0.98 % / 98.04 %
7	E	3.41 % / 90.25 %	21	C	3.9 % / 92.2 %	35	C	1.95 % / 94.15 %	49	D	2.93 % / 92.19 %	63	B	5.37 % / 92.68 %	77	C	0.49 % / 98.53 %
8	A	3.41 % / 90.25 %	22	D	3.41 % / 92.2 %	36	E	1.46 % / 94.15 %	50	B	4.39 % / 92.2 %	64	A	2.93 % / 93.66 %	78	C	0.49 % / 98.53 %
9	C	1.95 % / 90.25 %	23	D	4.39 % / 92.2 %	37	B	1.95 % / 94.64 %	51	E	0.98 % / 92.19 %	65	D	2.44 % / 93.66 %	79	A	0.49 % / 98.05 %
10	D	2.44 % / 90.24 %	24	E	3.41 % / 92.2 %	38	A	0.98 % / 94.63 %	52	C	3.9 % / 92.2 %	66	B	2.93 % / 93.66 %	80	D	0.49 % / 98.05 %
11	A	1.95 % / 90.25 %	25	B	4.88 % / 92.19 %	39	B	1.46 % / 94.15 %	53	B	2.44 % / 92.19 %	67	C	3.41 % / 94.15 %			
12	D	1.95 % / 90.25 %	26	B	5.85 % / 92.2 %	40	D	0.49 % / 94.63 %	54	A	0.49 % / 92.19 %	68	C	3.41 % / 94.64 %			
13	D	1.95 % / 90.73 %	27	C	5.85 % / 92.2 %	41	C	12.68 % / 65.86 %	55	D	0.49 % / 92.19 %	69	C	2.93 % / 94.63 %			
14	A	1.46 % / 90.74 %	28	B	0.98 % / 92.19 %	42	B	10.73 % / 69.27 %	56	E	1.46 % / 92.2 %	70	B	2.44 % / 95.12 %			

Quantitative Aptitude

Q.1 5 साल पहले, सैम की आयु डेविड की आयु की दोगुनी थी। अब से 5 साल बाद, डेविड की उम्र सैम की उम्र की दो तिहाई होगी। डेविड और सैम की वर्तमान उम्र का योग क्या है?

A. 25 **B.** 35 **C.** 40 **D.** 60
E. 75

Q.2 एक व्यक्ति और उसके बेटे की औसत आयु 40 वर्ष है। उनकी आयु का अनुपात 11:5 है, बेटे की वर्तमान आयु क्या है?

A. 28 साल **B.** 32 साल **C.** 35 साल **D.** 36 साल
E. 25 साल

Q.3 समकोण त्रिभुज की आधार और ऊंचाई का अनुपात 5 : 4 है। यदि समकोण का क्षेत्रफल 160 सेमी² है, तो त्रिभुज की ऊंचाई ज्ञात कीजिए?

A. 16 सेमी **B.** 18 सेमी **C.** 20 सेमी **D.** 25 सेमी
E. 12 सेमी

Ques (4-7):निर्देश: आरेख का अध्ययन कीजिए और निम्नलिखित प्रश्नों के उत्तर दीजिए।

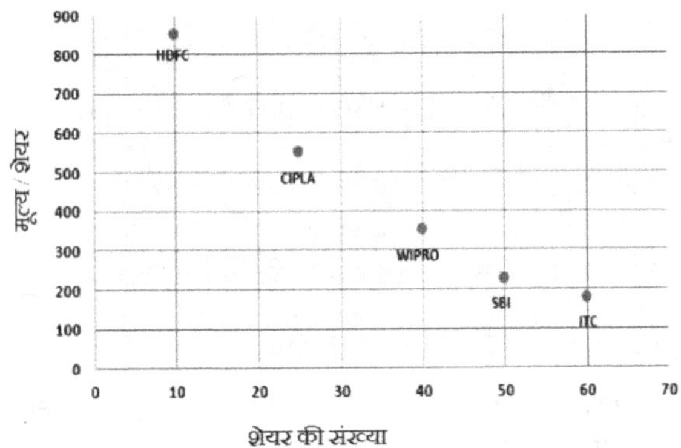

Q.4 विप्रो के शेयरों और एसबीआई के शेयरों की कुल कीमत में क्या अंतर है?

A. रु. 3200 **B.** रु. 3500 **C.** रु. 3000 **D.** रु. 2500
E. रु. 4500

Q.5 यदि एसबीआई के शेयर की कुल कीमत में 5% की वृद्धि की गई है, तो एसबीआई के शेयर की कुल कीमत क्या है?

A. रु. 12500 **B.** रु. 10505 **C.** रु. 15050 **D.** रु. 11550
E. रु. 12050

Q.6 एक आदमी के पास आईटीसी के 5 शेयर, एचडीएफसी के 2 शेयर और विप्रो के 10 शेयर हैं। उसके शेयर का कुल मूल्य क्या है?

A. 6000 **B.** 6100 **C.** 5400 **D.** 5900
E. 6400

Q.7 एचडीएफसी के 8 शेयरों तथा विप्रो के 8 शेयरों की कुल कीमत के बीच अनुपात क्या है?

A. 7 : 3 **B.** 10 : 7 **C.** 17 : 7 **D.** 3 : 1
E. 7 : 17

Ques (8-12):निर्देश: निम्न प्रश्न में प्रश्न चिह्न '?' के स्थान पर क्या आएगा?

Q.8
$$\left(23^2 + 11^3\right) \div 5 + \frac{896}{8} - 17 \times 9 + 12^3 \div \left(3^2 \times 4^2\right) = ?^3$$

A. 7 **B.** 49
C. 343 **D.** 343^3
E. इनमें से कोई नहीं

Q.9 $12 \times 3.5 + 12^3 - 32^2 - 119 \times 6 \div 42 = ?^3$

A. 11 **B.** 729
C. 81 **D.** 9
E. इनमें से कोई नहीं

Q.10 $318 \times 2.5 + 64\% \text{ of } 250 + \sqrt[3]{125} = ?^3 - 8 \times 5$

A. 981 **B.** 1000
C. 10^2 **D.** 10
E. इनमें से कोई नहीं

Q.11 $(159 + 313) \div 4 + \left(\frac{725}{5}\right) + (413 - 127) \div 11 = ?^2$

A. 19 **B.** 16
C. 289 **D.** 17
E. इनमें से कोई नहीं

Q.12
$$\left\{\frac{99}{87} \times \frac{87}{99} \div \frac{26}{676}\right\} + \left[\left\{\left(\frac{71}{97}\right) \times \left(\frac{58}{59}\right) \div \left(\frac{4118}{5723}\right)\right\} + \left(\frac{81}{9}\right)\right] = \sqrt{?}$$

A. 1284 **B.** 1276 **C.** 1396 **D.** 1196
E. 1296

Ques (13-16):निर्देश: निम्नलिखित लाइन ग्राफ को ध्यान से पढ़ें और निम्नलिखित प्रश्नों के उत्तर दें:

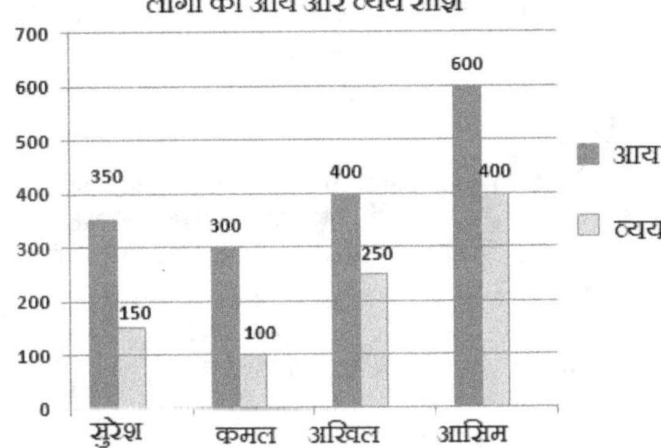

Q.13 ऊपर दिए गए आरेख में सभी 4 लोगों की औसत बचत कितनी है?

A. 250 **B.** 200 **C.** 187.5 **D.** 185
E. 220

Q.14 आसिम और कमल की कुल आय और सुरेश की बचत के बीच का अंतर क्या है?

A. 650　　**B.** 700　　**C.** 350　　**D.** 500
E. 400

Q.15 सुरेश की बचत, कमल की बचत का कितना प्रतिशत है?

A. 75%　　**B.** 50%　　**C.** 25%　　**D.** 100%
E. 150%

Q.16 अगर आसिम के कुल व्यय का $\frac{5}{8}$ भाग सामान खरीदने के लिए इस्तेमाल किया जाता है और बाकी का यात्रा में व्यय किया जाता है तो यात्रा करने के लिए कितनी राशि का उपयोग किया जाता है?

A. 180　　**B.** 150　　**C.** 130　　**D.** 100
E. 175

Ques (17-18):निर्देश: निम्न संख्या-श्रृंखला में, एक संख्या गलत दी गई है, उस संख्या को ज्ञात कीजिए।

Q.17 31, 102, 165, 256, 345, 446, 562

A. 345　　**B.** 31　　**C.** 102　　**D.** 165
E. 256

Q.18 6, 8, 16, 52, 216, 1096

A. 8　　**B.** 16　　**C.** 52　　**D.** 216
E. 6

Q.19 एक दुकानदार के पास 1200 रुपये के दो आइटम हैं। वह एक वस्तु को 15% के लाभ पर और दूसरे को 20% की हानि पर बेचता है। उसके समग्र लाभ या हानि की गणना कीजिए।

A. हानि, 2.5%　　**B.** लाभ, 2.5%
C. हानि, 5%　　**D.** लाभ, 5%
E. लाभ, 4%

Q.20 126 रुपये प्रति किलो और 134 रुपये प्रति किलो के चावल को एक तीसरी किस्म की चावल के साथ 1 : 1 : 2 के अनुपात में मिलाया जाता है। यदि मिश्रण का मूल्य 177 रुपये प्रति किलो है, तो चावल की तीसरी किस्म का मूल्य प्रति किलो क्या होगा?

A. 236　　**B.** 224　　**C.** 247　　**D.** 216
E. 253

Q.21 26 वस्तुओं का औसत 40 पाया गया। पता लगाने पर, यह पाया गया कि दो वस्तुओं को गलत तरीके से 40 और 24 के बजाय 20 और 18 लिया गया था। सही औसत ज्ञात कीजिये।

A. 39　　　　　　**B.** 40
C. 42　　　　　　**D.** 41
E. इनमें से कोई नहीं

Q.22 श्री कुमार खाने पर अपनी आय का 20%, किमती वस्तुओं पर 18%, मोबाइल रिचार्ज पर 6% खर्च करते हैं। वह अपनी आय का 4% ट्रस्ट को दान करते हैं। यदि उन्होंने किमती वस्तुओं पर 3,600 रुपए खर्च किये, तो उनकी बचत ज्ञात कीजिए।

A. 12,000 रुपए　　　　**B.** 11,200 रुपए
C. 13,500 रुपए　　　　**D.** 10,400 रुपए
E. इनमें से कोई नहीं

Q.23 जब राजेश स्टेशन पहुंचता है तो ट्रेन चलने लगती है। जब ट्रेन 30 किमी/घंटा की गति से चल रही है और राजेश ने पाया कि जिस बोगी में उसे सीट मिली है, वह राजेश से 125 मीटर दूर है। ट्रेन को 30 सेकंड में पकड़ने के लिए राजेश को किस गति से दौड़ने की जरूरत है।

A. 25　　　　　　**B.** 35

C. 45　　　　　　**D.** 40
E. इनमें से कोई नहीं

Q.24 सैम अपनी नाव को 4 किमी/घंटा की गति से चला सकता है और वह पाता है कि धारा के प्रतिकूल ले जाने का समय धारा के अनुकूल ले जाने के समय का 3 गुना है, तो धारा की गति ज्ञात कीजिए?

A. 8　　**B.** 4　　**C.** 6　　**D.** 2
E. कोई नहीं

Ques (25-29):निर्देश: निम्नलिखित डेटा का अध्ययन कीजिए और निम्नलिखित प्रश्नों के उत्तर दीजिए:

निम्न रेखा आलेख दो दुकानों में पाँच उत्पादों की बिक्री को दर्शाता है।

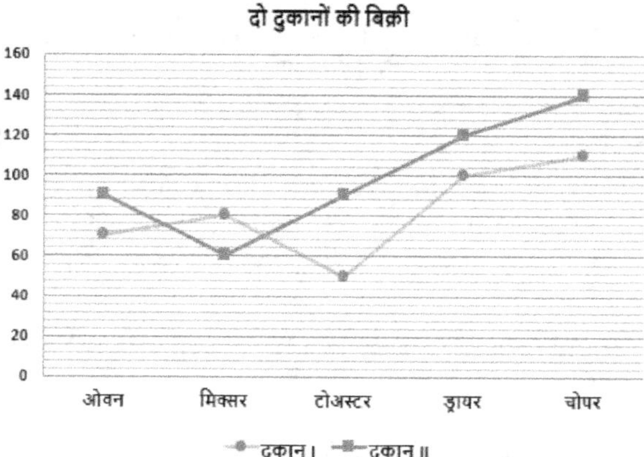

Q.25 दुकान II और दुकान I में टोस्टरों की बिक्री के बीच अंतर ज्ञात कीजिए।

A. 60　　**B.** 50　　**C.** 40　　**D.** 90
E. 70

Q.26 दुकान II में पाँचों उत्पादों की औसत बिक्री ज्ञात कीजिए।

A. 90　　**B.** 140　　**C.** 180　　**D.** 100
E. 120

Q.27 दुकान I में चौपरों की बिक्री दोनों दुकानों में चौपरों की कुल बिक्री की अनुमानित कितने प्रतिशत है?

A. 42%　　**B.** 44%　　**C.** 49%　　**D.** 48%
E. 40%

Q.28 दुकान I और दुकान II में ओवन की बिक्री के बीच अनुपात ज्ञात कीजिए।

A. 6 : 7　　**B.** 9 : 8　　**C.** 7 : 9　　**D.** 8 : 7
E. 10 : 11

Q.29 दुकान I में ड्रायर्स की बिक्री दुकान I में मिक्सर की बिक्री से कितने प्रतिशत अधिक है?

A. 31%　　**B.** 25%　　**C.** 28%　　**D.** 30%
E. 29%

Ques (30-32):निर्देश: निम्न प्रश्न में, I और II से अंकित दो समीकरण दिए गए हैं। आपको दोनों समीकरणों को हल करना है और सही उत्तर को चिन्हित करना है।

Q.30 I. $24x^2 + 38x + 15 = 0$
II. $54y^2 + 123y + 65 = 0$

A. x > y
B. x < y
C. x ≥ y

D. $x \leq y$

E. $x = y$ या x और y के बीच सम्बन्ध निर्धारित नहीं किया जा सकता

Q.31 $1.2x^2 + 23x + 56 = 0$

II. $12y^2 + 41y + 35 = 0$

A. $x > y$

B. $x < y$

C. $x \geq y$

D. $x \leq y$

E. $x = y$ या x और y के बीच सम्बन्ध निर्धारित नहीं किया जा सकता

Q.32 L. $x^2 - 50x + 225 = 0$

II. $y^2 + 32y - 105 = 0$

A. $x > y$

B. $x < y$

C. $x \geq y$

D. $x \leq y$

E. $x = y$ या x और y के बीच सम्बन्ध निर्धारित नहीं किया जा सकता

Q.33 ट्रेन A और B एक-दूसरे से 600 किमी की दूरी पर है। ट्रेन A, ट्रेन B की ओर 25 किमी/घंटा की गति से चलती है और ट्रेन B, ट्रेन A की ओर 35 किमी/घंटा की गति से चलती है। ट्रेन A के प्रारंभिक बिंदु से वे किस दूरी पर मिलेंगे?

A. 200 किमी **B.** 250 किमी **C.** 300 किमी **D.** 350 किमी

E. 400 किमी

Q.34 6 पुरुष 7 दिनों में प्रतिदिन 7 घंटे काम करते हुए 12 बॉक्स पैक कर सकते हैं। 14 पुरुष 18 बॉक्स कितने दिनों में पैक कर सकते हैं, यदि वे प्रतिदिन 9 घंटे काम करते हैं?

A. 2 दिन **B.** 1.8 days **C.** 3.5 दिन **D.** 4 दिन

E. 9 दिन

Q.35 थैले का अनुप्रस्थ काट समलम्ब के आकार में है जिसका शीर्ष किनारा 30 सेमी है और नीचे किनारा 15 सेमी है। यदि समलम्ब के सतह का क्षेत्र 1125 वर्ग सेमी है, थैले की ऊंचाई _______ मीटर है।

A. 25 **B.** 0.25 **C.** 2.5 **D.** 0.5

E. 0.35

Q.36 शब्द "SECOND" के वर्णों को कितने अलग अलग तरीकों से व्यवस्थित किया जा सकता है?

A. 720 **B.** 120

C. 5040 **D.** 270

E. इनमें से कोई नहीं

Ques (37-39):निर्देश: नीचे दिए गए प्रत्येक प्रश्न में दो कथन I और II दिए गए हैं। आपको यह निर्धारित करना होगा कि प्रश्न का उत्तर देने के लिए कथन में दिया गया डेटा पर्याप्त है या नहीं। आपको सर्वोत्तम संभव उत्तर चुनने के लिए गणित के डेटा और अपने ज्ञान का उपयोग करना चाहिए।

Q.37 त्रिभुज का आधार क्या है?

I. त्रिभुज की ऊँचाई और आधार 2 : 5 के अनुपात में है।

II. त्रिभुज का क्षेत्रफल 56 मी², परिमाप 48 मी है और ऊँचाई परिमाप की एक तिहाई है।

A. यदि केवल कथन I में दी गई जानकारी प्रश्न का उत्तर देने के लिए पर्याप्त है, जबकि केवल कथन II में दी गई जानकारी प्रश्न का उत्तर देने के लिए पर्याप्त नहीं है।

B. यदि केवल कथन II दी गई जानकारी प्रश्न का उत्तर देने के लिए पर्याप्त है, जबकि केवल कथन I दी गई जानकारी प्रश्न का उत्तर देने के लिए पर्याप्त नहीं है।

C. यदि या तो केवल कथन I या कथन II में दी गई जानकारी प्रश्न का उत्तर देने के लिए पर्याप्त है।

D. यदि दोनों कथनों I और II में दी गई जानकारी मिलकर प्रश्न का उत्तर देने के लिए पर्याप्त नहीं है।

E. यदि दोनों कथनों I और II में दी गई जानकारी मिलकर प्रश्न का उत्तर देने के लिए आवश्यक है।

Q.38 दो अंकों की संख्या के दो अंकों के बीच का अंतर 6 है। संख्या क्या है?

I. इकाई का अंक दहाई के अंक से बड़ा है।

II. दो अंकों का योग 8 है।

A. यदि केवल कथन I में दिया गया डाटा प्रश्न का उत्तर देने क लिए पर्याप्त है, जबकि केवल कथन II में दिया गया डाटा प्रश्न का उत्तर देने के लिए पर्याप्त नहीं है।

B. यदि केवल कथन II में दिया गया डाटा प्रश्न का उत्तर देने के लिए पर्याप्त है, जबकि केवल कथन I में दिया गया डाटा प्रश्न का उत्तर देने के लिए पर्याप्त नहीं है।

C. यदि या तो केवल कथन I या केवल कथन II में दिया गया डाटा प्रश्न का उत्तर देने के लिए पर्याप्त है।

D. यदि कथन I कथन II दोनों मिलकर प्रश्न का उत्तर देने के लिए आवश्यक है।

E. यदि कथन I कथन II दोनों मिलकर प्रश्न का उत्तर देने के लिए पर्याप्त नहीं है।

Q.39 क्या 4X5X9X, 9 से विभाज्य है?

I. x, 3 से विभाज्य है।

II. x, 9 से विभाज्य है।

A. यदि केवल कथन I प्रश्न का उत्तर देने के लिए पर्याप्त है, लेकिन कथन II प्रश्न का उत्तर देने के लिए पर्याप्त नहीं है।

B. यदि केवल कथन II प्रश्न का उत्तर देने के लिए पर्याप्त है, लेकिन कथन I प्रश्न का उत्तर देने के लिए पर्याप्त नहीं है।

C. यदि कथन I और II दोनों ही प्रश्न का उत्तर देने के लिए आवश्यक है।

D. यदि या तो केवल कथन I या केवल कथन II प्रश्न का उत्तर देने के लिए पर्याप्त है।

E. यदि दोनों कथन एकसाथ भी प्रश्न का उत्तर देने के लिए पर्याप्त नहीं हैं।

Q.40 16 छात्रों के एक समूह की औसत आयु 20 वर्ष है। अगर इस समूह में 4 छात्र और जुड़ जाएँ तो, यह औसत 2 वर्षसे बढ़ जाता है। नए छात्रों की औसत आयु क्या है?

A. 29 वर्ष **B.** 25 वर्ष

C. 30 वर्ष **D.** 27 वर्ष

E. इनमें से कोई नहीं

Reasoning

Ques (41-44):निर्देश: नीचे प्रश्न में चार कथन और उसके बाद I, II, III और IV से अंकित चार निष्कर्ष दिए गये हैं। आपको दिए गये कथनों को सत्य मानना है, भले ही वे ज्ञात तथ्यों से अलग प्रतीत होते हों। सभी निष्कर्षों को पढ़िए और निर्णय कीजिए कि दिये गये निष्कर्षों में से कौनसा/कौनसे निष्कर्ष ज्ञात तथ्यों को नजरंदाज करने पर कथनों का तार्किक रूप से अनुसरण करता है/करते हैं।

Q.41 कथन:

कुछ पुरुष गाय हैं।

सभी पुरुष और गाय प्रतिभाशाली हैं।

कुछ पुरुष जो गाय नहीं हैं वे अमीर हैं।

निष्कर्ष:

I. कुछ प्रतिभाशाली अमीर हैं।

II. कुछ अमीर गाय हैं।

III. कुछ गाय प्रतिभाशाली हैं।

A. केवल I और II अनुसरण करते है
B. केवल II और III अनुसरण करते है
C. केवल I और III अनुसरण करते है
D. सभी अनुसरण करते है
E. कोई भी अनुसरण नहीं करता है

Q.42 कथन:

सभी मनुष्य आलसी हैं।

कुछ सोने वाले मनुष्य हैं।

सभी सोनेवाले बुद्धिजीवी हैं।

निष्कर्ष:

I. कुछ बुद्धिजीवी आलसी हैं।

II. कुछ आलसी सोनेवाले हैं।

III. कुछ बुद्धिजीवी मनुष्य हैं।

A. केवल I और II अनुसरण करते है
B. केवल II और III अनुसरण करते है
C. केवल I और III अनुसरण करते है
D. सभी I, II और III अनुसरण करते है
E. इनमें से कोई नही

Q.43 कथन:

कुछ कपूर रूबिडियम हैं।

सभी बॉक्साइट टाइटेनियम हैं।

सभी रुबिडियम बॉक्साइट हैं।

निष्कर्ष:

I. कुछ कपूर बॉक्साइट होते हैं।

II. सभी बॉक्साइट रुबिडियम हैं।

III. सभी बॉक्साइट कपूर हैं।

A. केवल I अनुसरण करता है
B. I और II दोनों अनुसरण करते हैं
C. या तो I या III अनुसरण करता है
D. सभी अनुसरण करते हैं
E. कोई भी अनुसरण नहीं करता है

Q.44 कथन:

सभी बिल्लियाँ कुत्ते हैं।

कुछ कुत्ते चूहे हैं।

सभी चूहे सुअर हैं।

निष्कर्ष:

I. कुछ सुअर कुत्ते हैं।

II. कुछ चूहे बिल्ली हैं।

III. कुछ सुअर बिल्लियाँ हैं।

A. केवल I अनुसरण करता है
B. केवल II अनुसरण करता है
C. केवल III अनुसरण करता है
D. केवल II और III अनुसरण करते हैं
E. कोई भी अनुसरण नहीं करता है

Ques (45-48):निर्देश: नीचे दी गई जानकारी का ध्यानपूर्वक अध्ययन कीजिये और प्रश्नों के उत्तर दीजिये।

एक परिवार में 6 सदस्य हैं। परिवार में एक विवाहित जोड़ा है, जिसके केवल दो बच्चे हैं। N, K का ग्रैंड - सन है। P,C की बेटी है। D, P की पैतृक आंटी हैं। C, N के मैतृक अंकल हैं। K, R की पत्नी है, जो D के पिता हैं।

Q.45 D का भाई कौन है?

A. K   B. C   C. R   D. N

E. P

Q.46 R, C से किस प्रकार संबंधित है?

A. अंकल   B. भाई   C. कजन   D. पिता

E. बेटी

Q.47 निम्नलिखित में से कौन निश्चित रूप से सत्य है?

A. K और R भाई-बहन हैं।   B. D, N की एक बेटी है।
C. P, C की बेटी है।   D. C, N के पिता हैं।
E. C और D कजन हैं।

Q.48 R, P से किस प्रकार संबंधित है?

A. ग्रैंड - फादर   B. ग्रैंड - मदर
C. बहन   D. पैतृक आंटी
E. अंकल

Q.49 शब्द "MERCHANT" में अक्षरों की ऐसी कितनी जोड़ियां हैं जिनमें से प्रत्येक के बीच उतने ही अक्षर हैं (आगे से और पीछे से दोनों दिशाओं में), जितने उनके बीच अंग्रेजी वर्णमाला अनुक्रम में होते हैं?

[SBI PO, 2019]

A. दो   B. तीन
C. चार   D. चार से अधिक
E. एक

Q.50 शब्द "EVERYTHING" के पहले, दूसरे, चौथे और पांचवे अक्षर को प्रयोग करते हुए और "E" को दो बार प्रयोग करते हुए चार अक्षरों के कितने अर्थपूर्ण शब्द बनाये जा सकते है?

A. एक   B. दो   C. तीन   D. चार
E. पांच

Ques (51-54):निर्देश: दी गई जानकारी को ध्यानपूर्वक पढ़िए व निम्न प्रश्नों का उत्तर दीजिये।

एक विशिष्ट कूट भाषा में, 'pe na gi' का अर्थ 'happy is good' है, 'na se va bo' का अर्थ 'is nice not great' है, 'pe se do la' का अर्थ 'happy nice has love' है, और 'do fe hi ra' का अर्थ 'has a lie come' है।

Q.51 इस विशिष्ट कूट भाषा के अनुसार किस शब्द का अर्थ 'not' है?

I. va

II. se

III. bo

A. I   B. II
C. III   D. या तो (I) या (III)
E. या तो (II) या (III)

Q.52 दी गई भाषा में कूट 'la' किस शब्द के लिए है?

A. love   B. happy   C. is   D. nice
E. great

Q.53 'Not great happy is a lie' के लिए क्या कूट होगा?

A. va pe gi na fe ra   B. va bo pe na fe ra
C. va bo pe na fe gi   D. bo na do fe gi pe
E. na se do la ga va

Q.54 एक निश्चित कूट भाषा में 'happy is good but has a lie come' को 'pe na gi ki do fe hi ra' के रूप में कूटित किया जाता है। 'but' के लिए कूट ज्ञात कीजिये?

A. na   B. do   C. ki   D. pe
E. fe

Ques (55-57):निर्देश: निर्देशों को ध्यानपूर्वक पढ़ें और निम्नलिखित प्रश्नों का उत्तर दें।

परिवार के छह सदस्य P, Q, R, S, T और U हैं और सभी भिन्न-भिन्न की आयु के हैं। Q, T से बड़ा है लेकिन U के जितना बड़ा नहीं है। U सबसे बड़ा नहीं है। Q की आयु विषम संख्या नहीं है। P की उम्र 24 वर्ष है। परिवार में तीसरा सबसे छोटा व्यक्ति 27 वर्ष का है। T परिवार का सबसे छोटा सदस्य है। R की आयु विषम संख्या में नहीं है और U से छोटा नहीं है।

Q.55 निम्नलिखित में से कौन सा परिवार में तीसरा सबसे बड़ा है?

A. p **B.** Q **C.** R **D.** S

E. T

Q.56 T की संभावित आयु कितनी है?

A. 26 **B.** 25 **C.** 28 **D.** 22

E. 35

Q.57 निम्नलिखित में से कौन सा Q से छोटा है लेकिन P से बड़ा है?

A. R **B.** U **C.** S **D.** T

E. कोई नहीं

Ques (58-62):निर्देश: निम्नलिखित जानकारी का ध्यानपूर्वक अध्ययन करें और नीचे दिए गए प्रश्नों के उत्तर दें।

पांच दोस्त A, B, C, D और E हैं। सभी के बाल अलग-अलग रंग - काले, भूरे, लाल, सफेद और हरे हैं लेकिन समान क्रम में नहीं। प्रत्येक का आहार अलग-अलग है- शाकाहारी, मांसाहारी और अंडे। 2 से अधिक व्यक्तियों का आहार समान नहीं है। वे सभी एमबीए की पढाई करते हैं, लेकिन विभिन्न विशेषज्ञताओं अर्थात फाइनेंस, मार्केटिंग, ह्यूमन रिसोर्स, इंटरनेशनल बिजनेस और ऑपरेशन में लेकिन आवश्यक नहीं कि इसे क्रम में हो।

D के बाल काले हैं, वह फाइनेंस की पढाई कर रहा हैं और शाकाहारी भोजन करता है। B ऑपरेशन की पढाई करता है लेकिन शाकाहारी भोजन नहीं करता है। E के बाल हरे हैं और वह अंडा खाता हैं। A के बाल लाल या सफेद नहीं हैं। जिस व्यक्ति के बाल सफेद हैं, वह अंडे खाता है। C न तो शाकाहारी और न ही मांसाहारी भोजन करता है। अंडे खाने वाला व्यक्ति में से कोई भी इंटरनेशनल बिजनेस की पढाई नहीं करता है। हरे रंग के बालों वाला व्यक्ति मार्केटिंग की पढाई नहीं कर रहा है। D एकमात्र ऐसा व्यक्ति है जो शाकाहारी भोजन करता है।

Q.58 कितने व्यक्ति मांसाहारी खाना खाते हैं?

A. 0

B. 1

C. 2

D. या तो विकल्प (A) या (B)

E. निर्धारित नहीं किया जा सकता

Q.59 भूरे बाल वाले व्यक्ति का आहार क्या है?

A. शाकाहारी **B.** मांसाहारी

C. अंडे **D.** या तो (A) या (B)

E. या तो (B) या (C)

Q.60 B के बालों का रंग क्या है?

A. भूरा **B.** हरा **C.** काला **D.** सफेद

E. लाल

Q.61 E किस विषय की पढाई करता है?

A. ह्यूमन रिसोर्स **B.** फाइनेंस

C. मार्केटिंग **D.** ऑपरेशन

E. इंटरनेशनल बिजनेस

Q.62 इंटरनेशनल बिजनेस की पढाई करने वाला व्यक्ति क्या खाता है?

A. शाकाहारी

B. अंडे

C. मांसाहारी

D. या तो (A) या (B)

E. निर्धारित नहीं किया जा सकता है

Ques (63-64):निर्देश: निम्नलिखित प्रश्न में दिए गए कथनों को सत्य मानते हुए, यह ज्ञात कीजिये कि दिए गए निष्कर्षों में से कौन-सा/कौन-से निष्कर्ष निश्चित रूप से सत्य है/हैं और तदनुसार अपने उत्तर दीजिये।

Q.63 कथन: $P \geq Q < X; X = Y < R; R > P$

निष्कर्ष:

I. $X > P$

II. $Q < R$

III. $P < Y$

A. केवल I सत्य है

B. केवल II सत्य है

C. केवल I और III सत्य है

D. केवल III सत्य है

E. I, II और III सभी सत्य है

Q.64 कथन: $W > T > M \geq K; P \geq A = N; Z > U < N; K = P$

निष्कर्ष:

I. $M > N$

II. $N = M$

A. केवल I सत्य है

B. केवल II सत्य है

C. या तो I या फिर II सत्य है

D. I और II दोनों सत्य हैं

E. कोई सत्य नहीं है

Ques (65-69):निर्देश: निम्नलिखित जानकारी का ध्यानपूर्वक अध्ययन कीजिए और नीचे दिए गए प्रश्नों के उत्तर दीजिये:

नौ व्यक्ति एक पंक्ति में बैठे हैं। उनमें से कुछ उत्तर दिशा की ओर सम्मुख हैं जबकि कुछ दक्षिण दिशा की ओर सम्मुख हैं। P पंक्ति के किसी एक छोर से दूसरे स्थान पर बैठा है। R, P के दाएं से तीसरे स्थान पर बैठा है। केवल 2 व्यक्ति R और S के बीच में बैठे हैं। U, S के दाएं से दूसरे स्थान पर बैठा है। S का निकटतम पड़ोसी S की विपरीत दिशा के सम्मुख है। U का निकटतम पड़ोसी विपरीत दिशा के सम्मुख हैं। T, U के दाएं से दूसरे स्थान पर है। W और T विपरीत दिशाओं के सम्मुख हैं। पंक्ति के छोरों पर बैठे व्यक्ति विपरीत दिशा के सम्मुख हैं। Q, U और P का पड़ोसी नहीं हैं। W पंक्ति के किसी एक छोर पर बैठा है। V, T के समीपतम बैठा है। X दक्षिण दिशा के सम्मुख नहीं है।

Q.65 पंक्ति के बाएं छोर पर कौन बैठा है?

[IDBI Bank Assistant Manager, 2021]

A. X **B.** P

C. Q **D.** W

E. इनमें से कोई भी नहीं

Q.66 P और U के बीच में कितने व्यक्ति बैठे हैं?

[IDBI Bank Assistant Manager, 2021]

A. 3 **B.** 2

C. 4 **D.** 1

E. इनमें से कोई भी नहीं

Q.67 V के दाएं से दूसरे स्थान पर कौन बैठा है?

[IDBI Bank Assistant Manager, 2021]

A. W

B. T

C. R

D. इनमें से कोई भी नहीं

E. निर्धारित नहीं किया जा सकता

Q.68 पंक्ति के मध्य में कौन बैठा है?

[IDBI Bank Assistant Manager, 2021]

A. T
B. R
C. U
D. V

E. P

Q.69 निम्नलिखित पांच में से चार एक विशिष्ट स्वरूप का पालन करते हुए एक समूह से संबंधित हैं। कौन इस समूह से संबंधित नहीं है?

[IDBI Bank Assistant Manager, 2021]

A. PT
B. TU
C. UT
D. US

E. RV

Ques (70-71):निर्देश: निम्न प्रश्न में, एक कथन और उसके बाद दो धारणाएँ। और ।। दी गई हैं। धारणा एक मानी गई बात होती है। आपको दिए गये कथन और उनके बाद दी गयी धारणाओं के आधार पर तय करना है कि कथन में निम्न में से कौन सी धारणा निहित है। आपको दिए गये कथन को सत्य मानना है, भले ही वे ज्ञात तथ्यों से अलग प्रतीत होते हों।

Q.70 कथन: हाई फ्लाई एयरलाइन ने उड़ान टिकट की कीमत बढ़ाने का फैसला किया।

धारणाएँ:

।. हाई फ्लाई एयरलाइंस से यात्रा करने वाले यात्रियों की संख्या दिन-प्रतिदिन बढ़ती जा रही है।

।।. वे अधिक लाभ कमाना चाहते हैं।

A. यदि केवल धारणा । निहित है।

B. यदि केवल धारणा ।। निहित है।

C. यदि या तो धारणा । या फिर ।। निहित है।

D. यदि न तो धारणा । और न ही ।। निहित है।

E. यदि दोनों धारणा । और ।। निहित हैं।

Q.71 कथन: ऑपरेशन के बाद रोगी की स्थिति में सुधार होगा।

धारणाएँ:

।. रोगी का उसकी स्थिति में ऑपरेशन किया जा सकता है।

।।. रोगी का उसकी स्थिति में ऑपरेशन नहीं किया जा सकता है।

A. यदि केवल धारणा । निहित है।

B. यदि केवल धारणा ।। निहित है।

C. यदि या तो धारणा । या फिर ।। निहित है।

D. यदि न तो धारणा । और न ही ।। निहित है।

E. यदि दोनों धारणा । और ।। निहित हैं।

Ques (72-74):निर्देश: नीचे दी गई जानकारी का ध्यानपूर्वक अध्ययन कीजिये और उसपर आधारित प्रश्नों के उत्तर दीजिये।

एक शहर में सात मेट्रो स्टेशन T1, T2, T3, T4, T5, T6 और T7 हैं। T1, T2 के दक्षिण में 3 किमी की दूरी पर है। T3, T4 के उत्तर में 2 किमी की दूरी पर है। T3, T2 के पूर्व में 4 किमी की दूरी पर है। T7, T6 के पूर्व में 8 किमी की दूरी पर है। T5, T6 के दक्षिण में 5 किमी की दूरी पर है। T4, T5 के पश्चिम में 6 किमी की दूरी पर है।

Q.72 मेट्रो स्टेशन T3 और T1 के बीच की न्यूनतम दूरी क्या है?

A. 5 किमी
B. 7 किमी
C. 8 किमी
D. 6 किमी

E. 10 किमी

Q.73 मेट्रो स्टेशन T6 के संबंध में मेट्रो स्टेशन T4 किस दिशा में है?

A. दक्षिण
B. उत्तर
C. दक्षिण-पश्चिम
D. उत्तर-पूर्व

E. पूर्व

Q.74 यदि एक नया मेट्रो स्टेशन T8 बनाया जाता है, जो T7 के दक्षिण में 5 किमी की दूरी पर है, तो कौन से तीन मेट्रो स्टेशन एक सीधी रेखा में होंगे?

A. T1, T2, T3
B. T2, T3, T4
C. T4, T5, T8
D. T5, T6, T7

E. T6, T7, T8

Ques (75-76):निर्देश: निम्नलिखित प्रश्न में, दिए गए प्रश्न के बाद तीन कथनों में जानकारी दी गई है। आपको यह ज्ञात करना है कि कौन-सा/कौन-से कथन में दी गयी जानकारी प्रश्न का उत्तर देने के लिए पर्याप्त है और उसके तदनुसार अपना उत्तर चिह्नित कीजिये।

Q.75 डेज़ी, शेल्डन, रोज़, और जैक चार मित्रों के समूह में सबसे छोटा कौन है?

।. डेज़ी ,रोज़ से छोटी है लेकिन शेल्डन से लम्बी है।

।।. कोई भी जैक से लम्बा नहीं है।

A. प्रश्न का उत्तर देने के लिए कथन । में दी गई जानकारी अकेला पर्याप्त है, जबकि प्रश्न का उत्तर देने के लिए कथन ।। में दी गई जानकारी अकेला पर्याप्त नहीं है।

B. प्रश्न का उत्तर देने के लिए कथन ।। में दी गई जानकारी अकेला पर्याप्त है, जबकि प्रश्न का उत्तर देने के लिए कथन । में दी गई जानकारी अकेला पर्याप्त नहीं है।

C. प्रश्न का उत्तर देने के लिए कथन । या कथन ।। में दी गई जानकारी अकेला पर्याप्त है।

D. प्रश्न का उत्तर देने के लिए कथन । और कथन ।। दोनों में दी गई जानकारी पर्याप्त नहीं हैं।

E. प्रश्न का उत्तर देने के लिए कथन । और कथन ।। दोनों में दी गई जानकारी आवश्यक हैं।

Q.76 Q के संबंध में U का स्थान क्या है?

।. Q, S के उत्तर में है।

।।.S, R के बांए और U के उत्तर-पूर्व में है।

।।।. P, Q के पूर्व में है।

A. केवल । और ।। पर्याप्त हैं

B. केवल ।। और ।।। पर्याप्त हैं

C. केवल । और ।।। पर्याप्त हैं

D. सभी कथनों की आवश्यकता हैं

E. अपर्याप्त जानकारी

Ques (77-80):निर्देश: निम्नलिखित जानकारी को ध्यानपूर्वक पढ़िए और दिये गए प्रश्नों के उत्तर दीजिए।

सात दोस्तों का एक समूह है – अंकुर, अर्चना, आदित्य, अमित, सुबीन, विद्या और गौरव। सभी का जन्मदिन जनवरी से जुलाई तक अलग-अलग महीनों में आता है। कोई भी दो व्यक्तियों का जन्मदिन महीना समान नहीं है।

अमित का जन्मदिन जनवरी में है और सुबीन का जन्मदिन जुलाई में है। विद्या का जन्मदिन केवल एक व्यक्ति के बाद आता है। विद्या और अर्चना के जन्मदिन के बीच दो महीनों का अंतर है। आदित्य का जन्मदिन, अर्चना के जन्मदिन के बाद आता है। गौरव का जन्मदिन, अंकुर के जन्मदिन के पहले आता है।

Q.77 जून के महीने में किसका जन्मदिन है?

A. अर्चना
B. अंकुर
C. आदित्य
D. विद्या

E. गौरव

Q.78 विद्या का जन्मदिन किस महीने में है?

A. फरवरी
B. मार्च
C. अप्रैल
D. मई

E. जून

Q.79 अर्चना का जन्मदिन किस महीने में है?

A. फरवरी   **B.** मार्च   **C.** अप्रैल   **D.** मई
E. जून

Q.80 मार्च के महीने में किसका जन्मदिन आता है?
A. अंकुर   **B.** आदित्य   **C.** अर्चना   **D.** गौरव
E. विद्या

// स्मार्ट उत्तर पुस्तिका //

सही उत्तर — उन छात्रों का प्रतिशत जिन्होंने प्रश्नों का सही उत्तर दिया था।   **छोड़ दिया** — उन छात्रों का प्रतिशत जिन्होंने प्रश्नों को छोड़ दिया था।

प्रश्न संख्या	उत्तर	सही उत्तर / छोड़ दिया	प्रश्न संख्या	उत्तर	सही उत्तर / छोड़ दिया	प्रश्न संख्या	उत्तर	सही उत्तर / छोड़ दिया	प्रश्न संख्या	उत्तर	सही उत्तर / छोड़ दिया	प्रश्न संख्या	उत्तर	सही उत्तर / छोड़ दिया	प्रश्न संख्या	उत्तर	सही उत्तर / छोड़ दिया
1	C	24.32 % / 22.3 %	15	D	7.43 % / 88.52 %	29	B	2.7 % / 89.87 %	43	A	50.0 % / 41.22 %	57	C	22.97 % / 41.22 %	71	A	6.08 % / 69.6 %
2	E	12.84 % / 65.54 %	16	B	5.41 % / 88.51 %	30	C	0 % / 100 %	44	A	44.59 % / 41.22 %	58	C	23.65 % / 56.76 %	72	A	8.11 % / 70.94 %
3	A	11.49 % / 65.54 %	17	D	1.35 % / 88.51 %	31	B	2.03 % / 89.86 %	45	B	41.22 % / 41.89 %	59	B	22.3 % / 57.43 %	73	C	8.11 % / 70.27 %
4	C	1.35 % / 88.51 %	18	A	1.35 % / 88.51 %	32	A	3.38 % / 89.86 %	46	D	20.27 % / 56.08 %	60	E	22.97 % / 57.44 %	74	C	6.76 % / 70.94 %
5	D	2.03 % / 89.86 %	19	A	2.7 % / 88.52 %	33	B	2.03 % / 91.21 %	47	C	18.24 % / 57.44 %	61	A	10.81 % / 68.24 %	75	E	4.05 % / 70.27 %
6	B	1.35 % / 89.19 %	20	B	0.68 % / 88.51 %	34	C	0.68 % / 92.56 %	48	A	14.19 % / 60.13 %	62	C	8.11 % / 69.59 %	76	A	4.05 % / 68.92 %
7	C	2.03 % / 89.19 %	21	D	2.7 % / 89.19 %	35	D	0.68 % / 92.56 %	49	D	15.54 % / 60.14 %	63	B	12.84 % / 70.27 %	77	C	7.43 % / 72.98 %
8	A	4.05 % / 89.19 %	22	D	2.03 % / 89.19 %	36	A	2.03 % / 92.56 %	50	A	18.24 % / 60.14 %	64	C	12.16 % / 71.62 %	78	A	7.43 % / 75.68 %
9	D	5.41 % / 89.18 %	23	C	0 % / 100 %	37	B	0.68 % / 92.56 %	51	D	48.65 % / 43.24 %	65	D	5.41 % / 70.94 %	79	D	18.24 % / 68.92 %
10	D	4.73 % / 89.19 %	24	D	2.03 % / 89.19 %	38	D	2.7 % / 93.25 %	52	A	46.62 % / 43.92 %	66	A	27.03 % / 56.08 %	80	D	13.51 % / 74.33 %
11	D	5.41 % / 88.51 %	25	C	6.08 % / 89.19 %	39	D	1.35 % / 93.24 %	53	B	34.46 % / 46.62 %	67	E	25.0 % / 55.41 %			
12	E	2.03 % / 88.51 %	26	D	3.38 % / 89.86 %	40	C	1.35 % / 97.97 %	54	C	32.43 % / 53.38 %	68	B	26.35 % / 55.41 %			
13	C	8.11 % / 88.51 %	27	B	2.03 % / 89.19 %	41	C	50.0 % / 38.51 %	55	B	25.68 % / 55.4 %	69	D	24.32 % / 55.41 %			
14	C	6.08 % / 88.51 %	28	C	5.41 % / 89.86 %	42	D	27.7 % / 39.87 %	56	D	25.0 % / 56.76 %	70	E	26.35 % / 57.43 %			

Quantitative Aptitude

Ques (1-5):निर्देश: निम्नलिखित जानकारी ध्यानपूर्वक पढ़ें और नीचे दिए गए प्रश्नों के उत्तर दें।

नीचे दी गई तालिका फ्लिपकार्ट, अमेज़न, पेटीएम, शॉपक्लूज़ और मिंत्रा के बीच अंतर ई-कॉमर्स प्लेटफ़ॉर्म द्वारा उत्पन्न राजस्व के डेटा पर आंशिक जानकारी प्रदान करती है। तालिका में मोबाइल फोन, वस्त्र, टीवी, एसी और हेल्थकेयर के बीच विभिन्न उत्पाद श्रेणियों द्वारा किसी विशेष कंपनी के लिए राजस्व योगदान का प्रतिशत भी दिखाया गया है।

	कुल राजस्व (क रोड़ रु में)	मोबाइल फोन	कप ड़े	टी वी	ए सी	हेल्थ केय
फ्लिप कार्ट	324	25%	15%		10%	20%
अमेज़ न	652		20%	15%	25%	10%
पेटीए म	570	18%	28%	12%		27%
शॉप क्लूज़	266	15%		30%	30%	5%
मिंत्रा		24%	11%	16%	18%	

अतिरिक्त जानकारी:

a) सभी सूचीबद्ध ई-कॉमर्स प्लेटफ़ॉर्म केवल दिए गए श्रेणियों के उत्पाद बेचते हैं।

b) सभी कंपनियों द्वारा उत्पन्न कुल राजस्व 2162 करोड़ रुपये है।

Q.1 टीवी की बिक्री से सभी कंपनियों का कुल राजस्व में प्रतिशत योगदान लगभग कितना है?

A. 26%   B. 30%   C. 34%   D. 38%
E. 42%

Q.2 मिंत्रा द्वारा हेल्थकेयर उत्पादों को बेचकर उत्पन्न राजस्व, पेटीएम द्वारा एसी बेचकर उत्पन्न राजस्व से लगभग कितने प्रतिशत कम या ज्यादा है?

A. 33.1% कम

B. 20.4% अधिक

C. 26.2% कम

D. 22.8% अधिक

E. कोई परिवर्तन नहीं होता है

Q.3 शॉपक्लूज़ द्वारा कपड़ों को बेचकर उत्पन्न राजस्व और फ्लिपकार्ट द्वारा टीवी बेचकर उत्पन्न राजस्व में पूर्ण रूप से कितना अंतर है?

A. 48.2 करोड़ रु   B. 51.3 करोड़ रु

C. 57.3 करोड़ रु   D. 62.3 करोड़ रु

E. 66.5 करोड़ रु

Q.4 सभी कंपनियों द्वारा हेल्थकेयर उत्पादों को बेचकर उत्पन्न राजस्व, सभी कंपनियों द्वारा एसी बेचकर उत्पन्न राजस्व से कितने प्रतिशत अधिक है?

A. 97%   B. 100%   C. 105%   D. 95%
E. 102%

Q.5 मिंत्रा द्वारा टीवी बेचकर उत्पन्न राजस्व, फ्लिपकार्ट द्वारा मोबाइल फोन बेचकर उत्पन्न राजस्व से कितने प्रतिशत अधिक है?

A. 29.6%   B. 34.4%   C. 27.1%   D. 24.7%
E. 21.5%

Q.6 यदि 4 वर्षों के लिए एक निश्चित राशि पर साधारण ब्याज राशि का पांचवां हिस्सा है, तो प्रति वर्ष ब्याज दर ज्ञात करें?

A. 4%   B. 5%   C. 6%   D. 8%
E. 10%

Q.7 एक आयत की परिधि 8936 मीटर है और क्षेत्रफल 4203987 वर्ग मीटर है। यह देखते हुए कि आयत की लंबाई चौड़ाई से अधिक है, चौड़ाई की लंबाई का अनुपात क्या है?

A. 3111 : 1357

B. 3121 : 1347

C. 2922 : 1546

D. 2546 : 1922

E. निर्धारित नहीं किया जा सकता है

Q.8 A और B को X प्राप्त करने के लिए 3:5 में मिश्रित किया जाता है। A और B को Y प्राप्त करने के लिए 7:4 में मिश्रित किया जाता है। X और Y को किस अनुपात में मिश्रित किया जाना चाहिए ताकि परिणागस्वरूप मिश्रण में A और B का अनुपात 3: 2 हो?

A. 4 : 9   B. 2 : 9   C. 5 : 2   D. 3 : 4
E. 1 : 3

Q.9 150 किलोग्राम के एक मिश्र धातु में सोने और चांदी अनुपात 1:4 में हैं। जिसे अनुपात 7:3 में सोने और चांदी के मिश्र धातु के x किलो के साथ मिलाया जाता है। यदि समग्र मिश्र धातु में 40% और 50% के बीच सोना होना चाहिए, तो x की सीमा क्या हो सकती है?

A. $90 \le x \le 220$ B. $135 \le x \le 245$

C. $100 \le x \le 225$ D. $80 \le x \le 195$

E. $95 \le x \le 210$

Q.10 एक गतिमान ट्रक 72 किमी प्रति घंटे की रफ्तार से चल रहा है। इस गति से, यह ट्रक 22 सेकंड में कितनी दूरी तय करेगा?

A. 440 मीटर   B. 550 मीटर

C. 350 मीटर   D. 250 मीटर

E. इनमें से कोई भी नहीं

Q.11 सचिन की शादी 21 वर्ष पहले हुई थी और उसकी वर्तमान आयु शादी के समय उसकी आयु के $\frac{7}{4}$ गुना है. यदि सचिन के 18वें जन्मदिन पर उसका भाई उस से 4 वर्ष छोटा था, तो सचिन के भाई की आयु ज्ञात कीजिये?

A. 45 वर्ष   B. 49 वर्ष   C. 53 वर्ष   D. 56 वर्ष
E. 55 वर्ष

Q.12 एक क्रिकेट टीम को 12 खिलाडियों में से एक कप्तान और उप-कप्तान का चयन करना है। ऐसा कितने प्रकार से ऐसा किया जा सकता है?

A. 126   B. 125   C. 132   D. 180
E. 123

Q.13 कुल 9 पुरुषों और 6 महिलाओं में से 6 पुरुषों और 4 महिलाओं के समूह को कितने तरीकों से बनाया जा सकता है।

A. 720   B. 640   C. 1280   D. 1260
E. 1560

Q.14 दो पूर्णांक सेट {1, 2,..., 11} से यादृच्छिक पर चुने गए हैं। यह देखते हुए कि चयनित संख्याओं का योग सम है, सशर्त संभावना है कि दोनों संख्याएँ समान हैं:

A. $\frac{7}{10}$　　**B.** $\frac{1}{2}$　　**C.** $\frac{2}{5}$　　**D.** $\frac{3}{5}$

E. $\frac{2}{10}$

Q.15 एक सिलेंडर का आयतन एक शंकु के आयतन का दुगना है। यदि उनका आधार त्रिज्या समान है तो सिलेंडर की उँचाई और शंकु की उँचाई का अनुपात क्या है?

A. 2 : 5　　　　　　　　**B.** 2 : 3

C. 1 : 3　　　　　　　　**D.** 2 : 1

E. इनमें से कोई नही

Q.16 नीतीश की क्षमता पारस से 80% अधिक है और पारस एक कार्य को पूरा करने में 45 दिन लेता है। नीतीश ने अकेले कार्य शुरू किया और कार्य समाप्त होने के 9 दिन पहले पारस उसके साथ शामिल हो गया। नीतीश ने कितने दिन अकेले कार्य किया?

A. 20　　**B.** 15　　**C.** 11　　**D.** 17

E. 12

Q.17 यदि B, A से 25% अधिक है, तो A, B से कितना प्रतिशत कम है?

A. $33\frac{1}{3}\%$　　**B.** $16\frac{2}{3}\%$　　**C.** 20%　　**D.** 50%

E. 30%

Q.18 दो दोस्त रवि और कृष्णा एक व्यवसाय में क्रमश : 65000 रूपये और 95000 रूपये का निवेश करते हैं। एक वर्ष के बाद, उन्हें कुछ लाभ प्राप्त होता है, जिसे उन्होंने बैंक में 6% प्रति तिमाही की दर से साधारण ब्याज पर निवेश कर दिया था। यदि उन्हें एक वर्ष के बाद 3968 रूपये प्राप्त हुआ तो यदि उन्होंने लाभ को फिर से बैंक में निवेश नहीं किया होता तो उनके लाभ के हिस्सों का अन्तर क्या होता?

A. 600 रूपये　　　　　**B.** 744 रूपये

C. 3300 रूपये　　　　　**D.** 1984 रूपये

E. इनमें से कोई नहीं

Q.19 एक संख्या में से 10% कम करने 27 प्राप्त होता है। वह संख्या क्या है?

A. 30　　**B.** 35　　**C.** 40　　**D.** 33

E. 35

Q.20 निम्नलिखित समीकरण में प्रश्नवाचक चिह्न '?' के स्थान पर क्या आएगा?

$$950 + 50 \times 15 - 14 \times 22 + \sqrt{?} = 11^3 + 9^2$$

A. 200　　**B.** 240　　**C.** 320　　**D.** 400

E. 420

Q.21 निम्नलिखित प्रश्न में प्रश्न चिह्न '?' के स्थान पर क्या आएगा?

159 का 74% – [142 का 36.5% + 203 का 25.4%] = ? का 13.5% – 120 का 10.5%

A. 129.05　　　　　　**B.** 149.22

C. 179.03　　　　　　**D.** 199.02

E. उपरोक्त में से कोई नहीं

Q.22 निम्नलिखित प्रश्नों में प्रश्नवाचक चिन्ह (?) के स्थान पर क्या आना चाहिए? (आपको सटीक मान की गणना करने की आवश्यकता नहीं है।)

$$17^4 + \sqrt{2400.5} + 50.67 + 400 \text{ का } 17\% + \sqrt{528.9} = (?) + 44$$

A. 38128　　　　　　**B.** 98728

C. 50488　　　　　　**D.** 83668

E. इनमें से कोई नहीं

Q.23 निम्नलिखित प्रश्न में प्रश्न चिह्न (?) के स्थान पर क्या आना चाहिए?

$$9\frac{10}{2} \times \left(\frac{3}{8} \times \frac{16}{9}\right) - 6\frac{5}{3} = 5\frac{5}{2} + 4\frac{1}{2} - ?$$

A. $\frac{14}{3}$　　**B.** $\frac{31}{3}$　　**C.** $\frac{28}{3}$　　**D.** $\frac{33}{5}$

E. $\frac{31}{5}$

Q.24 निम्न समीकरण में ? के स्थान पर क्या आएगा?

$$3^8 \times 3^4 \div 243 = 9 \times 3 \times 81 \times 3^4 \div ?$$

A. 27　　**B.** 4　　**C.** 1　　**D.** 81

E. 3

Q.25 निम्नलिखित प्रश्न में दो समीकरण दिए गए हैं। इन समीकरणों को हल कीजिए और a व b के बीच संबंध ज्ञात कीजिए।

I. $\frac{131a^2}{7} + 29a + \frac{240}{7} = \frac{89a^2}{7} - \frac{5}{7}$

II. $2b^2 + 9(b + 1) = \frac{5b+5}{6}$

A. a < b

B. a > b

C. a ≤ b

D. a ≥ b

E. a = b या संबंध निर्धारित नहीं किया जा सकता

Q.26 इस प्रश्न में दो द्विघातीय समीकरण दिए गये हैं। उन्हें हल कीजिये और उपयुक्त विकल्प का चयन कीजिये।

I. $x^2 - 2\sqrt{3}x + 1 = 0$

II. $y^2 + \sqrt{3}(\sqrt{6} - 1)y + 4 - \sqrt{6} = 0$

A. x > y

B. x < y

C. x ≥ y

D. x ≤ y

E. x = y या सम्बन्ध निर्धारित नहीं किया जा सकता है

Q.27 निम्नलिखित प्रश्न में दो समीकरण x और y के चर में दिए गये हैं। आपको इन समीकरणों को हल करना है और x और y के बीच संबंध ज्ञात करना है।

I. $\frac{4}{\sqrt{x}} + \frac{23}{\sqrt{x}} = \sqrt{x}$

II. $y^6 - \frac{(-3)^{\frac{39}{2}}}{\sqrt{y}} = 0$

A. x > y

B. x < y

C. x ≥ y

D. x ≤ y

E. x = y या संबंध स्थापित नहीं किया जा सकता है।

Q.28 निम्नलिखित प्रश्न में x और y चर में दो समीकरण दिए गए हैं। आपको इन समीकरणों का हल निकालना है और x और y के बीच का सम्बन्ध निर्धारित करना है।

I. $x^2 + 2x - 5.9696 = 0$

II. $2y^2 + 4y + 1.1808 = 0$

A. x > y

B. x < y

C. x ≥ y

D. x ≤ y

E. x = y या सम्बन्ध नहीं निर्धारित किया जा सकता

Q.29 निम्नलिखित प्रश्न में चर x और y का प्रयोग करके दो समीकरण दिए गये हैं। आपको इन समीकरणों को हल करना है तथा x और y के बीच का सम्बंध निर्धारित करना है।

I. $\frac{3^3 + 6^2}{7} = x^2$

II. $17y^3 = (15 \times 9) + 12y^3$

A. x > y
B. x < y
C. x ≥ y
D. x ≤ y
E. x = y या सम्बंध स्थापित नहीं किया जा सकता

Q.30 निम्नलिखित श्रृंखला में एक संख्या गलत है, गलत संख्या ज्ञात कीजिये।

1, 6, 13, 46, 130, 398, 1181

A. 130　　B. 1181　　C. 6　　D. 46
E. 398

Q.31 निम्नलिखित संख्या श्रृंखला में एक गलत संख्या दी गई है। गलत संख्या ज्ञात कीजिये।

0, 15, 48, 105, 192, 305

A. 15　　B. 305　　C. 0　　D. 48
E. 192

Q.32 निम्नलिखित संख्या श्रृंखला में प्रश्न चिह्न '?' के स्थान पर क्या आना चाहिए।

66, ?, 180, 1593, 42930

A. 63　　B. 198　　C. 60　　D. 129
E. 130

Q.33 निम्नलिखित संख्या श्रृंखला में प्रश्न चिह्न '?' के स्थान पर क्या आना चाहिए?

242, 288, 338, ?, 450, 512

A. 225　　B. 676　　C. 392　　D. 451
E. 454

Ques (34-38):निर्देश: निम्न रेखा आलेख का ध्यानपूर्वक अध्ययन कीजिये और नीचे दिए गए प्रश्नों के उत्तर दीजिये:

यह मानते हुए कि यहाँ कोई निश्चित घटक नहीं है और उत्पादित सभी इकाई समान वर्ष में बेची जाती हैं।

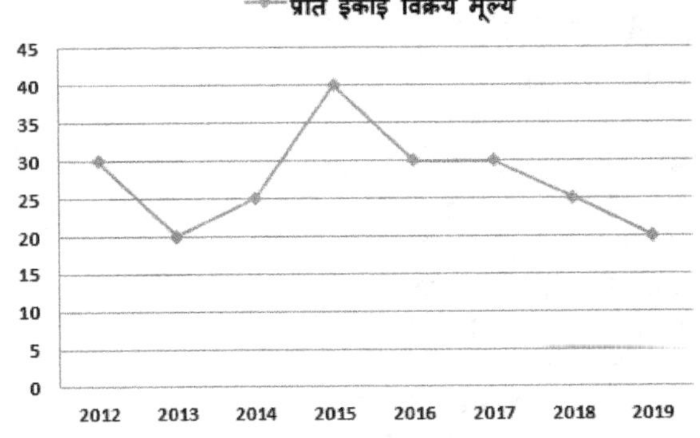

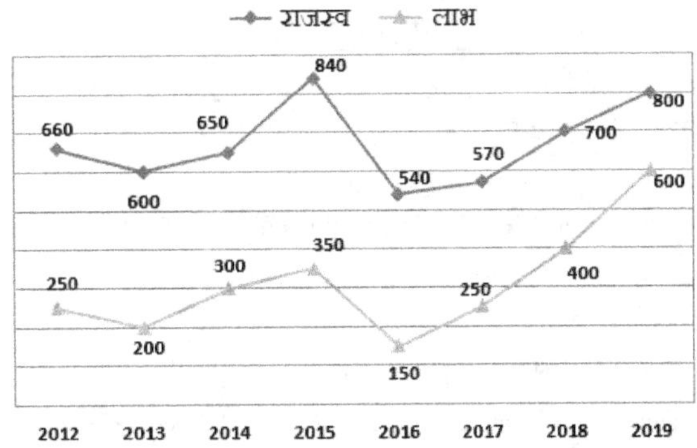

Q.34 यदि वर्ष 2012 से 2015 के दौरान प्रति इकाई विक्रय मूल्य में 20% की कमी और वर्ष 2016 से 2019 के दौरान प्रति इकाई क्रय मूल्य में 20% की वृद्धि हुई, तब वर्ष 2012 से 2019 तक की कुल अवधि के लिए संचयी लाभ में कितनी कमी हुई?

A. 842　　B. 862　　C. 665　　D. 792
E. 762

Q.35 वर्ष 2014 से 2018 की अवधि के दौरान बेची गयी मात्राओं का औसत क्या है?

A. 28.4　　B. 23.8　　C. 22.4　　D. 27.6
E. 26.2

Q.36 यदि वर्ष 2012 से 2015 के दौरान प्रति इकाई विक्रय मूल्य में 30% की कमी आती है और वर्ष 2016 से 2019 के दौरान प्रति इकाई क्रय मूल्य में 30% की वृद्धि होती है, तब कितने वर्षों के लिए यहाँ ना तो कोई लाभ और ना ही कोई हानि हुई?

A. कोई नहीं　　B. 1　　C. 3　　D. 4
E. 2

Q.37 वर्ष 2012 से 2019 तक की अवधि के लिए औसत मूल्य क्या है?

A. 298.75　　B. 467.5　　C. 412.25　　D. 357.5
E. 368.75

Q.38 निम्नलिखित में से किस वर्ष में प्रति इकाई मूल्य अधिकतम है?

A. 2014　　B. 2015　　C. 2013　　D. 2017
E. 2018

Q.39 A, B और C ने क्रमश: $80000, 120000$ और 150000 से अपना व्यवसाय शुरू किया और उन्होंने अपने लाभ को अपनी पूंजी के अनुपात के अनुसार साझा करने का फैसला किया लेकिन A कार्य भी करता है और वेतन के रूप में कुल लाभ का 12.5% लेता है। यदि 6 महीने के बाद C अपनी पूंजी वापस ले लेता है और एक वर्ष के बाद लाभ 88000 रुपये है। तब A का हिस्सा ज्ञात कीजिये।

A. 22400 रुपये　　　　B. 33600 रुपये
C. 33400 रुपये　　　　D. 21000 रुपये
E. इनमें से कोई नहीं

Q.40 कुणाल 2 रुपए/केले की दर से 40 केले खरीदता है और वह पुनः 1.6 रुपए/केले की दर से 50 केले खरीदता है। वह उन्हें मिला देता है और उन्हें 1.8 रुपए/केले की दर से बेचता है। उसका लाभ/हानि प्रतिशत ज्ञात कीजिये।

A. 2.5%　　　　　　B. 2.25%
C. 1.5%　　　　　　D. 1.25%
E. इनमें से कोई नहीं

Reasoning

Ques (41-45):निर्देश: निम्नलिखित जानकारी ध्यानपूर्वक पढ़ें और नीचे दिए गए प्रश्न का उत्तर दें।

सात मित्र A, B, C, D, E, F और G हैं। सात दोस्तों के पास उनके साथ अलग-अलग संख्या में सिक्के हैं। उनके साथ सिक्कों की संख्या क्रमागत संख्या है।

इसके अलावा, यह ज्ञात है कि,

1. इन सभी के साथ सिक्कों का योग 35 है।

2. C वाले सिक्कों की संख्या F और E वाले सिक्कों की संख्या का औसत है।

3. G के पास B से कम के जितने सिक्के हैं, E के F से कम हैं।

4. D के पास कम से कम सिक्के हैं।

5. G और A वाले सिक्कों का योग C के साथ सिक्कों की संख्या के बराबर है।

Q.41 सिक्कों की संख्या सबसे अधिक किसके पास है?

A. B
B. F
C. A
D. C
E. निर्धारित नहीं किया जा सकता है

Q.42 E के पास कितने सिक्के हैं?

A. 9
B. 5
C. 6
D. 2
E. निर्धारित नहीं किया जा सकता है।

Q.43 F के पास D से कितने अधिक सिक्के हैं?

A. 6
B. 4
C. 5
D. 3
E. निर्धारित नहीं किया जा सकता है।

Q.44 यदि सभी दोस्त उनके साथ संख्या के सिक्कों के आरोही क्रम में बाएं से दाएं खड़े हैं, तो बाएं से तीसरा कौन खड़ा है?

A. G
B. F
C. D
D. A
E. निर्धारित नहीं किया जा सकता है।

Q.45 B की तुलना में कितने लोगों के पास अधिक संख्या में सिक्के हैं?

A. 0
B. 2
C. 3
D. 4
E. निर्धारित नहीं किया जा सकता है।

Ques (46-49):निर्देश: इन प्रश्नों में, विभिन्न तत्वों के बीच संबंधों को कथनों को प्रदर्शित किया गया है। इन कथनों के बाद दो निष्कर्ष दिए गए हैं। दिए गए कथन(नों) के आधार पर निष्कर्षों का अध्ययन करें और उचित उत्तर का चयन करें।

Q.46 कथन:

सभी कार, बाइक हैं।
कुछ नाव, बाइक हैं।
कोई कार, नाव नहीं है।

निष्कर्ष:

I. सभी बाइक, नाव हो सकती हैं।
II. सभी बाइक, कार नहीं हो सकती हैं।

A. केवल निष्कर्ष I अनुसरण करता है।
B. केवल निष्कर्ष II अनुसरण करता है।
C. या तो निष्कर्ष I या निष्कर्ष II अनुसरण करता है।
D. कोई निष्कर्ष अनुसरण नहीं करता है।
E. दोनों निष्कर्ष अनुसरण करते हैं।

Q.47 कथन:

कुछ आसमान, नीला है।
कोई नीला, लाल नहीं है।
कुछ लाल, पानी है।

निष्कर्ष:

I. कुछ नीला, पानी हो सकता है।
II. सभी पानी, आसमान नहीं हो सकता है।

A. केवल निष्कर्ष I अनुसरण करता है।
B. केवल निष्कर्ष II अनुसरण करता है।
C. या तो निष्कर्ष I या निष्कर्ष II अनुसरण करता है।
D. कोई निष्कर्ष अनुसरण नहीं करता है।
E. दोनों निष्कर्ष अनुसरण करते हैं।

Q.48 कथन:

सभी कुत्ते, अजगर हैं।
सभी बिल्लियां, अजगर हैं।
कोई भी अजगर, शेर नहीं है।

निष्कर्ष:

I. कोई भी कुत्ता, शेर नहीं हो सकता है।
II. कोई भी बिल्ली, शेर नहीं हो सकती है।

A. केवल निष्कर्ष I अनुसरण करता है।
B. केवल निष्कर्ष II अनुसरण करता है।
C. या तो निष्कर्ष I या निष्कर्ष II अनुसरण करता है।
D. कोई भी निष्कर्ष अनुसरण नहीं करता है।
E. दोनों निष्कर्ष अनुसरण करते हैं।

Q.49 कथन:

कोई भी पेड़, जड़ी बूटी नहीं है।
कुछ झाड़ियाँ, घास हैं।
कोई भी घास, जड़ी बूटी नहीं है।

निष्कर्ष:

I. कोई भी झाड़ी, जड़ी बूटी नहीं हो सकती है।
II. कोई भी घास, पेड़ नहीं हो सकता है।

A. केवल निष्कर्ष I अनुसरण करता है।
B. केवल निष्कर्ष II अनुसरण करता है।
C. या तो निष्कर्ष I या निष्कर्ष II अनुसरण करता है।
D. कोई भी निष्कर्ष अनुसरण नहीं करता है।
E. दोनों निष्कर्ष अनुसरण करते हैं।

Q.50 निर्देश: निम्नलिखित प्रश्न में, चिह्न #, @, $, % का प्रयोग नीचे उदाहरण में दर्शाए गये अर्थों के अनुसार किया गया है:
'P # Q' का अर्थ है कि 'P ना तो Q से कम है और ना ही उसके बराबर है'।

'P @ Q' का अर्थ है कि 'P ना तो Q से अधिक है और ना ही उसके बराबर है'।

'P $ Q' का अर्थ है कि 'P, Q से कम नहीं है'।

'P * Q' का अर्थ है कि 'P, Q से अधिक नहीं है'।

'P & Q' का अर्थ है कि 'P ना तो Q से अधिक है और ना ही उससे कम है'।

अब दिये गए प्रत्येक प्रश्न में दिए गए कथनों को सत्य मानते हुए, ज्ञात कीजिए कि नीचे दिये गए चार निष्कर्षों में से कौनसा/कौनसे निष्कर्ष निश्चित रूप से सत्य है/हैं और उसके अनुसार अपना उत्तर दीजिए।

कथन:

U @ V $ W * X, W & Y $ Z

निष्कर्ष:

I. Z $ X

II. U # W

III. V $ Z

IV. U * Y

A. केवल III सत्य है

B. केवल या तो II या IV सत्य है

C. केवल III और या तो II या IV सत्य है

D. केवल II, III और IV सत्य हैं

E. केवल III और I सत्य हैं

Ques (51-55):निर्देश: निम्नलिखित जानकारी ध्यानपूर्वक पढ़ें और नीचे दिए गए प्रश्नों के उत्तर दें।

पांच लोग तरूण, मेघा, कृष्णा, दिलीप और सारिका ने 100 मीटर दौड़ में हिस्सा लिया। उनमें से प्रत्येक ने अलग-अलग समय में दौड़ समाप्त कर दी थी और तदनुसार दौड़ खत्म करने वाले पहले व्यक्ति 1-5, 1 प्रथम स्थान पर था। पांच प्रतिभागियों में से प्रत्येक कंप्यूटर, इलेक्ट्रॉनिक्स, सिविल, इलेक्ट्रिकल, और मैकेनिकल के बीच एक अलग विभाग से था।

निम्न जानकारी भी ज्ञात है:

(i) कृष्णा ने मेघा से पहले दौड़ समाप्त कर दी थी, जिन्होंने सारिका से पहले दौड़ समाप्त कर दी थी।

(ii) तरुण मैकेनिकल से है, जबकि दिलीप, इलेक्ट्रॉनिक्स से है।

(iii) इलेक्ट्रिकल विभाग के व्यक्ति ने 4 स्थान पर दौड़ समाप्त कर दी।

(iv) दौड़ को खत्म करने के लिए तरुण प्रथम तीन में से एक था।

(v) सारिका या तो सिविल या कंप्यूटर से थी।

(vi) मैकेनिकल के व्यक्ति ने कंप्यूटर से व्यक्ति के सामने दौड़ समाप्त की लेकिन कंप्यूटर से पहले नहीं।

Q.51 पहले स्थान पर किसने दौड़ समाप्त की?

A. मेघा

B. कृष्णा

C. दिलीप

D. सारिका

E. निर्धारित नहीं किया जा सकता है।

Q.52 कौन सा व्यक्ति सिविल विभाग से संबंधित है?

A. मेघा   B. कृष्णा

C. सारिका   D. या तो (A) या (C)

E. या तो (B) या (C)

Q.53 मेघा किस विभाग से है?

A. इलेक्ट्रिकल

B. कंप्यूटर

C. सिविल

D. इलेक्ट्रॉनिक्स

E. निर्धारित नहीं किया जा सकता है।

Q.54 निम्नलिखित में से कौन सा व्यक्ति अपने विभाग और रैंक के साथ सही ढंग से मेल खाता है?

A. मेघा - सिविल - 4

B. तरुण - मैकेनिकल - 3

C. सारिका - कंप्यूटर - 3

D. दिलीप - इलेक्ट्रॉनिक्स - 3

E. कृष्णा - कंप्यूटर - 2

Q.55 कितने लोगों के विभाग और रैंक विशिष्ट रूप से निर्धारित कर सकते हैं?

A. 1   B. 2   C. 3   D. 4

E. 5

Ques (56-58):निर्देश: निम्न जानकारी को ध्यानपूर्वक पढ़िए और उन पर आधारित प्रश्नों के उत्तर दीजिये:

A, B से पूर्व की ओर 6 मीटर की दूरी पर है। Q, B से उत्तर की ओर 2 मीटर की दूरी पर है। H, M से पश्चिम की ओर 6 मीटर की दूरी पर है। A, H से दक्षिण की ओर 2 मीटर की दूरी पर है। R, P से पश्चिम की ओर 5 मीटर की दूरी पर है। D, F से पूर्व की ओर 2 मीटर की दूरी पर है। T, R से दक्षिण की ओर 8 मीटर की दूरी पर है। M, D उत्तर की ओर 6 मीटर की दूरी पर है। F, P से दक्षिण की ओर 8 मीटर की दूरी पर है।

Q.56 Q के सन्दर्भ में M का स्थान ज्ञात कीजिये।

A. पूर्व   B. पश्चिम

C. उत्तर   D. दक्षिण

E. इनमें से कोई नहीं

Q.57 D के सन्दर्भ में B का स्थान ज्ञात कीजिये।

A. दक्षिण   B. उत्तर-पश्चिम

C. उत्तर-पूर्व   D. पश्चिम

E. दक्षिण-पूर्व

Q.58 यदि व्यक्ति D से R तक की दूरी सीधे तय करता है, तो उसके द्वारा तय की गयी दूरी ज्ञात कीजिये।

A. $\sqrt{111}$ B. $\sqrt{122}$ C. $\sqrt{113}$ D. $\sqrt{117}$

E. $\sqrt{120}$

Q.59 निर्देश: निम्नलिखितप्रश्न में दिए गए कथनों को सत्य मानते हुए, ज्ञात कीजिए कि दिए गए निष्कर्षों में से कौन-सा/कौन-से निष्कर्ष निश्चित रूप से सत्य है/हैं और फिर उसके अनुसार अपना उत्तर दीजिए।

कथन: P > Q > R; R < S > T; T = U > V

निष्कर्ष:

I. R = V

II. P > S

A. केवल I सत्य है।

B. केवल II सत्य है।

C. या तो I या II सत्य है।

D. न तो I और न ही II सत्य है।

E. I और II दोनों सत्य हैं।

Q.60 निर्देश: एक निश्चित भाषा में, 'brown black are colors' को 'po ta to la' के रूप में कोडित किया गया है। 'black dog is fast' को 'cu da la tu' के रूप में कोडित किया गया है। 'fox and dog are friends' को 'na da po hi pi' के रूप में कोडित किया गया है। 'brown fox is quick' को 'pi to ra cu' के रूप में कोडित किया गया है।

'black' के लिए कोड क्या होगा?

A. to
B. la
C. cu
D. ra
E. निर्धारित नहीं किया जा सकता है।

Q.61 यदि एक निश्चित कोड भाषा में, 'MIND' को 'KGLB' के रूप में लिखा जाता है और 'ARGUE' को 'YPESC' के रूप में लिखा जाता है, तब उसी कोड भाषा में 'DIAGRAM' शब्द को किस प्रकार लिखा जाएगा?

[Haryana Primary Teacher (PRT), 2020]

A. BGYEYPK **B.** BGYEPYK
C. GLPEYKB **D.** BGEPYLK
E. GBGEPYLK

Q.62 यदि ABCDEF को ZYXWVU के रूप में कोडबद्ध किया जाता है, तो MERCEDES को किस प्रकार कोडबद्ध किया जाएगा?

A. IVNXVHVW **B.** XNVIWVHV
C. WHVVNXIV **D.** NVIXVWVH
E. NNVIXVWVH

Q.63 यदि MEDICINE को EOJDJEFM के रूप में कूटबद्ध किया जाता है, तो COMPUTER को किस प्रकार कूटबद्ध किया जाएगा?

A. RFUVQNPC **B.** RFUVNQPC
C. RFVUQNPC **D.** RFVUNQPC
E. FRFVUNQPC

Ques (64-65):निर्देश: नीचे दी गई जानकारी पढ़कर उस पर आधारित प्रश्नों के उत्तर दीजिए-

जब एक शब्द और संख्या व्यवस्था मशीन को एक शब्दों और संख्याओं की एक इनपुट लाइनदी जाती है, तो यह उन्हें एक विशेष नियम के आधार पर व्यवस्थित करती है। नीचे इनपुट और पुनर्व्यवस्था का एक उदाहरण दिया गया है।

इनपुट: waste 43 hat 55 ant 19 nest 13 gap 27

चरण I: 13 waste 43 hat 55 19 nest gap 27 ant

चरण II: 19 13 waste 43 hat 55 nest 27 ant gap

चरण III: 27 19 13 waste 43 55 nest ant gap hat

चरण IV: 43 27 19 13 waste 55 ant gap hat nest

चरण V: 55 43 27 19 13 ant gap hat nest waste

चरण V उपरोक्त व्यवस्था का अन्तिम चरण है क्योंकि उद्दिष्ट व्यवस्था प्राप्त हो गयी है।

उपरोक्त चरणों में पालन किये गये नियमों के अनुसार, प्रत्येक प्रश्न में दिए गये इनपुट के लिए उचित चरण ज्ञात कीजिये।

इनपुट: fly 92 high 48 bird 74 tree 62 green 56

Q.64 चरण III में, '92' और '74' के बीच में कौनसा तत्व है?

A. green **B.** bird
C. tree **D.** high
E. इनमें से कोई नहीं

Q.65 चरण III में बायें छोर से चौथी संख्या और चरण I में दायें ओर से दूसरी संख्या के बीच कितना अंतर है?

A. 23 **B.** 24 **C.** 29 **D.** 25
E. 36

Ques (66-70):निर्देश: निम्नलिखित जानकारी ध्यानपूर्वक पढ़ें और नीचे दिए गए प्रश्न का उत्तर दें।

आठ दोस्त मोइन, मनोज, महेश, मुकेश, मृदुल, मणि, मारी और मनु एक गोलाकार मेज के चारों ओर, केंद्र के बाहर की ओर मुख करके बैठे हैं तथा उनके बीच की दूरी समान है।

इसके अलावा, मोइन, मृदुल के दायीं ओर दूसरे स्थान पर है। मृदुल, महेश और मारी दोनों का पड़ोसी है। मुकेश, मोइन का पड़ोसी नहीं है। मारी, मणि का पड़ोसी है। मनोज, मुकेश और मनु के बीच नहीं बैठा है। मनु, मणि और मुकेश के बीच नहीं बैठा है।

Q.66 बैठने की कितनी अलग व्यवस्था संभव हैं?

A. 1 **B.** 2 **C.** 3 **D.** 4
E. 6

Q.67 कितने लोगों की स्थिति निर्धारित की जा सकती है?

A. 6 **B.** 8
C. 5 **D.** 4
E. इनमें से कोई नहीं

Q.68 महेश के संबंध में मारी की स्थिति क्या है?

A. दाईं ओर दूसरा
B. बाईं ओर दूसरा
C. निकटतम दाएं
D. निकटतम बाएँ
E. निर्धारित नहीं किया जा सकता है।

Q.69 मनु के दाईं ओर कौन बैठता है?

A. महेश
B. मणि
C. मुकेश
D. मनोज
E. निर्धारित नहीं किया जा सकता है।

Q.70 मोइन के संबंध में महेश की स्थिति क्या है?

A. दाईं ओर निकटतम
B. बाईं ओर निकटतम
C. दाईं ओर दूसरा
D. बाईं ओर दूसरा
E. निर्धारित नहीं किया जा सकता है

Q.71 निर्देश: निम्न प्रश्न में एक प्रश्न और उसके बाद I और II से अंकित दो कथन दिए गये हैं। आपको निर्धारित करना है कि कथनों में दी गई जानकारी प्रश्न का उत्तर देने के लिए पर्याप्त है या नहीं। दोनों कथनों को पढ़िए और उत्तर दीजिये।

किसी कूट भाषा में, '14' का अर्थ 'stop whispering' है और '68' का अर्थ 'it's irritating' है। तो इसी कूट भाषा में '8' और '6' का अर्थ क्रमशः क्या होगा?

कथन:

I. '167' का अर्थ 'stop irritating me' है।

II. '4982' का अर्थ 'it's sound like whispering' है।

A. केवल I पर्याप्त है जबकि केवल II पर्याप्त नहीं है।
B. केवल II पर्याप्त है जबकि केवल I पर्याप्त नहीं है।
C. या तो I या II पर्याप्त है।
D. ना तो I और न ही II पर्याप्त है।
E. I और II दोनों पर्याप्त हैं।

Ques (72-74):निर्देश: दी गई जानकारी का ध्यानपूर्वक अध्ययन कीजिए और निम्नलिखित प्रश्नों के उत्तर दीजिए।

एक शब्द व्यवस्था मशीन को जब शब्दों का एक इनपुट दिया जाता है, तो वह प्रत्येक चरण में एक विशेष नियम का अनुसरण करते हुए इस इनपुट को पुनर्व्यवस्थित करती है। निम्नलिखित इनपुट और चरणों की पुनर्व्यवस्था का एक उदाहरण है।

इनपुट: Valour Punctual Courage Motivation Sensitive Fearless

चरण 1: Courage Valour Punctual Motivation Sensitive Fearless

चरण 2: Courage Fearless Valour Punctual Motivation Sensitive

चरण 3: Courage Fearless Motivation Valour Punctual Sensitive

चरण 4: Courage Fearless Motivation Punctual Sensitive Valour

यह अंतिम व्यवस्था है और चरण 4 अंतिम चरण है।

दिए गए चरणों में अनुसरण किए गए नियमों के अनुसार, निम्नलिखित इनपुट के लिए नीचे दिए गए प्रश्नों के उत्तर दीजिए।

इनपुट: Spunk Resolve Mettle Pluck Daring Heroism

Q.72 चरण 3 में "Resolve" से पहले कितने शब्द हैं?

A. 3　　　　B. 2　　　　C. 5　　　　D. 1

E. 4

Q.73 यहाँ कितने चरण हैं?

A. 5　　　　　　　　　B. 3

C. 4　　　　　　　　　D. 6

E. या तो 4 या 6

Q.74 चरण 2 में "DarIng" और "Spunk" के ठीक बीच में क्या आता है?

A. Resolve　　　　　B. Heroism

C. Plunk　　　　　　D. या तो 1 या 2

E. या तो 2 या 3

Ques (75-76):निर्देश: निम्नलिखित जानकारी ध्यानपूर्वक पढ़ें और नीचे दिए गए प्रश्नों के उत्तर दें।

दो पुरुषों P और Q के लिए, निम्न प्रतीक उनके रिश्ते को दर्शाते हैं।

P+Q का अर्थ है कि P, Q के बड़े भाई हैं।

P*Q का अर्थ है कि P, Q का पिता है।

P$Q का अर्थ है कि P, Q की बहन का बेटा है।

P%Q का अर्थ है कि P, Q के भाई का बेटा है।

P#Q का अर्थ है कि P, Q का बेटा है।

Q.75 यदि R*F$B, R, B से कैसे संबंधित है?

A. भतीजा　　B. चचेरा भाई　　C. भाई　　　D. बहनोई

E. ससुर

Q.76 इनमें से कौन से संकेत बताता है कि E और F चचेरे भाई हैं?

A. F$C*E　　　　　　　B. F$C%E

C. F#C+E　　　　　　　D. F%C+E

E. E$D%B+F

Q.77 निर्देश: नीचे दिए गये प्रश्न में एक प्रश्न और उसके बाद I और II से अंकित दो कथन दिए गये हैं। आपको यह निर्धारित करना है कि कथन में दी गयी जानकारी प्रश्न के उत्तर के लिए पर्याप्त है या नहीं। दोनों कथनों को पढ़िए और उत्तर दीजिये।

सप्ताह के किस दिन हरिता चिड़ियाघर गई थी?

कथन:

I. हरिता मंगलवार या गुरुवार को चिड़ियाघर नहीं गई थी।

II. हरिता उस दिन से दो दिन पहले चिड़ियाघर गई थी, जिस दिन उसकी माँ उसके घर आई थी जोकि मंगलवार का अगला दिन था।

A. केवल I पर्याप्त है जबकि केवल II पर्याप्त नहीं है

B. केवल II पर्याप्त है जबकि केवल I पर्याप्त नहीं है

C. या तो I या II पर्याप्त है

D. न तो I न ही II पर्याप्त है

E. I और II दोनों पर्याप्त हैं

Q.78 निर्देश: एक कथन के बाद दो अनुमान I और II दिए गए हैं। आपको इस कथन को सत्य मानना होगा, भले ही यह आम तौर पर ज्ञात तथ्यों से भिन्न हों। आपको यह तय करना होगा कि दिए गए अनुमानों में से कौन सा दिए गए कथन का अनुसरण करता है।

कथन: बूढ़ी महिला के कमरे में घटना के बाद इमारत की सुरक्षा बढ़ा दी गई थी।

धारणा:

I: बूढ़ी महिला के कमरे में कुछ खतरनाक हुआ।

II: बुढ़िया आसान निशाना थी।

A. केवल धारणा I निहित है।

B. केवल धारणा II निहित है।

C. धारणा I और II दोनों निहित हैं।

D. कोई भी धारणा निहित नहीं है।

E. या तो I या II निहित है।

Ques (79-80):निर्देश: निम्नलिखित प्रश्नों में, चिह्न #, @, $, % का प्रयोग नीचे उदाहरण में दर्शाए गये अर्थों के अनुसार किया गया है:

'P # Q' का अर्थ है कि 'P ना तो Q से कम है और ना ही उसके बराबर है'।

'P @ Q' का अर्थ है कि 'P ना तो Q से अधिक है और ना ही उसके बराबर है'।

'P $ Q' का अर्थ है कि 'P, Q से कम नहीं है'।

'P * Q' का अर्थ है कि 'P, Q से अधिक नहीं है'।

'P & Q' का अर्थ है कि 'P ना तो Q से अधिक है और ना ही उससे कम है'।

अब दिये गए प्रत्येक प्रश्न में दिए गए कथनों को सत्य मानते हुए, ज्ञात कीजिए कि नीचे दिये गए चार निष्कर्षों में से कौनसा/कौनसे निष्कर्ष निश्चित रूप से सत्य है/हैं और उसके अनुसार अपना उत्तर दीजिए।

Q.79 कथन:

A @ B, C $ B, D & C, D # E

निष्कर्ष:

I. D # A

II. B # E

III. B @ E

IV D * B

A. केवल I और II सत्य हैं।

B. केवल I और या तो II या III सत्य है।

C. केवल I और IV सत्य हैं।

D. केवल IV सत्य हैं।

E. केवल I सत्य हैं।

Q.80 कथन:

M $ N, N & O, P & O # Q, R @ Q

निष्कर्ष:

I. N @ R

II. O * M

III. R @ N

IV M # Q

A.   केवल II सत्य है।
B.   केवल या तो I या III सत्य है।
C.   केवल II और III सत्य हैं।
D.   केवल II, III और IV सत्य हैं।
E.   केवल III और IV सत्य हैं।

// स्मार्ट उत्तर पुस्तिका //

सही उत्तर — उन छात्रों का प्रतिशत जिन्होंने प्रश्नों का सही उत्तर दिया था। **छोड़ दिया** — उन छात्रों का प्रतिशत जिन्होंने प्रश्नों को छोड़ दिया था।

प्रश्न संख्या	उत्तर	सही उत्तर / छोड़ दिया	प्रश्न संख्या	उत्तर	सही उत्तर / छोड़ दिया	प्रश्न संख्या	उत्तर	सही उत्तर / छोड़ दिया	प्रश्न संख्या	उत्तर	सही उत्तर / छोड़ दिया	प्रश्न संख्या	उत्तर	सही उत्तर / छोड़ दिया	प्रश्न संख्या	उत्तर	सही उत्तर / छोड़ दिया
1	B	65.04% / 33.31%	15	B	45.5% / 46.63%	29	D	57.79% / 34.3%	43	A	53.63% / 31.57%	57	B	56.98% / 34.36%	71	C	58.83% / 36.15%
2	D	55.63% / 34.02%	16	C	27.75% / 71.75%	30	A	54.41% / 38.41%	44	D	49.12% / 36.65%	58	C	47.97% / 38.23%	72	E	43.28% / 33.41%
3	C	59.44% / 34.89%	17	C	55.04% / 43.14%	31	B	67.51% / 31.34%	45	C	49.9% / 32.26%	59	D	58.68% / 33.5%	73	A	45.9% / 51.09%
4	B	60.79% / 33.44%	18	A	44.52% / 32.02%	32	A	45.47% / 47.2%	46	B	40.0% / 59.62%	60	B	11.87% / 84.14%	74	B	66.61% / 32.88%
5	A	47.77% / 30.45%	19	A	57.94% / 33.69%	33	C	51.7% / 45.5%	47	A	48.49% / 47.12%	61	B	47.24% / 48.44%	75	D	48.61% / 45.99%
6	B	56.38% / 32.55%	20	D	53.02% / 43.87%	34	D	55.69% / 43.04%	48	E	48.0% / 45.58%	62	D	67.22% / 30.81%	76	A	48.92% / 37.99%
7	B	77.27% / 17.75%	21	D	42.58% / 33.08%	35	C	49.3% / 32.16%	49	D	48.8% / 45.61%	63	A	69.04% / 30.59%	77	B	60.74% / 33.35%
8	B	47.95% / 42.44%	22	D	66.52% / 30.4%	36	C	54.69% / 31.85%	50	C	62.61% / 35.24%	64	D	47.82% / 33.42%	78	A	47.86% / 30.05%
9	C	67.19% / 31.98%	23	B	52.0% / 42.07%	37	D	61.97% / 31.01%	51	B	67.88% / 30.02%	65	E	41.53% / 41.98%	79	E	44.56% / 44.63%
10	A	80.39% / 16.94%	24	D	58.96% / 30.88%	38	B	57.07% / 41.95%	52	C	67.25% / 30.28%	66	B	64.08% / 30.82%	80	D	58.62% / 34.14%
11	A	43.48% / 44.08%	25	C	69.33% / 30.06%	39	C	57.04% / 38.44%	53	A	11.15% / 81.68%	67	C	61.31% / 33.31%			
12	C	46.73% / 53.22%	26	A	49.73% / 46.2%	40	D	60.73% / 35.79%	54	D	47.39% / 37.61%	68	B	51.31% / 41.91%			
13	D	45.02% / 40.39%	27	A	49.69% / 39.29%	41	D	46.55% / 43.0%	55	E	30.24% / 68.65%	69	C	46.37% / 52.02%			
14	C	69.14% / 30.01%	28	E	45.61% / 45.9%	42	C	54.19% / 30.81%	56	A	65.89% / 30.52%	70	A	53.7% / 45.95%			

Reasoning

Ques (1-5):निर्देश: प्रश्नों का उत्तर देने के लिए दी गई जानकारी का अनुसरण करें।

'He loves his family' को 'sup rup mup cup' लिखा जाता है।

'My family likes him' को 'mup lup hup bup ' लिखा जाता है।

'Everyone loves him' को 'rup hup xup' लिखा जाता है।

'He likes animals' को 'sup tup bup' लिखा जाता है।

Q.1 'animals' का कूट क्या है?

A. hup   **B.** cup   **C.** lup   **D.** bup

E. tup

Q.2 इनमें से किसके लिए 'hup' कूट का इस्तेमाल किया गया है?

A. his

B. him

C. he

D. इनमें से कोई नहीं

E. निर्धारित नहीं किया जा सकता है

Q.3 'family' के लिए कूट क्या है?

A. sup

B. rup

C. cup

D. mup

E. निर्धारित नहीं किया जा सकता है

Q.4 इनमें से किसके लिए 'lup' कूट का इस्तेमाल किया गया है?

A. My   **B.** family

C. likes   **D.** him

E. इनमें से कोई नहीं

Q.5 'Everyone' के लिए कूट क्या है?

A. rup

B. hup

C. xup

D. इनमें से कोई नहीं

E. निर्धारित नहीं किया जा सकता है

Ques (6-10):निर्देश: नीचे दिए गए प्रश्नों के उत्तर देने के लिए निम्नलिखित जानकारी का ध्यानपूर्वक अध्ययन कीजिए-

एक अलमारी में दस डिब्बे इस प्रकार रखे गए हैं कि सबसे नीचे रखे डिब्बे को संख्या 1, इसके ठीक ऊपर के डिब्बे को संख्या 2 और इसी प्रकार शीर्ष स्थान के डिब्बे को संख्या 10 दिया गया है।

चार डिब्बे J और K के मध्य रखे गए हैं जो विषम संख्या वाले स्थान पर रखा गया है। डिब्बा K को डिब्बा J के नीचे रखा गया है। डिब्बा M को डिब्बा K के नीचे रखा गया है। K और L के बीच दो डिब्बे रखे गए हैं जो Q डिब्बे के ठीक नीचे रखे गए हैं। डिब्बा B को डिब्बा M के नीचे रखा गया है। डिब्बा Q को 7वें स्थान पर रखा गया है। डिब्बा I एक सम संख्या वाले स्थान पर रखा गया है लेकिन डिब्बा P के ऊपर। डिब्बा A को डिब्बा R के ठीक ऊपर रखा गया है।

Q.6 नीचे कौन सा डिब्बा रखा गया है?

A. J   **B.** K

C. I   **D.** जानकारी अपर्याप्त है

E. इनमें से कोई नहीं

Q.7 किस डिब्बे को 9वें स्थान पर रखा गया है?

A. J   **B.** P

C. Q   **D.** जानकारी अपर्याप्त है

E. इनमें से कोई नहीं

Q.8 डिब्बा L और B के बीच कितने डिब्बे रखे गए हैं?

A. तीन   **B.** दो

C. चार   **D.** सात

E. इनमें से कोई नहीं

Q.9 निम्नलिखित पांच में से चार अपनी स्थिति के आधार पर एक निश्चित रूप से एक दूसरे से संबंधित हैं। निम्नलिखित में से कौन उस समूह से संबंधित नहीं है?

A. B   **B.** L   **C.** K   **D.** A

E. Q

Q.10 सही विकल्प का चयन कीजिए?

A. डिब्बा J को डिब्बा L के ठीक ऊपर रखा गया है।

B. P और Q के बीच दो डिब्बे रखे गए हैं।

C. डिब्बा R को एक सम संख्या स्थान पर रखा गया है।

D. डिब्बा K को 4वें स्थान पर रखा गया है।

E. दिए गए विकल्प में से कोई भी सत्य नहीं है।

Ques (11-12):निर्देश: नीचे दी गई जानकारी का ध्यानपूर्वक अध्ययन कीजिए और निम्नलिखित प्रश्नों के उत्तर दीजिए।

बिंदु E, बिंदु A के 5 किमी दक्षिण में है। बिंदु I, बिंदु E के 5 किमी पूर्व में और बिंदु O, बिंदु I के 5 किमी दक्षिण में है। बिंदु U, बिंदु O के 2 किमी पश्चिम में है, जबकि बिंदु V, बिंदु U के 3 किमी दक्षिण में है। बिंदु W, बिंदु V के 3 किमी पश्चिम में है और बिंदु X, बिंदु W के 5 किमी उत्तर में है।

Q.11 A और X के बीच की दूरी कितनी है?

A. 6 किमी   **B.** 8 किमी   **C.** 10 किमी   **D.** 9 किमी

E. 12 किमी

Q.12 बिंदु I, बिंदु W के संबंध में किस दिशा में है?

A. उत्तर-पश्चिम   **B.** पश्चिम

C. उत्तर- पूर्व   **D.** पूर्व

E. दक्षिण-पूर्व

Ques (13-17):निर्देश: निम्नलिखित जानकारी का ध्यानपूर्वक अध्ययन कीजिए और नीचे दिए गए प्रश्नों के उत्तर दीजिए:

एक पंक्ति में कुछ व्यक्ति उत्तर दिशा के सम्मुख बैठे हैं। निम्नलिखित जानकारी उनके बारे में ज्ञात है:

H और C के मध्य केवल दो व्यक्ति बैठे हैं, जो B के दाएं से पाँचवें स्थान पर बैठा है। C दाएं छोर से तीसरे स्थान पर बैठा है। D पंक्ति के बाएं छोर पर बैठा है और D और A के मध्य केवल दो व्यक्ति बैठे हैं। F, A और B के मध्य में बैठा है और A के दाएं से 2 दूसरे स्थान पर बैठा है।

B और G के मध्य दो से अधिक व्यक्ति नहीं बैठे हैं और G, H के आगे बैठा है। G और C के मध्य केवल एक व्यक्ति बैठा है।

Q.13 पंक्ति में कितने व्यक्ति बैठे हैं?

A. 10   B. 12

C. 14   D. 15

E. इनमें से कोई नहीं

Q.14 A और B के मध्य कितने व्यक्ति बैठे हैं?

A. 1   B. 2   C. 3   D. 4

E. 5

Q.15 कुल सदस्यों में से कितने व्यक्ति अज्ञात हैं?

A. 7   B. 8

C. 9   D. 5

E. इनमें से कोई नहीं

Q.16 कितने व्यक्ति उस व्यक्ति के बाएं बैठे हैं जो H के दाएं से तीसरे स्थान पर बैठा है?

A. 10   B. 11   C. 12   D. 13

E. 14

Q.17 F और H के मध्य कितने व्यक्ति बैठे हैं?

A. 2   B. 3   C. 4   D. 5

E. 6

Ques (18-22):निर्देश: दिए गए कथनों को सत्य मानते हुए निम्नलिखित प्रश्नों में, ज्ञात कीजिए कि दिए गए निष्कर्षों में से कौन सा निष्कर्ष निश्चित रूप से सत्य है और फिर उसी के अनुसार अपने उत्तर दीजिए।

Q.18 कथन: R ≤ P ≤ Q; R ≥ S > T ≤ M = U

निष्कर्ष:

I. Q > T

II. R ≥ M

A. केवल II सत्य है   B. केवल I सत्य है

C. I और II दोनों सत्य हैं   D. या तो I या II सत्य है

E. कोई भी सत्य नहीं है

Q.19 कथन: P < R < D < A < N; P > F = S

निष्कर्ष:

I. A = F

II. F < A

A. केवल II सत्य है   B. केवल I सत्य है

C. I और II दोनों सत्य हैं   D. या तो I या II सत्य है

E. कोई भी सत्य नहीं है

Q.20 कथन: P < Q ≥ G; G ≥ I ≥ E; C ≤ P; C > U

निष्कर्ष:

I. U > I

II. P ≤ E

A. I और II दोनों सत्य हैं

B. केवल II सत्य है

C. या तो I या II सत्य है

D. केवल I सत्य है

E. न तो I और न ही II सत्य है

Q.21 कथन: Y = O ≤ G ≤ K = U > L > P; Y = A ≥ R

निष्कर्ष

I. U > R

II. R = U

A. केवल II सत्य है   B. केवल I सत्य है

C. I और II दोनों सत्य हैं   D. या तो I या II सत्य है

E. कोई भी सत्य नहीं है

Q.22 कथन: N ≥ T > P = A ≥ Z = K; N = B > D

निष्कर्ष

I. D ≥ Z

II. B > K

A. केवल II सत्य है   B. केवल I सत्य है

C. दोनों I और II सत्य हैं   D. या तो I या II सत्य है

E. कोई सत्य नहीं है

Ques (23-27):निर्देश: निम्नलिखित जानकारी का ध्यानपूर्वक अध्ययन कीजिए और नीचे दिए गए प्रश्नों के उत्तर दीजिए।

9 मित्र A, B, C, D, E, F, G, H, और I एक गोलाकार मेज के चारों ओर बैठे हैं, जिसमें से 4 केंद्र के सम्मुख हैं जबकि अन्य बाहर के सम्मुख हैं। 3 लोग A, जो E के बायीं ओर बैठा है और I जो बाहर के सम्मुख बैठा है उनके बीच के बीच में बैठे हैं। F और D, I के पड़ोसी हैं और विपरीत दिशा के सम्मुख है। A और H और A और B के बीच बैठे व्यक्तियों की संख्या समान है। B और D निकटतम पड़ोसी है और विपरीत दिशा के सम्मुख हैं। G, A और B के बीच बैठा है और बाहर के सम्मुख है। C, A के दाएँ तीसरे स्थान पर बैठा है और G के समान दिशा के सम्मुख है। I, H के दायें से तीसरे स्थान पर बैठा है, जो D के समान दिशा के सम्मुख है।

Q.23 उस व्यक्ति की स्थिति क्या है जो F के बाएं से दूसरे स्थान पर बैठा है?

A. G के दाएँ से तीसरा   B. C के दाएँ से तीसरा

C. A के बाएँ से तीसरा   D. E के दाएँ से चौथा

E. B के निकटतम बाएँ

Q.24 D के बाएँ से गणना करने पर H और D के बीच कितने लोग बैठे हैं?

A. 5   B. 2   C. 4   D. 3

E. 6

Q.25 निम्नलिखित में से कौन-सा सत्य है?

A. F, B का निकटतम पड़ोसी है।

B. D, E के समान दिशा के सम्मुख है।

C. B, E के दाएं तीसरा है।

D. A, E, H और F केंद्र के सम्मुख हैं।

E. A, I के दाएं चौथे स्थान पर बैठा है।

Q.26 B के संबंध में F की स्थिति क्या है?

A. बाएँ से तीसरा   B. निकटतम बाएँ

C. दाएँ से तीसरा   D. दायीं ओर पाँचवाँ

E. दाएँ से छठवाँ

Q.27 G और F के ठीक बीच कौन बैठा है?

A. D   B. H   C. B   D. E

E. I

Q.28 'GRANDEUR' शब्द में ऐसे कितने अक्षरों के युग्म हैं, जिनके बीच उतने ही अक्षर हैं, जितने अंग्रेजी वर्णमाला में उनके बीच हैं (दोनों तरफ से)

A. 1   B. 2   C. 3   D. 4

E. 5

Q.29 6 व्यक्ति, "A, B, C, D, E, F" सोमवार से शनिवार तक 6 अलग-अलग दिनों में एक फिल्म के लिए जाते हैं। A, D से 2 दिन बाद लेकिन शुक्रवार से पहले जाता है। C और E के बीच 3 दिन का अंतर है। B शनिवार को जाता है। F, A से ठीक पहले जाता है। बुधवार को कौन जाता है?

A. E   B. B   C. D   D. F

E. A

Q.30 निर्देश: निम्नलिखित जानकारी का ध्यानपूर्वक अध्ययन कीजिये और दिए गए प्रश्नों के उत्तर दीजिये।

संख्या '85214796' में यदि सभी विषम अंकों में 2 को जोड़ा जाए और सभी सम अंकों से 1 घटाया जाए, तब बाएं सिरे से पहले अंक और दाएं सिरे से पहलेअंक के बीच अंतर क्या होगा?

A. 7   **B.** 6   **C.** 5   **D.** 2

E. 3

Q.31 दिए गए शब्द 'EXPATRIATE' में यदि वर्णमाला श्रृंखला के अनुसार स्वरों को अगले अक्षर में बदल दिया गया है और व्यंजनों को पिछले अक्षरों में बदल दिए गया है, तो कौन से अक्षर/अक्षरों को एक से अधिक बार दोहराया गया है?

A. J, O   **B.** O, Q   **C.** W   **D.** Q, J

E. B, F, S

Ques (32-36):निर्देश: दिए गए कथनों के अनुसार निम्नलिखित प्रश्नों के उत्तर दीजिए:

आठ व्यक्ति A, B, C, D, E, F, G, और H, जो मंजिल 1, मंजिल 2, मंजिल 3 और मंजिल 4 में से चार अलग-अलग मंजिलों पर रहते हैं। प्रत्येक मंजिल में दो अलग-अलग फ्लैट हैं अर्थात फ्लैट 1 और फ्लैट 2।

प्रत्येक मंजिल पर 2 फ्लैट हैं, फ्लैट1 –फ्लैट 2 बाएं से दाएं इस तरह से है कि चौथी मंजिल का फ्लैट 1 तीसरी मंजिल के फ्लैट 1 के ठीक ऊपर है और तीसरी मंजिल का फ्लैट 1 फ्लैट दूसरी मंजिल के फ्लैट 1 के ठीक ऊपर है तथा अन्य फ्लैट भी उसी तरह से स्थित हैं।

C उस मंजिल से एक मंजिल ऊपर रहता है जिस में B रहता है। F, B के साथ रहता है, जो D से दो मंजिल नीचे रहता है। B दूसरी मंजिल पर रहता है। E, पहली मंजिल के फ्लैट 2 में रहता है। G तीसरी मंजिल पर रहता है, लेकिन फ्लैट 1 में नहीं। H चौथी मंजिल पर नहीं रहता है, लेकिन फ्लैट में 1 रहता है। B सम संख्या वाले फ्लैट में रहता है। A और C फ्लैट 1 में रहते हैं लेकिन अलग-अलग मंजिलों पर ।

Q.32 दूसरी मंजिल के फ्लैट 1 में कौन रहता है?

A. B   **B.** C   **C.** F   **D.** A

E. G

Q.33 कौन सा व्यक्ति उस मंजिल से दो मंजिल नीचे रहता है जिस पर G समान फ्लैट संख्या में रहता है?

A. A   **B.** F

C. C   **D.** E

E. इनमें से कोई भी नहीं

Q.34 कौन एक ही मंजिल पर रहते हैं?

A. H और G

B. F और B

C. C और B

D. E और D

E. उपर्युक्त में से कोई भी नहीं

Q.35 चौथी मंजिल के फ्लैट 2 में कौन रहता है?

A. H   **B.** C   **C.** A   **D.** E

E. D

Q.36 इनमें से कौन सी जोड़ी शेष से भिन्न है?

A. H और C   **B.** G और E   **C.** C और F   **D.** E और G

E. B और D

Ques (37-40):निर्देश: दी गई जानकारी का अध्ययन कीजिए और नीचे दिए गये प्रश्नों के उत्तर दीजिए।

A, B, C, D, E, F और G एक पंक्ति में उत्तर दिशा के सम्मुख बैठे हैं लेकिन जरूरी नहीं कि वे समान क्रम में हों। प्रत्येक की एक अलग आयु (वर्षों में), अर्थात् 4, 15, 17, 19, 21, 23 और 40 है लेकिन जरूरी नहीं कि वे समान क्रम में हों।

वह व्यक्ति जिसकी आयु 19 वर्ष है, C और F के बीच बैठा है। F, E के दाएं तीसरे स्थान पर बैठा है, जिसकी आयु B की तुलना में 6 वर्ष अधिक है। A, B के निकटतम बाएं बैठा है, जिसकी आयु 5 का गुणांक है, लेकिन 20 से अधिक नहीं है। F की आयु E और G की आयु का योग है। केवल एक व्यक्ति है जो F के निकटतम दाएं बैठा है। C, जिसकी आयु दो अंकों की अभाज्य संख्या है, उस व्यक्ति के दाएं तीसरे स्थान पर बैठा है, जिसकी आयु 4 वर्ष है। D की आयु G की आयु से दो वर्ष कम है।

Q.37 A और D के बीच कितने व्यक्ति बैठे हैं?

A. 5   **B.** 4

C. 3   **D.** 2

E. उपरोक्त में से कोई नहीं

Q.38 F की आयु क्या है?

A. 21 वर्ष   **B.** 40 वर्ष   **C.** 17 वर्ष   **D.** 15 वर्ष

E. 19 वर्ष

Q.39 निम्न में से कौन-सा सही है?

A. A, C के दाएँ तीसरे स्थान पर बैठा है

B. F की आयु 19 वर्ष है

C. A और B की आयु का योग G के बराबर है

D. F और D के बीच केवल एक व्यक्ति बैठा है।

E. C की आयु कोई अभाज्य संख्या नहीं है।

Q.40 निम्नलिखित में से चार एक निश्चित तरीके से एक समान हैं और इसलिए एक समूह बनाते हैं। निम्नलिखित में से कौन समूह से संबंधित नहीं है?

A. BC   **B.** GD   **C.** GE   **D.** AE

E. CF

Quantitative Aptitude

Ques (41-46):निर्देश: निम्नलिखित संख्या श्रृंखला में प्रश्न चिह्न '?' के स्थान पर क्या आना चाहिए?

Q.41 3.5, 7, 14, 24.5, 38.5, ?

A. 42   **B.** 56   **C.** 52.5   **D.** 77

E. 49

Q.42 287, ?, 71, 35, 17, 8

A. 144   **B.** 143   **C.** 142   **D.** 141

E. 140

Q.43 19, 20, 42, 129, ?, 2605

A. 512   **B.** 543   **C.** 555   **D.** 520

E. 536

Q.44 3.5, 2.5, 3, 6, 20, ?

A. 91   **B.** 82   **C.** 93   **D.** 84

E. 95

Q.45 106, 101, 90, 73, 50, ?

A. 31   **B.** 21   **C.** 36   **D.** 27

E. 41

Q.46 20, 60, 25, 65, 30, ?

A. 35   **B.** 70   **C.** 84   **D.** 95

E. 55

Ques (47-52):निर्देश: निम्नलिखित पाई चार्ट को ध्यान से पढ़ें और निम्नलिखित प्रश्नों के उत्तर दें :-

पाई चार्ट एक परीक्षा की 6 अलग-अलग शिफ्टों में उम्मीदवारों के प्रतिशत को दर्शाता है।

उम्मीदवारों की कुल संख्या = 5500

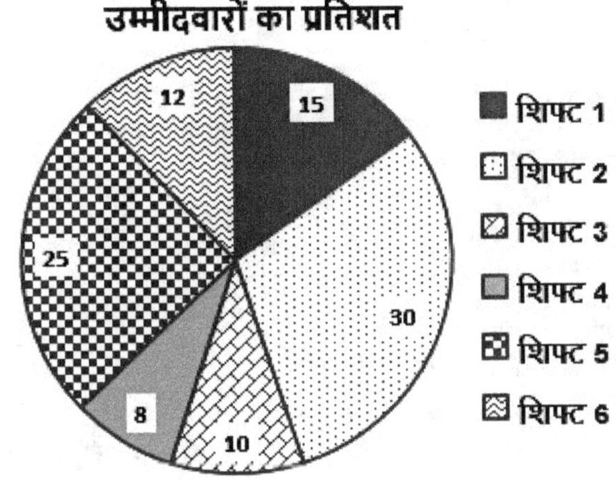

Q.47 शिफ्ट 6 में उम्मीदवारों की संख्या, शिफ्ट 4 में उम्मीदवार की संख्या से कितना प्रतिशत अधिक/कम है?

A. 20%
B. 50%
C. 30%
D. 10%
E. इनमें से कोई नहीं

Q.48 यदि शिफ्ट 2 में 215 उम्मीदवार अनुपस्थित थे, तो इसी शिफ्ट में उपस्थित उम्मीदवारों की संख्या ज्ञात करें।

A. 1200
B. 1050
C. 1435
D. 915
E. 1285

Q.49 यदि शिफ्ट 3 में पुरुष उम्मीदवारों के लिए महिला का अनुपात 6: 5 है, तो शिफ्ट 3 में महिला उम्मीदवारों की संख्या का पता लगाएं।

A. 350
B. 225
C. 435
D. 250
E. इनमें से कोई नहीं

Q.50 परीक्षा में शिफ्ट 2, शिफ्ट 3 और शिफ्ट 4 में उम्मीदवारों की औसत संख्या ज्ञात करें।

A. 700
B. 660
C. 880
D. 910
E. 750

Q.51 शिफ्ट 1 में उम्मीदवारों की संख्या शिफ्ट 4 में उम्मीदवारों की संख्या से कितनी अधिक है?

A. 260
B. 385
C. 425
D. 360
E. इनमें से कोई नहीं

Q.52 यदि शिफ्ट 6 गें 40% उम्मीदवार फेल थे, तो उसी शिफ्ट में उत्तीर्ण उम्मीदवारों की संख्या ज्ञात करें।

A. 369
B. 228
C. 426
D. 264
E. 396

Q.53 A अपनी आय का 80% म्यूचुअल फंड, रियल एस्टेट और बीमा में क्रमशः 3 : 5 : 7 के अनुपात में निवेश करता है। उसकी बचत ज्ञात कीजिए, यदि वह म्यूचुअल फंड में 24,000 रुपये का निवेश करता है।

A. 1,00,000 रुपये
B. 50,000 रुपये
C. 30,000 रुपये
D. 40,000 रुपये
E. 80,000 रुपये

Q.54 14 सेमी त्रिज्या और 5 सेमी ऊँचाई वाले एक बेलन को पिघलाया जाता है और 2 सेमी भुजा वाले घन बनाए जाते हैं। ऐसे कितने समान घन प्राप्त किए जाएंगे?

A. 462
B. 385
C. 352
D. 429
E. 484

Q.55 एक नाव को 45 किमी धारा के प्रतिकूल दिशा में यात्रा करने में धारा के अनुकूल दिशा में यात्रा करने से 2 घंटे अधिक लगते हैं। यदि धारा की गति और नाव की गति का अनुपात 1 : 4 है, तो धारा की गति ज्ञात कीजिए।

A. 5 किमी/घंटा
B. 9 किमी/घंटा
C. 4 किमी/घंटा
D. 6 किमी/घंटा
E. इनमें से कोई नहीं

Q.56 एक मिश्रण में 60 रु. प्रति किलो का 15 किलो और X रु. प्रति किलो का 25 किलो चावल होता है और उसे 97.5 प्रति किलो से बेचा जाता है। विक्रेता द्वारा अर्जित लाभ 30% है। X का मूल्य क्या होगा?

A. 72
B. 84
C. 80
D. 77
E. 70

Q.57 यदि 3 सिक्कों को एक साथ उछाला जाता है, तो कम से कम 2 चित्त आने की प्रायिकता क्या है?

A. $\frac{1}{3}$
B. $\frac{1}{2}$
C. $\frac{1}{8}$
D. $\frac{7}{8}$
E. $\frac{2}{3}$

Q.58 A और B एक साथ एक कार्य 4 दिन में पूरा कर सकते हैं। A को अकेले उस कार्य को पूरा करने में B से 6 दिन कम समय लगता है। C को अकेले वह कार्य करने में कितने दिन लगेंगे यदि वह B से 50% अधिक कुशल है?

A. 8
B. 16
C. 12
D. 14
E. 20

Q.59 एक दुकानदार ने अपनी वस्तु को उसके क्रय मूल्य से 1500 अधिक पर अंकित किया और उस पर 12.5% की छूट दी। यदि वस्तु का विक्रय मूल्य 3500 रुपये है, तो दुकानदार द्वारा अर्जित लाभ प्रतिशत ज्ञात कीजिए।

A. 10%
B. 20%
C. 25%
D. 30%
E. 40%

Ques (60-64):निर्देश: दिए गए प्रश्न में, I और II से अंकित दो समीकरण दिए गए हैं। दोनों समीकरणों को हल कीजिए और उपयुक्त उत्तर को चिह्नित कीजिए।

Q.60 I. $x^2 - 11x + 30 = 0$
II. $y^2 + 12y + 36 = 0$

A. $x > y$
B. $x < y$
C. $x \geq y$
D. $x \leq y$
E. $x = y$ या x और y के बीच संबंध स्थापित नहीं किया जा सकता है।

Q.61 I. $x^2 + 9x + 20 = 0$
II. $8y^2 - 15y + 7 = 0$

A. $x > y$
B. $x < y$
C. $x \geq y$
D. $x \leq y$
E. $x = y$ या x और y के बीच संबंध स्थापित नहीं किया जा सकता है।

Q.62 I. $x^3 = 64$

II. $y^2 = 16$

A. x > y

B. x < y

C. x ≥ y

D. x ≤ y

E. x = y या x और y के बीच संबंध स्थापित नहीं किया जा सकता है।

Q.63 I. $x^2 - 20x + 91 = 0$

II. $y^2 + 16y + 63 = 0$

A. x > y

B. x < y

C. x ≥ y

D. x ≤ y

E. x = y या x और y के बीच संबंध स्थापित नहीं किया जा सकता है।

Q.64 I. $6x^2 + 5x + 1 = 0$

II. $2y^2 - y - 1 = 0$

A. x > y

B. x < y

C. x ≥ y

D. x ≤ y

E. x = y या x और y के बीच संबंध स्थापित नहीं किया जा सकता है।

Q.65 एक स्कूल कक्षा A में 320 छात्र और कक्षा B में 240 छात्र हैं। कक्षा A में 40% छात्र उत्तीर्ण नहीं हुए और कक्षा B में 30% छात्र उत्तीर्ण नहीं हुए। स्कूल का समग्र उत्तीर्ण प्रतिशत (लगभग) ज्ञात कीजिए।

A. 64%   B. 35%   C. 62%   D. 37%

E. 48%

Q.66 एक ही लंबाई की दो ट्रेनें विपरीत दिशा में चल रही हैं। ट्रेन1 की गति 54 किमी/घंटा है और ट्रेन2 की गति 18 किमी/घंटा है। पहली ट्रेन को दूसरी ट्रेन को पार करने में 30 सेकंड लगते हैं। पहली ट्रेन द्वारा 450 मीटर लंबे प्लेटफॉर्म को पार करने में लिया गया समय ज्ञात कीजिए।

A. 58 सेकंड   B. 64 सेकंड   C. 60 सेकंड   D. 50 सेकंड

E. 75 सेकंड

Q.67 6 वर्ष पहले, A और B की आयु 7 : 10 के अनुपात में है। 10 वर्षों के बाद, A और B की आयु का योग 100 वर्ष है। C, B से 12 वर्ष बड़ा है। C की वर्तमान आयु ज्ञात कीजिए।

A. 28 वर्ष   B. 39 वर्ष   C. 58 वर्ष   D. 42 वर्ष

E. 45 वर्ष

Q.68 A बिंदु x से 15 किमी/घंटे की गति से चलना शुरू करता है और B, बिंदु y से 25 किमी/घंटा की गति से A की ओर चलना शुरू करता है और बिंदु Z पर 2 घंटे के बाद एक-दूसरे से मिलते हैं। बिंदु xz और बिंदु yz के बीच की दूरी का अंतर ज्ञात कीजिये।

A. 20 किमी   B. 30 किमी

C. 60 किमी   D. 45 किमी

E. इनमें से कोई नहीं

Q.69 मोबाइल फोन की एक दुकान मंगलवार को बंद है। सप्ताह के शेष छह दिनों के लिए प्रति दिन की औसत बिक्री 1564 रुपये और बुधवार से रविवार तक की औसत बिक्री रु 1412.4। सोमवार को बिक्री है:

A. 2232   B. 2792   C. 2562   D. 2342

E. 2322

Q.70 एक टैंक को भरने के लिए तीन पाइप A, B और C खोले गए। A, B और C को एक एक करके भरने में क्रमशः: 12 मिनट, 15 मिनट और 20

मिनट की आवश्यकता होती है। एक अन्य पाइप D, जो कि निर्गम पाइप है, अकेले 30 मिनट में पूरी तरह से भरे टैंक को खाली कर सकता है। यदि सभी पाइप एक साथ खोले जाते हैं तो टैंक को भरने में कुल कितना समय लगता है?

A. 3 मिनट   B. 12 मिनट   C. 6 मिनट   D. 8 मिनट

E. 5 मिनट

Ques (71-75):निर्देश: नीचे I और II राशि दी गई हैं। दी गई जानकारी के आधार पर, आपको दो राशियों के बीच संबंध निर्धारित करना है। आपको संभावित उत्तरों में से चुनने के लिए दिए गए जानकारी और गणित के अपने ज्ञान का उपयोग करना चाहिए।

Q.71 राशि I: A और B एकसाथ काम करते हुए 15 दिनों में कार्य पूरा करते हैं। उनके समय का अनुपात 3 : 5 है। कितने दिनों में B अकेले काम पूरा कर सकता है।

राशि II: 45 दिन

A. राशि I > राशि II

B. राशि I < राशि II

C. राशि I ≥ राशि II

D. राशि I ≤ राशि II

E. राशि I = राशि II या कोई संबंध नहीं है

Q.72 राशि I: 80 लीटर के मिश्रण में, दूध और पानी 7 : 1 के अनुपात में हैं। यदि 30% मिश्रण निकाल लिया जाता है, तो मिश्रण में शेष बचे पानी की मात्रा ज्ञात कीजिए।

राशि II: 7 लीटर

A. राशि I > राशि II

B. राशि I < राशि II

C. राशि I ≥ राशि II

D. राशि I ≤ राशि II

E. राशि I = राशि II या कोई संबंध नहीं है

Q.73 राशि I: A की आयु उसके पुत्र की आयु की 5 गुनी है, 15 वर्ष के बाद A और उसके पुत्र की आयु का अनुपात 13 : 5 हो जाएगा, A की आयु ज्ञात कीजिए (वर्षों में)?

राशि II: 45

A. राशि I > राशि II

B. राशि I < राशि II

C. राशि I ≥ राशि II

D. राशि I ≤ राशि II

E. राशि I = राशि II या कोई संबंध नहीं है

Q.74 राशि I: छात्रों के एक समूह की औसत आयु 24 वर्ष है। जब उनके शिक्षक की आयु भी शामिल की जाती है, तो औसत आयु 1 वर्ष बढ़ जाती है। यदि शिक्षक की आयु 36 वर्ष है, तो समूह में छात्रों की संख्या ज्ञात कीजिए।

राशि II: 11

A. राशि I > राशि II

B. राशि I < राशि II

C. राशि I ≥ राशि II

D. राशि I ≤ राशि II

E. राशि I = राशि II या कोई संबंध नहीं है

Q.75 राशि I: एक ट्रेन को 120 मीटर लंबे प्लेटफॉर्म को पार करने में 10 सेकंड लगते हैं और 84 मीटर लंबे दूसरे प्लेटफॉर्म को पार करने में 8 सेकंड लगते हैं। ट्रेन की लंबाई क्या है?

राशि II: 50 मीटर

A. राशि I > राशि II

B. राशि I < राशि II

C. राशि I ≥ राशि II

D. राशि I ≤ राशि II

E. राशि I = राशि II या कोई संबंध नहीं है

Ques (76-80):निर्देश: निम्नलिखित जानकारी का ध्यानपूर्वक अध्ययन कीजिए और दिए गए प्रश्नों के उत्तर दीजिए।

तालिका में आमंत्रित व्यक्तियों की कुल संख्या और उन व्यक्तियों का प्रतिशत दर्शाया गया है जो क्रमशः (A, B, C, D, E) समारोह में भाग लेते हैं।

समारोह	आमंत्रित व्यक्ति	समारोह में भाग लेने वाले व्यक्ति (% में)
A	360	50%
B	240	60%
C	420	80%
D	120	75%
E	300	50%

Q.76 समारोह B में भाग लेने वाले व्यक्तियों की संख्या और समारोह C में भाग लेने वाले व्यक्तियों की संख्या का अनुपात क्या है?

A. 3 : 7

B. 3 : 8

C. 4 : 3

D. 4 : 7

E. इनमें से कोई नहीं

Q.77 समारोह C, D और E में भाग लेने वाले व्यक्तियों की औसत संख्या क्या है?

A. 195

B. 194

C. 192

D. 198

E. इनमें से कोई नहीं

Q.78 ज्ञात कीजिए कि समारोह A में भाग लेने वाले व्यक्तियों की संख्या, समारोह D में भाग लेने वाले व्यक्तियों की संख्या से कितने प्रतिशत अधिक है?

A. 80%

B. 100%

C. 90%

D. 75%

E. इनमें से कोई नहीं

Q.79 समारोह C और D में भाग लेने वाले व्यक्तियों की संख्या और समारोह B और E में भाग लेने वाले व्यक्तियों की संख्या के बीच अंतर ज्ञात कीजिए।

A. 130

B. 134

C. 136

D. 132

E. इनमें से कोई नहीं

Q.80 समारोह B में भाग नहीं लेने वाले व्यक्तियों की संख्या और समारोह D के लिए आमंत्रित किए गए व्यक्तियों की कुल संख्या का अनुपात ज्ञात कीजिए।

A. 2 : 3

B. 4 : 5

C. 2 : 5

D. 15 : 16

E. 3 : 5

// स्मार्ट उत्तर पुस्तिका //

सही उत्तर — उन छात्रों का प्रतिशत जिन्होंने प्रश्नों का सही उत्तर दिया था।   **छोड़ दिया** — उन छात्रों का प्रतिशत जिन्होंने प्रश्नों को छोड़ दिया था।

प्रश्न संख्या	उत्तर	सही उत्तर / छोड़ दिया	प्रश्न संख्या	उत्तर	सही उत्तर / छोड़ दिया	प्रश्न संख्या	उत्तर	सही उत्तर / छोड़ दिया	प्रश्न संख्या	उत्तर	सही उत्तर / छोड़ दिया	प्रश्न संख्या	उत्तर	सही उत्तर / छोड़ दिया	प्रश्न संख्या	उत्तर	सही उत्तर / छोड़ दिया
1	E	49.37 % / 36.68 %	15	B	63.47 % / 32.43 %	29	D	47.51 % / 30.08 %	43	D	67.07 % / 32.68 %	57	B	67.96 % / 31.37 %	71	B	51.78 % / 37.98 %
2	B	53.66 % / 30.41 %	16	C	43.27 % / 53.61 %	30	D	61.41 % / 31.49 %	44	E	69.07 % / 30.12 %	58	A	60.22 % / 32.0 %	72	E	51.15 % / 34.5 %
3	D	68.25 % / 31.57 %	17	B	67.41 % / 32.5 %	31	E	61.51 % / 34.87 %	45	B	61.44 % / 32.85 %	59	E	41.34 % / 34.6 %	73	A	46.12 % / 46.43 %
4	A	59.66 % / 40.21 %	18	B	52.18 % / 41.77 %	32	C	60.36 % / 33.51 %	46	B	59.74 % / 35.58 %	60	A	56.77 % / 39.48 %	74	E	50.06 % / 31.1 %
5	C	60.04 % / 38.97 %	19	A	40.52 % / 35.28 %	33	D	41.34 % / 32.59 %	47	B	40.32 % / 47.69 %	61	B	58.39 % / 36.84 %	75	A	50.96 % / 36.89 %
6	E	65.97 % / 31.12 %	20	E	53.67 % / 41.35 %	34	B	47.74 % / 44.29 %	48	C	66.79 % / 30.68 %	62	C	61.51 % / 34.97 %	76	A	63.64 % / 35.76 %
7	B	63.32 % / 36.08 %	21	D	44.99 % / 35.49 %	35	E	69.72 % / 30.09 %	49	D	40.99 % / 42.51 %	63	A	54.11 % / 45.69 %	77	C	62.27 % / 34.74 %
8	C	40.38 % / 33.89 %	22	A	42.58 % / 37.69 %	36	C	42.74 % / 33.72 %	50	C	63.65 % / 32.4 %	64	E	56.83 % / 42.83 %	78	B	53.9 % / 38.71 %
9	B	60.29 % / 37.98 %	23	C	57.26 % / 30.29 %	37	A	40.6 % / 56.15 %	51	B	45.15 % / 41.09 %	65	A	51.32 % / 45.89 %	79	D	42.42 % / 36.49 %
10	C	63.07 % / 36.44 %	24	D	68.05 % / 31.22 %	38	B	57.36 % / 40.77 %	52	E	58.01 % / 40.09 %	66	D	53.05 % / 44.0 %	80	B	64.07 % / 30.02 %
11	B	46.04 % / 40.15 %	25	B	45.73 % / 39.06 %	39	C	52.23 % / 43.03 %	53	C	52.7 % / 38.34 %	67	C	54.97 % / 37.25 %			
12	C	49.94 % / 43.98 %	26	C	67.34 % / 31.65 %	40	C	68.77 % / 30.12 %	54	B	54.99 % / 43.38 %	68	A	60.47 % / 35.14 %			
13	D	41.6 % / 38.49 %	27	A	44.8 % / 42.5 %	41	B	40.43 % / 45.21 %	55	E	42.6 % / 43.66 %	69	E	62.17 % / 32.67 %			
14	C	56.06 % / 30.19 %	28	B	62.3 % / 35.59 %	42	B	57.69 % / 31.39 %	56	B	67.83 % / 31.87 %	70	C	41.87 % / 46.35 %			

Reasoning

Ques (1-5):निर्देश: नीचे दी जानकारी का ध्यानपूर्वक अध्ययन कीजिए और प्रश्नों के उत्तर दीजिए।

आठ व्यक्ति A, B, C, D, E, F, G, और H ने समान तिथियों पर परन्तु भिन्न वर्षों यानी 1972, 1980, 1958, 1960,1968, 1988,1999, और 1962 में जन्म लिया है। (सभी की आयु की गणना 2019 के संबंध में की जाएगी)

G का जन्म B से आठ साल बाद हुआ था, A ने सम संख्या वाले वर्ष में जन्म लिया था। केवल एक व्यक्ति का जन्म विषम संख्या वाले वर्ष में हुआ था, जिसकी आयु 2 से विभाज्य है। H सबसे छोटा है। C, A से छोटा नहीं है। B और उस व्यक्ति के बीच की आयु में 2 वर्ष का अंतर है जो 1958 में पैदा हुआ था। B की आयु F, जिसकी आयु 61 वर्ष है, से अधिक नहीं है। D और E के बीच 10 वर्ष का अंतर है। D, उस व्यक्ति से 10 वर्ष बड़ा है जो G से चार वर्ष छोटा है।

Q.1 इन सब में से सबसे बड़ा कौन है?

A. C

B. D

C. F

D. B

E. इनमें से कोई नहीं

Q.2 H और F के बीच में कितने व्यक्तियों ने जन्म लिया होगा?

A. 4

B. 6

C. 2

D. 5

E. किसी ने नहीं

Q.3 उन व्यक्तियों की आयु का योग क्या है जिन्होंने 35 और 60 के बीच के आयु-वर्ग में जन्म लिया है?

A. 304

B. 320

C. 253

D. 299

E. इनमें से कोई नहीं

Q.4 B, C से कितने वर्ष बड़ा है?

A. 18

B. 25

C. 20

D. 15

E. इनमें से कोई नहीं

Q.5 दस वर्ष पूर्व D की आयु किसकी आयु के समान थी?

A. E

B. C

C. A

D. H

E. इनमें से कोई नहीं

Ques (6-7):निर्देश: प्रणव और प्रांजल एक ही स्थान से चलना शुरु करते हैं। प्रणव उत्तर की ओर 10 मीटर आगे बढ़ता है और फिर दाहिने मुड़कर 5 मीटर आगे बढ़ता है और अंत में 2 मीटर दायीं ओर आगे बढ़ने के बाद रुक जाता है। प्रांजल 10 मीटर पश्चिम की ओर गया, फिर वह बाएं मुड़ जाता है और 10 मीटर आगे बढ़ता हैं, फिर वह अपने बाएं मुड़ जाता है और 15 मीटर तक चलता है और अंत में अपने बाएं ओर 5 मीटर जाने के बाद रुक जाता है।

Q.6 यदि प्रणव प्रांजल की छाया नहीं देख पा रहा है, तब समय क्या हो सकता है और उन दोनों के बीच की दूरी क्या है?

A. सुबह 10 बजे, 13 मीटर

B. दोपहर 3 बजे, 15 मीटर

C. सुबह 9 बजे, 15 मीटर

D. दोपहर 12 बजे, 13 मीटर

E. सुबह 9 बजे, 13 मीटर

Q.7 यदि प्रणव की छाया प्रांजल के दाएँ ओर है, तो समय क्या हो सकता है?

A. 12 पूर्वाह्न

B. 3 अपराह्न

C. 9 पूर्वाह्न

D. 12 अपराह्न

E. नही निर्धारित किया जा सकता है

Ques (8-11):निर्देश: निम्नलिखित जानकारी का ध्यानपूर्वक अध्ययन कीजिये और निम्न प्रश्नों के उत्तर दीजिये।

एक निश्चित कोड भाषा में,

'he who knows Sam' को 'ma co he mx' लिखा जाता है।

'Sam is a bad doctor' को 'mx mh la sa ox' लिखा जाता है।

'Ravi knows Sam' को 'mx he kl' लिखा जाता है।

'who is doctor under Ravi' को 'kl mh co ze ox' लिखा जाता है।

Q.8 दी गयी कोड भाषा में 'he' का कोड क्या है?

A. ma

B. he

C. co

D. mx

E. mh

Q.9 कोड 'co' का अर्थ क्या है?

A. who

B. knows

C. he

D. Sam

E. या तो (A) या फिर (C)

Q.10 दी गयी कोड भाषा में निम्नलिखित में से किस का अर्थ 'a bad doctor' है?

A. la sa mh

B. sa la ox

C. os sa mh

D. या तो (A) या फिर (B)

E. mx mh la

Q.11 'doctor' के लिए कोड क्या है?

A. kl

B. ox

C. mh

D. ze

E. या तो (B) या फिर (C)

Q.12 निर्देश: निम्नलिखित जानकारी का ध्यानपूर्वक अध्ययन कीजिये और नीचे दिए गए प्रश्नों के उत्तर दीजिये।

सात व्यक्ति A, B, C, D, E, F और G हैं। इनमें से प्रत्येक की लंबाई भिन्न-भिन्न है। B, A और E से लंबा है लेकिन सबसे अधिक लंबा नहीं है। F केवल G से लंबा है। C से छोटे और लंबे व्यक्तियों की संख्या समान है। निम्नलिखित में कौन सबसे लंबा है?

A. A

B. E

C. F

D. D

E. इनमें से कोई नहीं

Ques (13-17):निर्देश: निम्नलिखित जानकारी का ध्यानपूर्वक अध्ययन कीजिये और नीचे दिए गए प्रश्नों के उत्तर दीजिये।

आठ व्यक्ति A, B, C, D, E, F, G और H एक वर्गाकार मेज़ के चारों ओर बैठे हैं। चार व्यक्ति वर्गाकार मेज़ के कोनों पर बैठे हैं और अन्दर के सम्मुख हैं, और चार व्यक्ति वर्गाकार मेज़ की भुजाओं पर बैठे हैं और बाहर के सम्मुख

हैं। कोई दो क्रमिक अक्षर एक दूसरे के सन्निकट नहीं बैठे हैं, उदाहरण के लिए A, B के सन्निकट नहीं बैठा है, B, A और C के सन्निकट नहीं बैठा है और इसी प्रकार आगे भी है।

B और D एक दूसरे के विपरीत बैठे हैं। H, C के बाएं तीसरे स्थान पर बैठा है। A एक कोने पर बैठा है। B वर्गाकार मेज़ की भुजा पर नहीं बैठा है। A और H एक दूसरे के निकटतम दायें हैं। H, B के निकट नहीं है। E और G एक दूसरे के विपरीत बैठे हैं।

Q.13 G के बाएं दूसरे स्थान पर कौन बैठा है?

A. B　　　　**B.** F　　　　**C.** A　　　　**D.** H
E. C

Q.14 D के बायीं ओर से गिनती करने पर D और F के बीच कितने व्यक्ति बैठे हैं?

A. तीन　　　**B.** दो　　　**C.** चार　　　**D.** पांच
E. एक

Q.15 B के निकटतम दायें कौन बैठा है?

A. C　　　　**B.** F　　　　**C.** A　　　　**D.** E
E. H

Q.16 H के विपरीत कौन बैठा है?

A. F　　　　**B.** A　　　　**C.** G　　　　**D.** C
E. E

Q.17 F के बायीं ओर से गिनती करने पर F और A के बीच कितने व्यक्ति बैठे हैं?

A. पांच　　　**B.** एक　　　**C.** चार　　　**D.** तीन
E. दो

Ques (18-19):निर्देश: निम्नलिखित प्रश्न में दो कथन और उसके बाद I और II से अंकित दो निष्कर्ष दिए गये हैं। आपको दिए गये कथन को सत्य मानना है, भले ही वे ज्ञात तथ्यों से अलग प्रतीत होते हों। सभी निष्कर्षों को पढ़िए और फिर निर्णय कीजिए कि दिया गया कौन-सा निष्कर्ष ज्ञात तथ्यों को नजरंदाज करने पर कथनों का तार्किक रूप से अनुसरण करता है।

Q.18 कथन:

केवल कुछ कलम में नाव हैं।
सभी नावें जहाज हैं।

निष्कर्ष:

I. कुछ कलम जहाज हैं।
II. सभी जहाज कलम हैं, इसकी संभावना है।

A. केवल I अनुसरण करता है।
B. केवल II अनुसरण करता है।
C. या तो I या II अनुसरण करता है।
D. न तो I और न ही II अनुसरण करता है।
E. I और II दोनों अनुसरण करते हैं।

Q.19 कथन:

केवल कुछ तस्वीरें पेंट हैं।
कुछ पेंट रंग हैं।

निष्कर्ष:

I. सभी रंग पेंट हो सकते हैं, इसकी संभावना है।
II. कुछ तस्वीरें रंग नहीं हैं।

A. केवल I अनुसरण करता है
B. केवल II अनुसरण करता है
C. या तो I या II अनुसरण करता है
D. न तो I और न ही II अनुसरण करता है
E. I और II दोनों अनुसरण करते हैं

Q.20 निर्देश: नीचे प्रश्न में तीन कथन और उसके बाद I, II और III से अंकित तीन निष्कर्ष दिए गये हैं। आपको दिए गये तीनों कथनों को सत्य मानना है, भले ही वे ज्ञात तथ्यों से अलग प्रतीत होते हों। सभी निष्कर्षों को पढ़िए और फिर निर्णय कीजिये कि दिए गये निष्कर्षों में से कौन-सा/कौन-से निष्कर्ष ज्ञात तथ्यों को नजरअंदाज करने पर कथनों का तार्किक रूप से अनुसरण करता है/करते हैं।

कथन:

I. कुछ उल्लू मोर हैं।
II. कुछ मोर बाज हैं।
III. कोई बाज गिलहरी नहीं हैं।

निष्कर्ष:

I. कोई उल्लू बाज नहीं है।
II. कुछ मोर गिलहरी नहीं है।
III. कुछ उल्लू गिलहरी हैं।

A. केवल निष्कर्ष II अनुसरण करता है
B. या तो निष्कर्ष I या II अनुसरण करता है
C. केवल निष्कर्ष III अनुसरण करता है
D. निष्कर्ष II और निष्कर्ष III दोनों अनुसरण करते हैं
E. उपर्युक्त में से कोई भी अनुसरण नहीं करता

Ques (21-22):निर्देश: नीचे दिए गये प्रश्न में दो कथन और उसके बाद I और II से अंकित दो निष्कर्ष दिए गये हैं। आपको दिए गये कथनों को सत्य मानना है भले ही वे ज्ञात तथ्यों से अलग प्रतीत होते हों। सभी निष्कर्षों को पढ़िए और फिर निर्णय कीजिये कि कौनसा निष्कर्ष ज्ञात तथ्यों को नजरंदाज करने पर कथनों का तार्किक रूप से अनुसरण करता है।

Q.21 कथन:

कोई बल्ब एक ट्यूबलाइट नहीं है।
कोई पंखा बल्ब नहीं है।

निष्कर्ष:

I. कुछ बल्ब एक पंखा है।
II. कोई भी ट्यूबलाइट पंखा नहीं है।

A. केवल I अनुसरण करता है
B. केवल II अनुसरण करता है
C. कोई भी अनुसरण नहीं करता है
D. I और II दोनों अनुसरण करते हैं
E. या तो I या II अनुसरण करता है

Q.22 कथन:

सभी लाल काले हैं।
कोई भी सफेद लाल नहीं है।

निष्कर्ष:

I. कुछ सफेद काला है।
II. सभी काला लाल है।

A. केवल II अनुसरण करता है
B. केवल I अनुसरण करता है
C. या तो I या II अनुसरण करता है
D. न तो I या II अनुसरण करता है
E. I और II दोनों अनुसरण करते हैं

Ques (23-27):निर्देश: निम्नलिखित जानकारी का ध्यानपूर्वक अध्ययन कीजिये और नीचे दिए गए प्रश्नों के उत्तर दीजिये।

सात व्यक्ति M, N, O, P, Q, R और S हैं। वे सभी एक पंक्ति में उत्तर के सम्मुख होकर बैठे हैं। वे सभी सात विभिन्न शहरों जैसे दिल्ली, मुंबई, चेन्नई, कोलकाता, बैंगलोर, पुणे और हैदराबाद से संबंधित हैं।

बैंगलोर से संबंधित व्यक्ति पंक्ति के बीच में बैठा है। दिल्ली से संबंधित व्यक्ति पंक्ति के एक छोर से दूसरे स्थान पर बैठा है। मुंबई से संबंधित व्यक्ति M के दायें तीसरे स्थान पर बैठा है। N के बायीं और दायीं ओर बराबर संख्या में व्यक्ति बैठे हैं। M दिल्ली से संबंधित है। P पंक्ति के दायें छोर पर बैठा है और पुणे से संबंधित है। P और Q के बीच तीन व्यक्ति बैठे हैं। R हैदराबाद से संबंधित है और Q के बाएं दो स्थान की दूरी पर बैठा है। चेन्नई से संबंधित व्यक्ति मुंबई से संबंधित व्यक्ति और R के ठीक बीच में बैठा है। S, P के सन्निकट नहीं बैठा है।

Q.23 N के दायें दूसरे स्थान पर कौन बैठा है?

A. P   **B.** S   **C.** O   **D.** M

E. R

Q.24 O और M के बीच कितने व्यक्ति बैठे हैं?

A. पांच   **B.** चार   **C.** दो   **D.** तीन

E. एक

Q.25 चेन्नई से कौन संबंधित है?

A. M   **B.** Q

C. S   **D.** O

E. इनमें से कोई नहीं

Q.26 M के बाएं दूसरे स्थान पर कौन बैठा है?

A. R   **B.** Q   **C.** N   **D.** O

E. कोई नहीं

Q.27 नाम - स्थान का कौन सा युग्म सही नहीं है?

A. O – कोलकाता   **B.** P – पुणे

C. Q – चेन्नई   **D.** M – बैंगलोर

E. R – हैदराबाद

Q.28 शब्द EXTREME में अक्षरों के कितने युग्म अंग्रेजी वर्णमाला क्रम के अनुसार हैं (आगे और पीछे दोनों दिशाओं में)?

A. तीन   **B.** चार   **C.** दो   **D.** एक

E. कोई नहीं

Q.29 एक परिवार में छह व्यक्ति A, B, C, D, E और F हैं, वे सभी एक दूसरे से किसी ना किसी प्रकार से संबंधित हैं। B, C की इकलौती पुत्री है। E, B की सिस्टर-इन-लॉ है, लेकिन F से विवाहित नहीं है। F, A का पुत्र है। A की तीन संतान हैं। C, A की पत्नी है। D, B से किस प्रकार संबंधित है?

A. बहन   **B.** सिस्टर-इन-लॉ

C. भाई   **D.** मां

E. पिता

Q.30 छह व्यक्ति M, N, O, P, Q और R हैं। वे सभी सोमवार से प्रारंभ करते हुए शनिवार तक सप्ताह के किसी एक दिन कार्यालय से छुट्टी लेते हैं। एक दिन पर केवल एक व्यक्ति छुट्टी लेता है। C छुट्टी लेने वाला पहला व्यक्ति है। D और C के बीच तीन व्यक्ति छुट्टी लेते हैं। F, D के ठीक बाद छुट्टी लेता है। E बुधवार को छुट्टी लेता है। B, A के बाद छुट्टी लेता है। बृहस्पतिवार को कौन छुट्टी लेता है?

A. A   **B.** D   **C.** E   **D.** B

E. F

Ques (31-35):निष्कर्ष: निम्नलिखित प्रश्न में दिए गए कथनों को सत्य मानते हुए, ज्ञात कीजिये कि दिए गए निष्कर्ष में से कौन-सा/कौन-से निष्कर्ष निश्चित रूप से सत्य है/हैं और उसके अनुसार अपने उत्तर दीजिये।

Q.31 कथन: F = L; K < L; K ≥ D; M < D

निष्कर्ष:

I. F ≥ M

II. L > D

A. I और II दोनों सत्य हैं   **B.** केवल II सत्य है

C. केवल I सत्य है   **D.** या तो I या II सत्य है

E. न तो I न ही II सत्य है

Q.32 कथन: H = G > F; A < B ≥ X; B ≤ F

निष्कर्ष:

I. H ≥ A

II. X < F

A. I और II दोनों सत्य हैं   **B.** केवल II सत्य है

C. या तो I या II सत्य है   **D.** केवल I सत्य है

E. न तो I न ही II सत्य है

Q.33 कथन:

A > B ≥ C; E = D ≤ C

निष्कर्ष:

I. B ≥ D

II. A > E

A. केवल II सत्य है   **B.** केवल I सत्य है

C. I और II सत्य हैं   **D.** कोई सत्य नहीं है

E. या तो I या II सत्य है

Q.34 कथन: Q ≤ A < D < K ≤ M = J = F > Z

निष्कर्ष:

I. K > Q

II. F ≥ K

A. केवल II सत्य है   **B.** केवल I सत्य है

C. I और II दोनों सत्य हैं   **D.** या तो I या II सत्य है

E. कोई भी सत्य नहीं है

Q.35 कथन: P = Q ≤ R; T = P; T > S

निष्कर्ष:

I. Q < S

II. R < S

A. केवल I सत्य है   **B.** केवल II सत्य है

C. I और II दोनों सत्य हैं   **D.** या तो I या II सत्य है

E. कोई भी सत्य नहीं है

Ques (36-40):निर्देश: निम्नलिखित जानकारी को ध्यानपूर्वक पढ़िये और प्रश्नों के उत्तर दीजिये।

नौ बॉक्स – B₁, B₂, B₃, B₄, B₅, B₆, B₇, B₈, B₉ एक के ऊपर एक रखे हैं लेकिन ज़रूरी नहीं कि इसी क्रम में हों। B₂ और B₉ के बीच में तीन से अधिक बॉक्स रखे हैं। B₅ सबसे निचला बॉक्स है, जो B₂ के ठीक नीचे नहीं रखा है। केवल चार बॉक्स B₃ और B₇ के बीच में रखे हैं जो सबसे ऊपरी बॉक्स नहीं हैं। केवल दो बॉक्स B₇ और B₆ के बीच में रखे हैं। B₃ के नीचे तीन से कम बॉक्स रखे हैं। B₉, B₈ से दो स्थान नीचे रखा है जो B₄ के ठीक नीचे रखा है। B₄, B₇ के ऊपर के किसी स्थान पर रखा है।

Q.36 B₁ के ठीक नीचे कौन सा बॉक्स स्थित है?

A. B₅   **B.** B₃

C. B₄   **D.** B₈

E. या तो (A) या फिर (D)

Q.37 B₃ के नीचे कितने बॉक्स रखे हैं?

A. कोई भी नहीं   **B.** दो

C. तीन   **D.** एक

E. इनमें से कोई भी नहीं

Q.38 यदि किसी निश्चित तरीके से B_7, B_2 के साथ संबंधित है और B_3, B_9 के साथ संबंधित है, तो B_6 किसके साथ संबंधित है?

A. B_8 **B.** B_4 **C.** B_1 **D.** B_3
E. B_5

Q.39 B_7 और B_8 के बीच में कितने बॉक्स रखे हैं?

A. तीन   **B.** तीन से अधिक
C. एक   **D.** दो
E. या तो (A) या फिर (D)

Q.40 इनमें से कौन सा बॉक्स ऊपर से दूसरे स्थान पर रखा है?

A. B_8 **B.** B_4 **C.** B_1 **D.** B_3
E. B_7

Quantitative Aptitude

Ques (41-45):निर्देश: दी गई श्रृंखला में लुप्त संख्या ज्ञात कीजिये।

Q.41 1000, 100, 20, 8, 6.4, ?

A. 10   **B.** 10.34   **C.** 10.24   **D.** 10.14
E. 10.44

Q.42 2, 6, 33, 49, 174, ?

A. 220   **B.** 210   **C.** 200   **D.** 190
E. 180

Q.43 14, 8, 9, 14.5, 30, ?

A. 67   **B.** 69   **C.** 71   **D.** 74
E. 76

Q.44 77, 85, 69, 101, 37, ?

A. 165   **B.** 110   **C.** 150   **D.** 180
E. 135

Q.45 20, 29, 54, 103, 184, ?

A. 290   **B.** 295   **C.** 300   **D.** 305
E. 310

Ques (46-50):निर्देश: दिया गया दंडा आलेख चार क्रमागत महीनों में दो दूकानों A और B द्वारा बेचे गए कलमों की संख्या को दर्शाता है। निम्नलिखित आंकड़ों का अध्ययन कीजिए और निम्नलिखित प्रश्नों के उत्तर दीजिये।

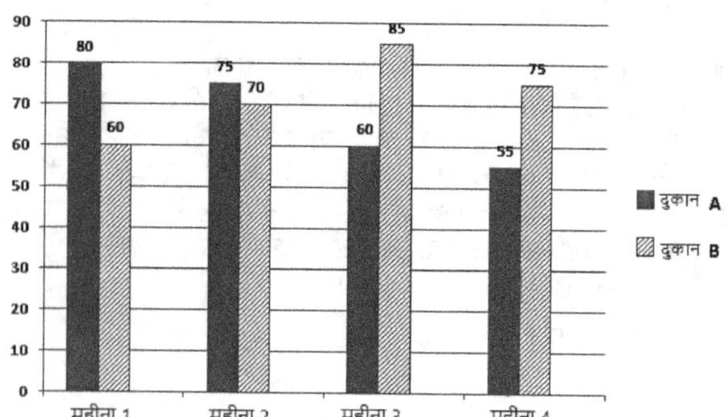

Q.46 दूकान A द्वारा पहले महीने और तीसरे महीने को मिलाकर बेचे गए कलम से दूकान B द्वारा दूसरे और चौथे महीने को मिलाकर बेचे गए कलम की संख्या का अनुपात ज्ञात कीजिये।

A. 27 : 28   **B.** 28 : 29
C. 29 : 30   **D.** 26 : 27
E. इनमें से कोई नहीं

Q.47 दूकान A द्वारा पहले और तीसरे महीने में बेचे गए कलम और दुकान B द्वारा तीसरा और चौथी महीने को मिलाकर बेचे गए कलम की औसत संख्या ज्ञात कीजिए।

A. 75   **B.** 85
C. 72   **D.** 78
E. इनमें से कोई नहीं

Q.48 ज्ञात कीजिए की दूकान A द्वारा पहले महीने में बेचे गए कलमों की संख्या दूकान A द्वारा तीसरे महीने में बेचे गए कलमों की संख्या से कितना प्रतिशत अधिक है।

A. 37.5%   **B.** 42.5%
C. 33.33%   **D.** 47.5%
E. इनमें से कोई नहीं

Q.49 तीसरे और चौथे महीने को मिलाकर दूकान A और दूकान B द्वारा बेचे गए कलमों की संख्या का अंतर क्या है?

A. 25   **B.** 15
C. 20   **D.** 10
E. इनमें से कोई नहीं

Q.50 दूकान A द्वारा पहले महीने में बेचे गए कलम की संख्या से दूकान B द्वारा तीसरे महीने में बेचे गए कलम की संख्या का अनुपात ज्ञात कीजिए।

A. 13 : 14   **B.** 14 : 15
C. 15 : 16   **D.** 16 : 17
E. इनमें से कोई नहीं

Q.51 8 वर्षों के लिए 1.5% प्रति वर्ष पर साधारण ब्याज पर निवेश की गई किसी धनराशि से 3000 रु का ब्याज अर्जित होता है। 6 वर्ष के लिए 5% की दर से समान राशि पर साधारण ब्याज क्या होगा।

A. 8000   **B.** 7500
C. 9500   **D.** 6000
E. इनमें से कोई नहीं

Q.52 5 पदों का औसत 50 है। यदि पहले 4 पद 45, 37, 80 और 43 हैं, तो अंतिम पद क्या होगा?

A. 70   **B.** 80   **C.** 75   **D.** 45
E. 55

Q.53 दो दोस्त अरविंद और महेश की वर्तमान आयु के बीच का अनुपात 5 : 6 है। 8 वर्ष के बाद उनकी आयु का अनुपात 7 : 8 होगा। 10 वर्ष के बाद अरविंद और महेश की आयु का योग ज्ञात कीजिये।

A. 45   **B.** 60
C. 64   **D.** 74
E. इनमें से कोई नहीं

Q.54 एक वस्तु को 93645 रुपये में खरीदा गया। इसकी कीमत को 30% अधिक पर चिह्नित किया गया। इसे चिह्नित मूल्य पर 20% की छूट पर बेचा गया। क्रय मूल्य पर लाभ प्रतिशत क्या था?

A. 5%   **B.** 10%   **C.** 7%   **D.** 4%
E. 8%

Ques (55-59):निर्देश: नीचे एक प्रश्न और उसके नीचे अंकित दो कथन I. और II दिये गये हैं। आपको निर्णय करना है कि कथन में दी गई जानकारी प्रश्न का उत्तर देने के लिए पर्याप्त है या नहीं। आपको दी गई जानकारी और गणित के ज्ञान के उपयोग से संभव उत्तर को चुनना है।

Q.55 मात्रा I: एक निश्चित राशि 2 वर्षों के लिए 12% साधारण ब्याज के दर पर निवेश की गई है। यदि साधारण ब्याज 1200 रू है, तो मूलधन ज्ञात कीजिए।

मात्रा II: 6000 रु

A. मात्रा I > मात्रा II   **B.** मात्रा I < मात्रा II

C. मात्रा I ≥ मात्रा II
D. मात्रा I ≤ मात्रा II
E. मात्रा I = मात्रा II

Q.56 मात्रा I: एक वस्तु को 450 रु में बेचीं गई। यदि वस्तु को बेचने के बाद अर्जित किया गया लाभ। 20% है तो क्रय मूल्य ज्ञात कीजिए।

मात्रा II: 350 रु

A. मात्रा I > मात्रा II
B. मात्रा I < मात्रा II
C. मात्रा I ≥ मात्रा II
D. मात्रा I ≤ मात्रा II
E. मात्रा I = मात्रा II

Q.57 मात्रा I: एक सिक्के को 3 बार उछाला गया। प्रत्येक बार पट आने की प्रायिकता क्या है?

मात्रा II: $\dfrac{1}{16}$

A. मात्रा I > मात्रा II
B. मात्रा I < मात्रा II
C. मात्रा I ≥ मात्रा II
D. मात्रा I ≤ मात्रा II
E. मात्रा I = मात्रा II

Q.58 मात्रा I: यदि A अपनी वास्तविक गति के $\dfrac{4}{5}$ गति से जाता है तो वह 1.5 घंटे देरी से पहुंचता है। उसका वास्तविक समय (घंटों में) क्या था?

मात्रा II: 6

A. मात्रा I > मात्रा II
B. मात्रा I < मात्रा II
C. मात्रा I ≥ मात्रा II
D. मात्रा I ≤ मात्रा II
E. मात्रा I = मात्रा II

Q.59 मात्रा I: A और B की आय 4 : 3 के अनुपात में है और उनके व्यय 2 : 1 के अनुपात में हैं। यदि प्रत्येक 200 रुपये की बचत करते हैं, तो उनकी आय का योग क्या होगा?

मात्रा II: 500

A. मात्रा I < मात्रा II
B. मात्रा I > मात्रा II
C. मात्रा I ≥ मात्रा II
D. मात्रा I ≤ मात्रा II
E. मात्रा I = मात्रा II

Ques (60-65):निर्देश: निम्न प्रश्न में x के स्थान पर क्या अनुमानित मान आना चाहिए?

Q.60 1027.96 = 4999.98 का 20% + $\left(\dfrac{199.95}{x}\right)$ का 7%

A. 0.05　　**B.** 5　　**C.** 0.5　　**D.** 50
E. 2

Q.61 257.12 + 187.99x = (49.99)² + 390.09

A. 16　　**B.** 14　　**C.** 20　　**D.** 18
E. 22

Q.62 $\left(\dfrac{2.99}{3.99}\right) \times \sqrt[3]{511.99} +$ 123.9% का $650.11 = x$

A. 901　　**B.** 812　　**C.** 821　　**D.** 832
E. 841

Q.63 24.002 × 14.005 − 7.995 × 5.96 = x

A. 280　　**B.** 272　　**C.** 266　　**D.** 255
E. 288

Q.64 $\sqrt{784.01} \times 7.042 + 351.99 \times 24.98\% = x$

A. 264　　**B.** 244　　**C.** 284　　**D.** 266
E. 224

Q.65 $\left(\dfrac{15.96}{11.99}\right) \times 143.68 + 29.93\%$ का 439.96 - 155.65 = x

A. 145　　**B.** 168　　**C.** 196　　**D.** 230
E. 285

Q.66 एक वृत्त का व्यास आयत की लंबाई का दोगुना है। उनके क्षेत्रफल के बीच का अनुपात 11 : 7 है। तो आयत की लंबाई और चौड़ाई के बीच का अनुपात क्या होगा?

A. 1 : 2　　**B.** 1 : 4　　**C.** 1 : 7　　**D.** 2 : 1
E. 7 : 1

Q.67 एक मिश्रण में दूध से पानी का अनुपात 4 : 1 है। यदि 30 लीटर पानी मिलाया जाता है तो नया अनुपात 14 : 11 हो जाता है। प्रारम्भिक मिश्रण की गणना कीजिए?

A. 20 लीटर　　**B.** 65 लीटर　　**C.** 70 लीटर　　**D.** 10 लीटर
E. 30 लीटर

Q.68 A और B मिलकर कोई कार्य X दिन में कर सकते हैं। A को पूरा कार्य करने में B से 12 दिन कम समय लगता है। यदि पूरे कार्य को पूरा करने के लिए A द्वारा लिया गया समय केवल 9 दिन है, तो X ज्ञात कीजिये।

A. 6.3 दिन　　**B.** 7 दिन　　**C.** 5 दिन　　**D.** 5.5 दिन
E. 7.2 दिन

Q.69 A की आयु B के 1.5 गुनी है। 10 वर्ष के बाद उनकी आयु का अनुपात 4 : 3 है। तो B की वर्तमान आयु क्या है?

A. 15　　**B.** 45　　**C.** 30　　**D.** 20
E. 25

Q.70 एक व्यक्ति 10 किमी धारा के प्रतिकूल और समान दूरी धारा के अनुकूल नाव चलाकर तय करता है। धारा के प्रतिकूल और धारा के अनुकूल नाव चलाने में व्यक्ति द्वारा लिए गए समय का अंतर 5 मिनट है। यदि नाव की गति 35 किमी/घंटे है, तो धारा की गति क्या है?

A. 13 किमी/घंटे
B. 5 किमी/घंटे
C. 10 किमी/घंटे
D. 7.5 किमी/घंटे
E. 3 किमी/घंटे

Q.71 साधारण ब्याज की निश्चित दर पर 5 वर्षों में किसी राशि में 50% की वृद्धि होती है। उसी दर पर 2 वर्ष के लिए 15000 रुपये का चक्रवृद्धि ब्याज क्या होगा?

A. 1795　　**B.** 3065　　**C.** 3150　　**D.** 1815
E. 1875

Q.72 A ने 10000 रुपये के साथ एक व्यवसाय शुरू किया, 6 महीने बाद B, 12000 रुपये के साथ इसमें जुड़ गया। वर्ष के अंत में कुल लाभ 96000 रुपये है। लाभ में A का हिस्सा ज्ञात कीजिये।

A. 50000 रुपये
B. 40000 रुपये
C. 80000 रुपये
D. 45000 रुपये
E. 60000 रुपये

Q.73 दो ट्रेन जिनकी लम्बाई 320 मीटर (प्रत्येक) है, समान दिशा में चलते हुए एक-दूसरे को 18 सेकंड में पार करती हैं। अगर धीमी ट्रेन 26 सेकंड में 200 मीटर लंबे प्लेटफॉर्म को पार करती है। फिर तेज ट्रेन की गति किमी / घंटा में ज्ञात कीजिये।

A. 180 किमी / घंटा
B. 176 किमी / घंटा
C. 200 किमी / घंटा
D. 182 किमी / घंटा
E. 264 किमी / घंटा

Q.74 टैंक को भरने के लिए पाइप A और पाइप B को 12 घंटे लगते हैं। पाइप B और पाइप C को टैंक को भरने में 9 घंटे लगते हैं और पाइप C और पाइप A को मिलकर टैंक को भरने में 15 घंटे लगते हैं। पाइप A, पाइप B

और पाइप C एक साथ (लगभग) खोले जाने पर टैंक को भरने में लगने वाले समय को ज्ञात कीजिए।

A. 5 घंटे   **B.** 8 घंटे   **C.** 9 घंटे   **D.** 11 घंटे
E. 6 घंटे

Q.75 तीन संख्याएं A, B और C, 12 : 15 : 25 के अनुपात में हैं। यदि इन संख्याओं का योग 312 है, तो A और C के बीच का अंतर ज्ञात कीजिये।

A. 72   **B.** 78   **C.** 65   **D.** 52
E. 96

Ques (76-80):निर्देश: निम्न तालिका का ध्यानपूर्वक अध्ययन कीजिए और निम्न प्रश्नों के उत्तर दीजिए।

तालिका दो क्रमिक वर्षों में तीन स्कूलों A, B और C में छात्रों की कुल संख्या और लड़कियों की संख्या को दर्शाती है।

वर्ष →	1999		2000	
स्कूल	छात्रों की कुल संख्या	लड़कियों की संख्या	छात्रों की कुल संख्या	लड़कियों की संख्या
A	500	270	600	350
B	400	160	500	250
C	600	270	800	700

Q.76 ज्ञात कीजिए कि तीनों स्कूलों का मिलाकर वर्ष 1999 में लड़कों की संख्या वर्ष 2000 में लड़कों की संख्या से कितने प्रतिशत अधिक है।

A. 50%   **B.** 40%
C. 33.33%   **D.** 30%
E. इनमें से कोई नहीं

Q.77 वर्ष 1999 में स्कूल A और B में एक साथ लड़कों की कुल संख्या से वर्ष 2000 में स्कूल B और C में एक साथ लड़कों की कुल संख्या का अनुपात ज्ञात कीजिए।

A. 35 : 47   **B.** 37 : 45
C. 45 : 37   **D.** 47 : 35
E. इनमें से कोई नहीं

Q.78 वर्ष 2020 में सभी स्कूलों के लड़कों की औसत संख्या ज्ञात कीजिए।

A. 200   **B.** 250
C. 300   **D.** 175
E. इनमें से कोई नहीं

Q.79 यदि वर्ष 2001 में स्कूल B में छात्रों की कुल संख्या, वर्ष 2000 में स्कूल B में छात्रों की संख्या से 20% अधिक है और 2001 में लड़कों की संख्या, 2000 में स्कूल B के छात्रों की संख्या से 50% अधिक है, तो वर्ष 2001 में सभी स्कूलों में लड़कियों की औसत संख्या ज्ञात कीजिए। (वर्ष 2000 और 2001 के लिए स्कूल A और C की क्षमता स्थिर रहती है)

A. 525   **B.** 425
C. 325   **D.** 350
E. इनमें से कोई नहीं

Q.80 यदि वर्ष 2001 में स्कूल C के लड़कों की संख्या वर्ष 1999 में लड़कों की संख्या से $\left(\frac{300}{11}\right)$% अधिक है और वर्ष 2001 में स्कूल C में लड़कियों की संख्या वर्ष 1999 में लड़कियों की संख्या से 100% अधिक है, तो 2001 में स्कूल C में लड़कों की संख्या से 2001 में लड़कियों की संख्या से अनुपात ज्ञात कीजिए।

A. 7 : 9   **B.** 3 : 7
C. 5 : 7   **D.** 5 : 9
E. इनमें से कोई नहीं

// स्मार्ट उत्तर पुस्तिका //

सही उत्तर — उन छात्रों का प्रतिशत जिन्होंने प्रश्नों का सही उत्तर दिया था। **छोड़ दिया** — उन छात्रों का प्रतिशत जिन्होंने प्रश्नों को छोड़ दिया था।

प्रश्न संख्या	उत्तर	सही उत्तर / छोड़ दिया	प्रश्न संख्या	उत्तर	सही उत्तर / छोड़ दिया	प्रश्न संख्या	उत्तर	सही उत्तर / छोड़ दिया	प्रश्न संख्या	उत्तर	सही उत्तर / छोड़ दिया	प्रश्न संख्या	उत्तर	सही उत्तर / छोड़ दिया	प्रश्न संख्या	उत्तर	सही उत्तर / छोड़ दिया
1	C	56.16 % / 39.55 %	15	D	69.82 % / 30.07 %	29	C	68.33 % / 31.08 %	43	E	64.68 % / 32.7 %	57	A	65.45 % / 30.07 %	71	C	62.55 % / 32.95 %
2	B	45.81 % / 53.21 %	16	A	76.57 % / 11.02 %	30	D	62.05 % / 33.25 %	44	A	69.08 % / 30.89 %	58	E	59.91 % / 34.64 %	72	E	40.0 % / 40.62 %
3	C	46.6 % / 36.16 %	17	E	47.86 % / 38.9 %	31	B	51.71 % / 42.18 %	45	D	53.3 % / 34.24 %	59	B	40.94 % / 32.86 %	73	C	53.6 % / 42.12 %
4	C	50.89 % / 43.86 %	18	E	48.86 % / 32.25 %	32	E	58.55 % / 37.27 %	46	B	63.82 % / 31.6 %	60	C	60.38 % / 37.52 %	74	B	29.67 % / 70.11 %
5	A	51.6 % / 43.43 %	19	A	61.64 % / 35.38 %	33	C	49.37 % / 39.59 %	47	A	46.33 % / 43.5 %	61	B	52.89 % / 33.39 %	75	B	80.12 % / 17.64 %
6	D	46.81 % / 51.95 %	20	A	15.25 % / 67.28 %	34	C	61.53 % / 33.13 %	48	C	56.28 % / 33.53 %	62	B	45.72 % / 34.89 %	76	C	64.43 % / 35.07 %
7	B	66.46 % / 31.41 %	21	C	40.45 % / 32.77 %	35	E	49.47 % / 42.24 %	49	B	56.72 % / 42.86 %	63	E	67.37 % / 32.02 %	77	D	69.92 % / 30.07 %
8	A	52.9 % / 36.03 %	22	D	64.41 % / 30.61 %	36	A	46.74 % / 34.64 %	50	D	56.74 % / 32.93 %	64	C	66.8 % / 30.55 %	78	A	58.46 % / 33.97 %
9	A	40.03 % / 55.0 %	23	C	60.52 % / 37.69 %	37	B	48.13 % / 38.13 %	51	B	44.27 % / 55.53 %	65	B	47.65 % / 43.01 %	79	B	45.31 % / 48.49 %
10	D	42.8 % / 54.83 %	24	D	46.82 % / 34.64 %	38	A	55.14 % / 32.14 %	52	D	63.24 % / 30.33 %	66	A	47.79 % / 36.9 %	80	A	55.66 % / 42.84 %
11	E	52.88 % / 31.98 %	25	B	42.33 % / 33.65 %	39	C	54.84 % / 33.35 %	53	C	32.84 % / 67.09 %	67	C	45.66 % / 39.29 %			
12	D	55.14 % / 35.66 %	26	E	54.35 % / 40.36 %	40	E	48.41 % / 43.4 %	54	D	69.88 % / 30.05 %	68	A	53.58 % / 44.42 %			
13	B	46.48 % / 48.84 %	27	D	43.51 % / 51.31 %	41	C	64.67 % / 31.15 %	55	B	67.27 % / 31.15 %	69	D	53.85 % / 41.71 %			
14	C	41.07 % / 45.51 %	28	E	45.41 % / 43.09 %	42	B	53.62 % / 31.41 %	56	A	68.67 % / 30.11 %	70	B	55.2 % / 39.54 %			

Reasoning

Ques (1-5):निर्देश: निम्नलिखित जानकारी का ध्यानपूर्वक अध्ययन कीजिए और दिए गए प्रश्नों के उत्तर दीजिए।

एक निश्चित कूट भाषा में,

'people visit many auditorium' को 'bh oa pu ki' के रूप में लिखा जाता है,

'many places like visit' को 'pu mh jk oa' के रूप में लिखा जाता है,

'people like discover places' को 'bh jk eg mh' के रूप में लिखा जाता है

'auditorium visit discover things' को 'ki oa eg qw' के रूप में लिखा जाता है।

ध्यान दीजिए कि सभी कूट दो-अक्षरीय हैं।

Q.1 उपरोक्त भाषा में शब्द 'discover' के लिए क्या कूट है?

A. mh
B. eg
C. qw
D. या तो mh या eg
E. oa

Q.2 दी गई कूट भाषा में किस शब्द को 'ki' के रूप में कूटित किया गया है?

A. many
B. visit
C. auditorium
D. people
E. things

Q.3 दी गई भाषा में शब्द 'visit' के लिए कूट क्या है?

A. mh
B. oa
C. jk
D. या तो 'mh' या 'jk'
E. bh

Q.4 दी गई कूट भाषा में 'discover grievance' के लिए कूट क्या होगा?

A. eg qw
B. jk mh
C. ki pb
D. bh oa
E. pb eg

Q.5 दी गई कूट भाषा में किस शब्द को 'bh' के रूप में कूटित किया गया है?

A. people
B. many
C. things
D. places
E. visit

Q.6 यदि शब्द DOMINANT के पहले, चौथे, पाँचवें और आठवें अक्षरों से एक सार्थक शब्द बनाना संभव है, तो बाएं से शब्द का तीसरा अक्षर कौन-सा होगा? यदि ऐसा कोई शब्द नहीं बनाया जा सकता, तो 'X' अंकित कीजिए और यदि 1 से अधिक ऐसे शब्द बन सकते हैं तो 'Y' अंकित कीजिए।

A. T
B. N
C. X
D. D
E. Y

Ques (7-11):निर्देश: निम्नलिखित जानकारी का ध्यानपूर्वक अध्ययन कीजिए और नीचे दिए गए प्रश्नों के उत्तर दीजिए।

10 व्यक्ति जिनके नाम J, K, L, M, N, P, Q, R, S और T हैं। वे पाँच मंजिला इमारत में रहते हैं। भूतल का मंजिल क्रमांक 1 है और शीर्ष मंजिल का क्रमांक 5 लिखा गया है। इमारत के प्रत्येक मंजिल पर दो फ्लैट A और B हैं। फ्लैट A, फ्लैट B के पश्चिम में है। मंजिल 2 का फ्लैट A, मंजिल 1 के फ्लैट A के ठीक ऊपर है और मंजिल 3 के फ्लैट A के ठीक नीचे है तथा मंजिल 2

का फ्लैट B मंजिल 1 के फ्लैट B के ठीक ऊपर है और मंजिल 3 के फ्लैट B के ठीक नीचे है, यह अन्य सभी मंजिलों के लिए समान है। यहाँ, समान फ्लैट प्रकार का अर्थ है यदि एक व्यक्ति फ्लैट A में रहता है तो अन्य व्यक्ति भी फ्लैट A में रहता है यदि वे समान फ्लैट प्रकार में रहते हैं।

Q, विषम संख्या की मंजिल के फ्लैट A में रहता है, लेकिन शीर्षतम मंजिल पर नहीं रहता है। N और R की मंजिलों के बीच दो मंजिलें हैं। J, Q के ठीक ऊपर रहता है। S और N विभिन्न मंजिलों पर भिन्न फ्लैट प्रकारों में रहते हैं। S शीर्षतम मंजिल पर रहता है। R के पूर्व दिशा में कोई नहीं रहता है। M, L के उत्तर-पूर्व दिशा में है। N और R समान प्रकार के फ्लैट में रहते हैं। P, Q के नीचे किसी एक मंजिल पर रहता है, लेकिन ठीक नीचे नहीं रहता है। R की मंजिल S की मंजिल के ठीक नीचे है। M पाँचवीं मंजिल पर नहीं रहता है। T, K के नीचे रहता है।

Q.7 M के पश्चिम दिशा में कौन रहता है?

A. S
B. L
C. J
D. Q
E. R

Q.8 T और K के बीच कितनी मंजिलें हैं?

A. एक
B. दो
C. तीन
D. वे दोनों समान मंजिल पर हैं
E. शून्य

Q.9 L के समान प्रकार के फ्लैट पर L के ऊपर दूसरी मंजिल पर कौन रहता है?

A. R
B. K
C. S
D. P
E. J

Q.10 K के ठीक नीचे कौन रहता है?

A. S
B. M
C. R
D. T
E. P

Q.11 व्यक्तियों की कौन-सी जोड़ी चौथी मंजिल पर रहती है?

A. S और K
B. Q और M
C. R और L
D. J और R
E. P and N

Ques (12-16):निर्देश: निम्नलिखित प्रश्न में दिए गए कथनों को सत्य मानते हुए, ज्ञात कीजिए कि दिए गए निष्कर्षों में से कौन सा/कौन से निष्कर्ष निश्चित रूप से सत्य है/हैं और फिर तदनुसार अपना उत्तर दीजिये।

Q.12 कथन: $C > W; G < N; W = T; N \leq T$
निष्कर्ष:

I. $C > G$

II. $W \geq N$

A. केवल II सत्य है
B. न तो I न ही II सत्य है
C. I और II दोनों सत्य हैं
D. या तो I या II सत्य है
E. केवल I सत्य है

Q.13 कथन: $A < B \geq C; D > E > A; C = F > G$
निष्कर्ष:

I. $D \geq C$

II. $B > G$

A. केवल II सत्य है
B. केवल I सत्य है

C. I और II दोनों सत्य हैं

D. कोई सत्य नहीं है

E. या तो I या फिर II सत्य है

Q.14 कथन: A > B = C, D < M, M ≤ C

निष्कर्ष:

I. B > M

II. D < A

A. कोई भी सत्य नहीं है **B.** केवल II सत्य है

C. केवल I सत्य है **D.** I और II दोनों सत्य हैं

E. या तो I या II सत्य है

Q.15 कथन: Y = O ≤ G ≤ K = U > L > P; Y = A ≥ R

निष्कर्ष:

I. U > R

II. R = U

A. केवल II सत्य है **B.** केवल I सत्य है

C. I और II दोनों सत्य हैं **D.** या तो I या II सत्य है

E. कोई भी सत्य नहीं है

Q.16 कथन: L > B < J ≤ Q; T = O < L; P = Q

निष्कर्ष:

I. T < L

II. P ≥ J

A. केवल II सत्य है

B. केवल I सत्य है

C. I और II दोनों सत्य हैं

D. कोई सत्य नहीं है

E. या तो I या फिर II सत्य है

Ques (17-21):निर्देश: निम्नलिखित जानकारी का ध्यानपूर्वक अध्ययन कीजिए और नीचे दिए गए प्रश्न का उत्तर दीजिए।

एक कंपनी में सात व्यक्ति A, B, C, D, E, F और G हैं। उनके अलग-अलग पद हैं, जैसे क्लर्क, पीओ, सहायक प्रबंधक, प्रबंधक, उप महाप्रबंधक, महाप्रबंधक और प्रबंध निदेशक। प्रबंध निदेशक सर्वोच्च पद है और क्लर्क का पद सबसे निचला पद है। वे सभी अलग-अलग रंगों जैसे लाल, नीला, सफेद, काला, हरा, नारंगी और पीला पसंद करते हैं।

लाल रंग को पसंद करने वाले व्यक्ति को सर्वोच्च पद प्राप्त है। B, जो नीला रंग पसंद करता है, उसकी तुलना में केवल तीन व्यक्तियों का पद नीचा है। F को पीला रंग पसंद है और उसका पद B से ऊँचा है। B और E, जिसे सफेद रंग पसंद है, के बीच दो पद हैं। काले रंग को पसंद करने वाले व्यक्ति का पद E से ऊँचा है। F महाप्रबंधक नहीं है। A को हरा रंग पसंद है और वह G से वरिष्ठ पद पर है, जो सहायक प्रबंधक है और उसे नारंगी रंग पसंद है। C को सर्वोच्च पद प्राप्त नहीं है।

Q.17 काला रंग कौन पसंद करता है?

A. E

B. A

C. F

D. जो व्यक्ति पीओ है

E. जो व्यक्ति प्रबंधक है

Q.18 A से नीचे कितने व्यक्तियों के पद हैं?

A. छह **B.** चार **C.** तीन **D.** दो

E. पाँच

Q.19 उप महाप्रबंधक का पद किसके पास है?

A. C **B.** B **C.** D **D.** A

E. F

Q.20 D और नारंगी रंग पसंद करने वाले व्यक्ति के बीच कितने व्यक्तियों के पद हैं?

A. एक **B.** तीन **C.** चार **D.** पांच

E. दो

Q.21 निम्नलिखित में से कौन-सी नाम – पद – रंग की सही जोड़ी है?

A. D – महाप्रबंधक – पीला

B. B – सहायक प्रबंधक – नीला

C. E – पीओ – सफेद

D. A – महाप्रबंधक – हरा

E. G – प्रबंधक – नारंगी

Q.22 "SECURITY" शब्द में ऐसे कितने अक्षरों के युग्म (आगे और पीछे दोनों ओर से) हैं, जिनके बीच उतने ही अक्षर हैं, जितने अंग्रेजी वर्णमाला श्रृंखला में उनके बीच होते हैं?

A. एक **B.** दो

C. तीन **D.** कोई नहीं

E. तीन से अधिक

Q.23 यदि संख्या 321754 के प्रत्येक सम अंक में 2 जोड़ा जाए और प्रत्येक विषम अंक में से 1 घटाया जाए, तो किस अंक/अंकों की पुनरावृत्ति एक से अधिक बार होगी?

A. केवल 4 **B.** 4 और 6 दोनों

C. 4, 6, 8 **D.** केवल 6

E. कोई नहीं

Ques (24-28):निर्देश: निम्नलिखित जानकारी का ध्यानपूर्वक अध्ययन कीजिए और नीचे दिए गए प्रश्नों के उत्तर दीजिए।

नौ व्यक्ति J, K, L, M, N, O, P, Q, और R हैं। वे सभी एक पंक्ति में बैठे हैं। कुछ व्यक्ति उत्तर दिशा के सम्मुख हैं और कुछ दक्षिण दिशा के सम्मुख हैं। समान दिशा के सम्मुख व्यक्तियों का अर्थ है कि यदि एक व्यक्ति उत्तर दिशा के सम्मुख है तो अन्य भी उत्तर दिशा के सम्मुख है। यदि व्यक्ति विपरीत दिशा के सम्मुख हैं तो एक व्यक्ति उत्तर दिशा के सम्मुख होगा और अन्य दक्षिण दिशा के सम्मुख और इसके विलोमतः। दक्षिण दिशा के सम्मुख व्यक्तियों की संख्या उत्तर दिशा के सम्मुख व्यक्तियों की संख्या से अधिक है।

पंक्ति के बीच में बैठा व्यक्ति उत्तर दिशा के सम्मुख है। अंतिम छोरों पर बैठे व्यक्ति विपरीत दिशा के सम्मुख हैं। J किसी एक अंतिम छोर पर बैठा है। अंतिम बाएं छोर पर बैठे व्यक्ति के दाएं दूसरे स्थान पर बैठा व्यक्ति अंतिम बाएं छोर पर बैठे व्यक्ति के विपरीत दिशा के सम्मुख है। N उत्तर दिशा के सम्मुख है। अंतिम दाएं छोर पर बैठा व्यक्ति दक्षिण दिशा के सम्मुख है। N और Q के बीच दो व्यक्ति बैठे हैं। P, J के निकटतम दाएं बैठा है, और J के विपरीत दिशा के सम्मुख है। K बाएं छोर से तीसरे स्थान पर बैठा है। Q पंक्ति के बीच में बैठा है। J दक्षिण दिशा के सम्मुख नहीं है। R, N के निकट बैठा है। K और L के बीच तीन व्यक्ति बैठे हैं, और दोनों समान दिशा के सम्मुख हैं। Q के निकटतम पड़ोसी विपरीत दिशा के सम्मुख हैं। O और N समान दिशा के सम्मुख हैं तथा O और N के बीच केवल एक व्यक्ति बैठा है।

Q.24 K के बाएं तीसरे स्थान पर कौन बैठा है?

A. N **B.** J **C.** Q **D.** O

E. L

Q.25 कितने व्यक्ति उत्तर दिशा के सम्मुख नहीं हैं?

A. चार **B.** पाँच **C.** दो **D.** तीन

E. छह

Q.26 दाएं छोर से तीसरे स्थान पर कौन बैठा है?

A. K **B.** M **C.** L **D.** O

E. Q

Q.27 L के बाएं कितने व्यक्ति बैठे हैं?

A. चार B. छह C. दो D. तीन
E. सात

Q.28 निम्नलिखित में से 'नाम – सम्मुख दिशा' की कौन-सी जोड़ी सही है?

A. L - उत्तर B. M - दक्षिण
C. K - उत्तर D. N - दक्षिण
E. J - दक्षिण

Ques (29-31):निर्देश: निम्नलिखित जानकारी का ध्यानपूर्वक अध्ययन कीजिए और नीचे दिए गए प्रश्नों के उत्तर दीजिए।

एक परिवार में सात व्यक्ति हैं जिनके नाम D, G, J, K, N, M, और P हैं। N, J की माता है। D, N का सन-इन-लॉ है। G, D का पुत्र है। K, G की एकमात्र आंटी है। D का कोई ब्रदर-इन-लॉ नहीं है। N और M एक विवाहित जोड़ा है। D का सिर्फ एक भाई है।

Q.29 P, G से किस प्रकार संबंधित है?

A. आंटी B. चाचा C. पिता D. माता
E. ग्रैंडफ़ादर

Q.30 परिवार में कितनी महिला सदस्य हैं?

A. दो B. एक C. चार D. तीन
E. पाँच

Q.31 M, D से किस प्रकार संबंधित है?

A. पिता B. माता
C. बहन D. सन-इन-लॉ
E. ससुर

Ques (32-36):निर्देश: दी गई जानकारी का ध्यानपूर्वक अध्ययन कीजिए और निम्नलिखित प्रश्नों के उत्तर दीजिये।

दस डिब्बों A, B, C, D, E, F, G, H, I और J को किसी विशेष क्रम में एक के ऊपर एक रखा गया है। डिब्बा संख्या 1 शीर्ष पर है और डिब्बा संख्या 10 सबसे नीचे है। डिब्बा A और डिब्बा B के बीच तीन डिब्बे हैं। डिब्बा I को एक सम संख्या वाले स्थान पर रखा गया है। डिब्बा J, F के ठीक ऊपर और C के ठीक नीचे है। डिब्बा G को डिब्बा D और डिब्बा H के मध्य रखा गया है। डिब्बा D और डिब्बा I के मध्य तीन डिब्बे हैं। डिब्बा B न तो शीर्ष पर है और न ही सबसे नीचे है। डिब्बा F नौवें स्थान पर है। बॉक्स G बॉक्स H के ठीक ऊपर है।

Q.32 किस डिब्बे को शीर्ष पर रखा गया है?

A. A B. C C. D D. I
E. B

Q.33 निम्नलिखित में से किस डिब्बे को स्थान संख्या 3 पर रखा गया है?

A. A B. G C. D D. I
E. B

Q.34 निम्नलिखित में से किस डिब्बे को I के ठीक नीचे रखा गया है?

A. A B. G C. D D. I
E. C

Q.35 पाँच में से चार निश्चित रूप से समान हैं। उस को ज्ञात कीजिए जो उस समूह से संबंधित नहीं है।

A. G B. B C. C D. J
E. F

Q.36 डिब्बा H की डिब्बा संख्या क्या है?

A. 6 B. 2 C. 4 D. 5
E. 3

Ques (37-40):निर्देश: निम्नलिखित जानकारी का ध्यानपूर्वक अध्ययन कीजिये और नीचे दिए गए प्रश्न का उत्तर दीजिये।

एक निश्चित संख्या में कुछ व्यक्ति एक पंक्ति में बैठे हैं। सभी उत्तर दिशा की ओर सम्मुख हैं। M, N के बाएँ से तीसरे स्थान पर बैठता है। पाँच व्यक्ति M और K के बीच बैठते हैं। S, K के दाई ओर के दूसरे स्थान पर बैठता है। O, R के दाई ओर पाँचवें स्थान पर बैठता है, जो M का निकटतम पड़ोसी है। L, O के बाएं से दूसरे स्थान पर बैठता है। K छोरों में से किसी एक से तीसरे स्थान पर बैठता है। O, N का निकटतम पड़ोसी नहीं है। R और L के बीच में जितने व्यक्ति बैठते हैं, उतने ही व्यक्ति O के दाईं ओर बैठते हैं।

Q.37 दी गई पंक्ति में कुल कितने व्यक्ति बैठे हैं?

A. 18 B. 15 C. 17 D. 19
E. 13

Q.38 यदि Q, R और N के बीच बैठता है तो Q के संबंध में S की स्थिति क्या है?

A. दाईं ओर पांचवां B. बाईं ओर पांचवां
C. दाईं ओर छठा D. बाईं ओर छठा
E. दाईं ओर सातवां

Q.39 S के बायें बैठे व्यक्तियों की संख्या _______ के दायें बैठे व्यक्तियों की संख्या के समान है।

A. N B. L
C. O D. R
E. इनमें से कोई नहीं

Q.40 O और K के बीच कितने व्यक्ति बैठते हैं?

A. दो B. सात C. नौ D. ग्यारह
E. तेरह

Quantitative Aptitude

Ques (41-46):निर्देश: निम्नलिखित श्रृंखला में गलत संख्या ज्ञात कीजिये।

Q.41 40320, 5040, 720, 120, 30, 6, 2

A. 720 B. 5040 C. 30 D. 6
E. 120

Q.42 66, 56, 65, 57, 64, 58, 61

A. 56 B. 65 C. 57 D. 58
E. 61

Q.43 8, 17, 35, 71, 145, 287, 575

A. 145 B. 35 C. 575 D. 287
E. 71

Q.44 3, 5, 7, 11, 13, 17, 23

A. 7 B. 5 C. 17 D. 23
E. 13

Q.45 545, 537, 521, 489, 425, 297, 43

A. 521 B. 537 C. 43 D. 297
E. 489

Q.46 210, 206, 197, 181, 156, 121, 71

A. 71 B. 121 C. 181 D. 156
E. 206

Q.47 10 पुरुष 10 दिनों में किसी कार्य का $\frac{2}{5}$ भाग को पूरा कर सकते हैं। 25 पुरुष सम्पूर्ण कार्य को कितने समय में पूरा करेंगे?

A. 10 दिन   **B.** 20 दिन   **C.** 15 दिन   **D.** 8 दिन
E. 12 दिन

Q.48 A, B और C ने 3 : 4 : 2 के अनुपात में धन का निवेश करके एक व्यवसाय शुरू किया और एक वर्ष के बाद B ने 20,000 रुपये का लाभ अर्जित किया। एक वर्ष के बाद तीनों के द्वारा अर्जित किया गया कुल लाभ ज्ञात कीजिये।

A. 42000 रुपये   **B.** 45,000 रुपये
C. 38000 रुपये   **D.** 50000 रुपये
E. 40000 रुपये

Q.49 एक धनराशि 20% वार्षिक चक्रवृद्धि ब्याज की दर से 2 वर्ष के लिए निवेश की जाती है। समान धनराशि को 3 वर्षों के लिए साधारण ब्याज की 10% की दर से निवेश किया जाता है। यदि ब्याज में अंतर 280 रुपये है, तो धनराशि ज्ञात कीजिए।

A. 2500 रुपये   **B.** 3000 रुपये
C. 4000 रुपये   **D.** 2000 रुपये
E. 1500 रुपये

Q.50 एक गोले का कुल पृष्ठीय क्षेत्रफल 400π मी² है। यदि आयत की लंबाई गोले के व्यास के बराबर है और आयत की चौड़ाई इसकी लंबाई से 3 मीटर छोटी है, तो आयत का क्षेत्रफल ज्ञात कीजिये।

A. 360 मीटर²   **B.** 320 मीटर²
C. 380 मीटर²   **D.** 280 मीटर²
E. 340 मीटर²

Q.51 एक मिश्रण में तरल A और तरल B का अनुपात 3 : 2 है। यदि 5 लीटर मिश्रण को बाहर निकाल दिया जाता है और अंतिम मिश्रण में तरल A की मात्रा तरल B से 12 लीटर अधिक है, तो मिश्रण में तरल A की प्रारंभिक मात्रा ज्ञात कीजिये।

A. 36 लीटर   **B.** 39 लीटर   **C.** 32 लीटर   **D.** 45 लीटर
E. 42 लीटर

Ques (52-56):निर्देश: दी गई जानकारी को ध्यानपूर्वक पढ़िये और निम्नलिखित प्रश्नों के उत्तर दीजिये।

3 महाविद्यालय, A, B और C में तीन संकाय कला, विज्ञान और वाणिज्य की शिक्षा दी जाती है।

(1) महाविद्यालय A में 1750 छात्र हैं। महाविद्यालय A में वाणिज्य के छात्रों की संख्या, महाविद्यालय A में विज्ञान के छात्रों की संख्या से 400 अधिक है। महाविद्यालय A में कला और विज्ञान में छात्रों की संख्या का अनुपात 23 : 2 है।

(2) सभी महाविद्यालय में कला में 3250 छात्र हैं। सभी महाविद्यालयों में विज्ञान के छात्रों की संख्या, सभी महाविद्यालयों में वाणिज्य के छात्रों की संख्या से 37.5% कम है।

(3) महाविद्यालय C में कला के छात्रों की संख्या, महाविद्यालय B में कला के छात्रों की संख्या से 10% अधिक है। महाविद्यालय B में विज्ञान के छात्रों की संख्या और महाविद्यालय C में विज्ञान के छात्रों की संख्या का अनुपात 3 : 4 है।

(4) महाविद्यालय B में वाणिज्य के छात्रों की संख्या, महाविद्यालय A में वाणिज्य के छात्रों की संख्या की तुलना में 30% कम है। महाविद्यालय B में छात्रों की कुल संख्या महाविद्यालग C में छात्रों की कुल संख्या की तुलना में 280 कम है।

Q.52 महाविद्यालय B में छात्रों की कुल संख्या, सभी महाविद्यालयो में विज्ञान के छात्रों की कुल संख्या से कितने प्रतिशत अधिक/कम है?

A. 106.25%   **B.** 141.25%   **C.** 118.75%   **D.** 96.96%
E. 105.50%

Q.53 यदि कॉलेज A के विज्ञान के 30 छात्रों को कॉलेज C में संबंधित संकाय में स्थानांतरित कर दिया जाए, तो कॉलेज A और C में विज्ञान के छात्रों की संख्या में क्या अंतर होगा?

A. 300   **B.** 360   **C.** 330   **D.** 240
E. 270

Q.54 यदि कॉलेज B में विज्ञान के छात्रों की संख्या में 10% की वृद्धि होती है, तो कॉलेज A और कॉलेज B में विज्ञान के छात्रों की संख्या का अनुपात क्या होगा?

A. 10 : 27   **B.** 13 : 30   **C.** 4 : 11   **D.** 1 : 3
E. 10 : 33

Q.55 कॉलेज B और C में वाणिज्य के छात्रों की औसत संख्या क्या है?

A. 550   **B.** 465   **C.** 425   **D.** 390
E. 350

Q.56 कॉलेज A और B में कला के छात्रों की संख्या और कॉलेज B और C में विज्ञान के छात्रों की संख्या का अनुपात क्या है?

A. 43 : 4   **B.** 43 : 14
C. 3 : 1   **D.** 21 : 5
E. इनमें से कोई नहीं

Ques (57-61):निर्देश: निम्न प्रश्न में, I और II से अंकित दो समीकरण दिए गए हैं। आपको दोनों समीकरणों को हल करना है और उत्तर देना है:

Q.57 I. $x^2 - x - 12 = 0$

II. $y^2 + 5y + 6 = 0$

A. $x > y$
B. $x \geq y$
C. $x < y$
D. $x \leq y$
E. $x = y$ या संबंध निर्धारित नहीं किया जा सकता है

Q.58 I. $y^2 = 49$

II. $(x - y)^2 = 0$

A. $x > y$
B. $x \geq y$
C. $x < y$
D. $x \leq y$
E. $x = y$ या संबंध निर्धारित नहीं किया जा सकता है

Q.59 I. $x^2 - 28 + 3x = 0$

II. $8y^2 - y - 9 = 0$

A. $x > y$
B. $x \geq y$
C. $x < y$
D. $x \leq y$
E. $x = y$ या संबंध निर्धारित नहीं किया जा सकता है

Q.60 I. $x^2 + 13x + 40 = 0$

II. $y^2 + 7y + 10 = 0$

A. $x > y$
B. $x \geq y$
C. $x < y$
D. $x \leq y$
E. $x = y$ या संबंध निर्धारित नहीं किया जा सकता है

Q.61 I. $4x^2 - 3x - 1 = 0$

II. $2y^2 - 7y - 9 = 0$

A. x > y

B. x ≥ y

C. x < y

D. x ≤ y

E. x = y या संबंध निर्धारित नहीं किया जा सकता है

Q.62 पहली ट्रेन की लंबाई 300 मीटर है और इसकी चाल 25 किमी/घंटा है। दूसरी ट्रेन की लंबाई 200 मीटर है और दोनों ट्रेनें एक दूसरे की ओर दौड़ रही हैं। यदि अधिक चाल वाली ट्रेन कम चाल वाली ट्रेन को 45 सेकंड में पार करती है, तो दूसरी ट्रेन की चाल ज्ञात कीजिये (किमी/घंटा में)।

A. 12 किमी/घंटा   **B.** 10 किमी/घंटा

C. 15 किमी/घंटा   **D.** 22 किमी/घंटा

E. 18 किमी/घंटा

Q.63 एक नाव 4 घंटे में 36 किमी धारा की दिशा में और 6 घंटे में 18 किमी धारा की विपरीत दिशा में तय कर सकती है। नाव की चाल ज्ञात कीजिए।

A. 12 किमी/घंटा   **B.** 9 किमी/घंटा

C. 6 किमी/घंटा   **D.** 5 किमी/घंटा

E. 3 किमी/घंटा

Q.64 दो निराधार पासे एक साथ लुढ़काए जाते हैं। 5 से अधिक राशि प्राप्त करने की संभावना ज्ञात कीजिये।

A. $\frac{13}{18}$ **B.** $\frac{23}{36}$ **C.** $\frac{7}{9}$ **D.** $\frac{5}{9}$

E. $\frac{11}{18}$

Q.65 3 वर्ष पहले, A और B की आयु का अनुपात 1 : 3 है और B और C की वर्तमान आयु का अनुपात 2 : 7 है। यदि A और B की वर्तमान आयु का योग 34 वर्ष हैं तो 3 वर्ष के बाद C की आयु ज्ञात कीजिये।

A. 81 वर्ष   **B.** 87 वर्ष   **C.** 78 वर्ष   **D.** 89 वर्ष

E. 85 वर्ष

Q.66 एक व्यक्ति अपनी आय का 10% म्यूचुअल फंड पर निवेश करता है और शेष का 70% किराने के सामान और परिवहन पर खर्च करता है। किराने के सामान और परिवहन पर खर्च का अनुपात 2 : 7 है। यदि किराने के सामान पर किया गया खर्च 2800 रुपये है, तो कुल आय ज्ञात कीजिये।

A. 30000 रुपये   **B.** 15000 रुपये

C. 24000 रुपये   **D.** 20000 रुपये

E. 28000 रुपये

Ques (67-71):निर्देश: ग्राफ को ध्यान से पढ़िए और निम्नलिखित प्रश्नों के उत्तर दीजिए:

निम्नलिखित लाइन ग्राफ पांच अलग-अलग वर्षों में बेचे जाने वाले फलों (सेब और केला) की संख्या को दर्शाता है।

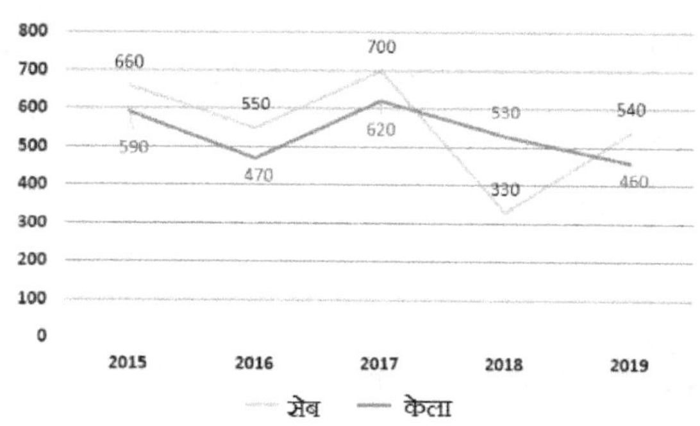

Q.67 केले की कुल औसत बिक्री क्या है?

A. 524   **B.** 528   **C.** 538   **D.** 542

E. 534

Q.68 2016 में सेब और 2018 में केले की बिक्री के बीच का अनुपात क्या है?

A. 52 : 41   **B.** 56 : 47   **C.** 55 : 53   **D.** 65 : 61

E. 62 : 49

Q.69 सेब और केला की बिक्री में किस वर्ष सबसे अधिक अंतर दर्ज किया गया है?

A. 2015   **B.** 2016   **C.** 2017   **D.** 2018

E. 2019

Q.70 2017 में केले की बिक्री की कुल संख्या 2017 में सेब की बिक्री की कुल संख्या का कितना प्रतिशत है?

A. 88.5%   **B.** 87.5%   **C.** 92.5%   **D.** 96.5%

E. 82.5%

Q.71 2018 में सेब के मुकाबले केले की बिक्री कितनी प्रतिशत अधिक है?

A. 62.6%   **B.** 63%   **C.** 60.6%   **D.** 64.2%

E. 66.66%

Q.72 एक वस्तु का अंकित मूल्य क्रय मूल्य से 150% अधिक है और अंकित मूल्य पर दी गई छूट 30% है। यदि विक्रय मूल्य और क्रय मूल्य के बीच 525 रुपये का अंतर है, तो वस्तु का क्रय मूल्य ज्ञात कीजिये।

A. 500 रुपये   **B.** 550 रुपये   **C.** 650 रुपये   **D.** 700 रुपये

E. 750 रुपये

Q.73 A एक व्यापार में 3000 रुपये का निवेश करता है और 6 महीने के बाद B की साझेदारी, x रुपये का निवेश करता है और C भी कुछ राशि B को देकर साझेदारी बन जाता है। यदि वर्ष के अंत में लाभ में A का हिस्सा 2000 रुपये है, तो वह राशि ज्ञात कीजिये जो B ने निवेश की है?

A. 2000 रुपये

B. 2500 रुपये

C. 3500 रुपये

D. निर्धारित नहीं किया जा सकता है

E. 4000 रुपये

Q.74 सात संख्याओं का औसत 45 है। यदि हम दो संख्याओं 65 और 54 को 56 और 35 से बदल देते हैं, तो नया औसत ज्ञात कीजिये।

A. 41   **B.** 43   **C.** 47   **D.** 45

E. 39

Q.75 यदि धारा की दिशा में नाव की चाल और धारा की चाल में अनुपात 7 : 2 है और स्थिर पानी में नाव की चाल 35 किमी/घंटा है। धारा की विपरीत दिशा में नाव 5 घंटे में कितनी दूरी तय करेगी?

A. 100 किमी   **B.** 90 किमी

C. 110 किमी   **D.** 105 किमी

E. इनमें से कोई नहीं

Ques (76-80):निर्देश: निम्नलिखित सारणी का ध्यान से अध्ययन कीजिये और नीचे दिए गए प्रश्नों के उत्तर दीजिये:-

दी गई सारणी विभिन्न विद्यालय में छात्रों की संख्या दर्शा रही है।

विद्यालय का नाम	कुल छात्रों में से कुल लड़कियों की संख्या	कुल छात्रों में से कुल लड़कों की संख्या
A	420	58%
B	450	70%
C	350	65%
D	550	45%

Q.76 विद्यालय B, C और D में लड़कियों की औसत संख्या ज्ञात कीजिए।

A. 400   **B.** 350   **C.** 450   **D.** 500
E. 600

Q.77 विद्यालय D में लड़कों की कुल संख्या और विद्यालय A में लड़कियों की कुल संख्या के बीच का अनुपात ज्ञात कीजिए।

A. 11 : 9   **B.** 12 : 7   **C.** 15 : 14   **D.** 17 : 13
E. 14 : 11

Q.78 विद्यालय B में लड़कियों की कुल संख्या विद्यालय D के लड़कों की कुल संख्या का कितना प्रतिशत है?

A. 80%   **B.** 120%   **C.** 125%   **D.** 75%
E. 100%

Q.79 विद्यालय B और D में लड़कियों की औसत संख्या और विद्यालय B और C में लड़कों की औसत संख्या के बीच का अनुपात ज्ञात कीजिए।

A. 8 : 15   **B.** 7 : 16   **C.** 9 : 20   **D.** 8 : 13
E. 10 : 17

Q.80 विद्यालय A में लड़कियों की कुल संख्या विद्यालय B के लड़कों की कुल संख्या से कितने प्रतिशत अधिक या कम है ज्ञात कीजिए।

A. 66.66%   **B.** 50%   **C.** 75%   **D.** 60%
E. 40%

// स्मार्ट उत्तर पुस्तिका //

सही उत्तर — उन छात्रों का प्रतिशत जिन्होंने प्रश्नों का सही उत्तर दिया था। **छोड़ दिया** — उन छात्रों का प्रतिशत जिन्होंने प्रश्नों को छोड़ दिया था।

प्रश्न संख्या	उत्तर	सही उत्तर / छोड़ दिया	प्रश्न संख्या	उत्तर	सही उत्तर / छोड़ दिया	प्रश्न संख्या	उत्तर	सही उत्तर / छोड़ दिया	प्रश्न संख्या	उत्तर	सही उत्तर / छोड़ दिया	प्रश्न संख्या	उत्तर	सही उत्तर / छोड़ दिया	प्रश्न संख्या	उत्तर	सही उत्तर / छोड़ दिया
1	B	51.08 % / 36.14 %	15	D	67.69 % / 31.83 %	29	B	82.28 % / 15.01 %	43	A	53.69 % / 32.35 %	57	E	77.09 % / 14.28 %	71	C	87.85 % / 11.91 %
2	C	65.74 % / 33.81 %	16	C	41.54 % / 37.85 %	30	D	80.57 % / 16.46 %	44	D	80.68 % / 14.3 %	58	E	85.79 % / 10.18 %	72	D	52.53 % / 40.66 %
3	B	52.2 % / 41.05 %	17	D	56.37 % / 42.56 %	31	E	78.99 % / 19.89 %	45	C	15.08 % / 69.47 %	59	E	40.06 % / 46.2 %	73	D	15.73 % / 74.36 %
4	E	65.22 % / 32.55 %	18	E	48.75 % / 39.64 %	32	A	57.95 % / 39.63 %	46	B	45.88 % / 53.86 %	60	D	62.27 % / 35.96 %	74	A	63.37 % / 35.15 %
5	A	40.85 % / 30.12 %	19	E	57.37 % / 35.34 %	33	B	53.9 % / 40.61 %	47	A	59.67 % / 40.17 %	61	E	43.51 % / 53.46 %	75	D	59.75 % / 32.44 %
6	E	68.46 % / 30.91 %	20	D	42.18 % / 35.46 %	34	E	51.03 % / 48.59 %	48	B	77.84 % / 10.29 %	62	C	28.28 % / 67.72 %	76	C	47.67 % / 44.9 %
7	D	18.22 % / 71.44 %	21	D	41.96 % / 31.89 %	35	D	58.83 % / 38.91 %	49	D	42.4 % / 32.37 %	63	C	82.84 % / 11.41 %	77	C	57.38 % / 37.34 %
8	B	20.15 % / 77.39 %	22	C	82.93 % / 16.31 %	36	C	69.73 % / 30.21 %	50	E	54.58 % / 38.4 %	64	A	41.16 % / 46.11 %	78	E	54.74 % / 40.45 %
9	E	29.27 % / 68.68 %	23	B	78.06 % / 19.98 %	37	C	44.14 % / 40.13 %	51	B	55.2 % / 40.29 %	65	B	17.81 % / 74.73 %	79	E	63.84 % / 30.94 %
10	C	10.03 % / 68.84 %	24	D	62.95 % / 34.81 %	38	D	62.28 % / 31.99 %	52	A	16.69 % / 82.95 %	66	D	40.75 % / 48.66 %	80	D	68.76 % / 30.77 %
11	D	24.31 % / 73.04 %	25	B	49.63 % / 50.26 %	39	B	48.65 % / 31.37 %	53	B	14.14 % / 77.79 %	67	E	82.77 % / 11.27 %			
12	C	68.67 % / 30.01 %	26	C	52.18 % / 37.48 %	40	D	53.66 % / 46.26 %	54	E	13.22 % / 78.6 %	68	C	78.53 % / 14.93 %			
13	A	69.96 % / 30.02 %	27	C	57.97 % / 35.98 %	41	C	64.02 % / 34.07 %	55	D	12.03 % / 76.42 %	69	D	44.78 % / 48.35 %			
14	B	53.06 % / 41.5 %	28	B	43.26 % / 41.04 %	42	E	76.76 % / 14.48 %	56	B	28.6 % / 68.06 %	70	A	89.35 % / 10.01 %			

// टिप्पणियाँ //

www.ingramcontent.com/pod-product-compliance
Lightning Source LLC
Chambersburg PA
CBHW060154120726
48003CB00010B/3158